Petra Gilbert-Scherer
Bernadette Grix
Renate Lixfeld
Renate Scheffler-Konrat

„Die hat aber angefangen!“

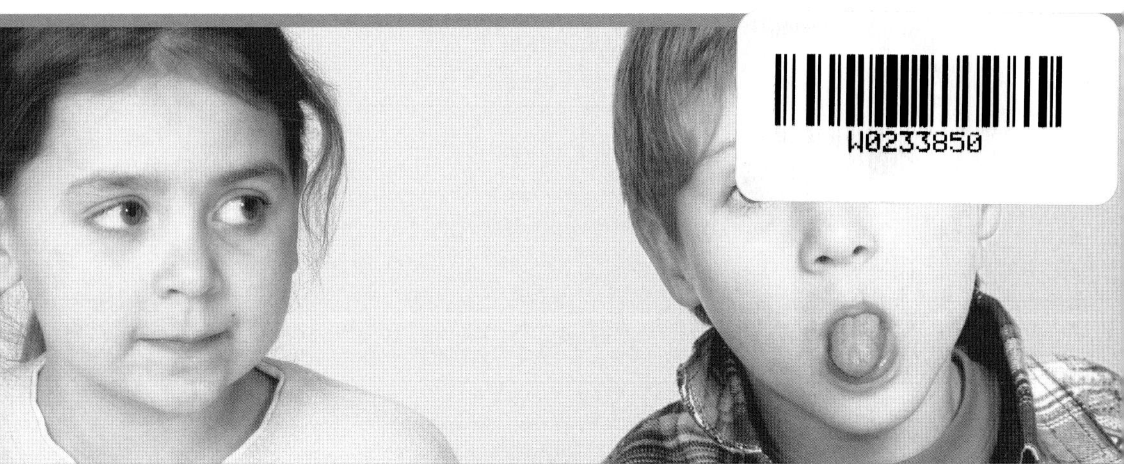

Konflikte im Grundschulalltag fair und nachhaltig lösen

Verlag an der Ruhr

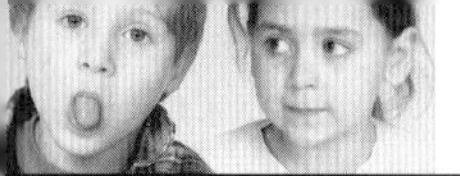

Titel

„Die hat aber angefangen!“

Konfliikte im Grundschulalltag fair und nachhaltig lösen

Autorinnen

Petra Gilbert-Scherer, Bernadette Grix,
Renate Lixfeld, Renate Scheffler-Konrat

Illustrationen

Eva Spanjardt

Verlag an der Ruhr
Mülheim an der Ruhr
www.verlagruhr.de

Geeignet für die Klassen 1-4

Unser Beitrag zum Umweltschutz

Wir sind seit 2008 ein ÖKOPROFIT®-Betrieb und setzen uns damit aktiv für den Umweltschutz ein. Das ÖKOPROFIT®-Projekt unterstützt Betriebe dabei, die Umwelt durch nachhaltiges Wirtschaften zu entlasten.
Unsere Produkte sind grundsätzlich auf chlorfrei gebleichtes und nach Umweltschutzstandards zertifiziertes Papier gedruckt.

ISBN 978-3-8346-0307-4

Helmolt Rademacher

 Liebe Leserinnen und Leser,

ob die kleine Reiberei zwischen Sitznachbarn, die Schulhofprügelei oder Bandenkämpfe und Zickenterror auf dem Nachhauseweg – mit Konflikten unter Kindern kommen Pädagoginnen[1] täglich in Kontakt. **Konflikte gehören zu unserer Alltagserfahrung**, und sie sind im sozialen Miteinander auch wichtig, um neue Erfahrungen mit sich und den anderen zu machen. Wie aber können Kinder (und Erwachsene) lernen, mit den unweigerlich in der Schule entstehenden Konflikten produktiv umzugehen? Wie können sie eine Haltung erwerben, der es um die friedliche Beilegung von Konflikten geht? Wie erlangen sie die Fähigkeit, in Konflikten schlichtend einzugreifen?

Das hier **vorliegende Buch** zur Konfliktbewältigung im Sinne der Mediation in der Grundschule **basiert auf jahrelanger Erfahrung** im Kontext des hessischen Projekts „Mediation und Schulprogramm“, das 1997 entstand. Im Umfeld von „Mediation und Schulprogramm“ und seinen Vorgänger- und Nachfolgeprojekten sind bereits zahlreiche Veröffentlichungen erschienen, insbesondere die Publikation von Kurt Faller „Konflikte selber lösen“ (Faller u.a., 1996), oder die Eingangs- und Sensibilisierungsprogramme für die Sekundarstufe I (vgl. Kaletsch, 2003 und Altenburg 2005).
Im Zuge einer Umstrukturierung der Projekte wurde das Grundschulprogramm im Kontext des hessischen Projekts „Mediation und Partizipation“ (vgl. Rademacher, 2007 und Hessisches Kultusministerium, 2006) im BLK-Programm[2] „Demokratie lernen und leben“ weitergeführt und kann insofern auf einer fast 10-jährigen Erfahrung aufbauen.

Die vier **Autorinnen** haben seit vielen Jahren in unterschiedlichen Funktionen bei „Mediation und Schulprogramm“ mitgearbeitet: **Petra Gilbert-Scherer** und **Renate Scheffler-Konrat**, beide ausgebildete Mediatorinnen, waren von Anfang an mit dabei und konnten ihre Erfahrungen in zwei Dietzenbacher Grundschulen insbesondere beim Einsatz von Interaktionsspielen sammeln. Weitergehend haben sie

---

[1] *Aus Gründen der besseren Lesbarkeit haben wir in diesem Buch auf die ausdrückliche Kennzeichnung beider Geschlechter verzichtet. Bei Personenbezeichnungen, die mehrheitlich weibliche Individuen betreffen, haben wir die weibliche Form verwendet, ansonsten die männliche. Natürlich sind damit auch immer die Vertreter des anderen Geschlechts gemeint.*

[2] *BLK = Bund-Länder-Kommission für Bildungsforschung und Forschungsförderung*

an der Entwicklung des Schulprogramms an ihren Schulen mitgearbeitet und die Einbindung der Mediation und des Sozialen Lernens als einen Schwerpunkt eingebracht und unterstützt. Sie haben viele Jahre die Fortbildungen zum Grundschulprogramm geleitet. **Renate Lixfeld** mit ihrer Qualifikation und Erfahrung als Mediatorin und systemische Organisationsentwicklungsberaterin leitet seit vielen Jahren Basis- und Aufbautrainings, berät und begleitet Schulen bei der Implementierung einer konstruktiven Konfliktkultur und beriet eine BLK-Grundschule. **Bernadette Grix**, ebenfalls ausgebildete Mediatorin, setzt Mediation in ihren Klassen ein und ist seit dem Jahr 2000 als Schulmediatorin an ihrer Schule tätig. Sie hat mehrere Basistrainings durchgeführt und leitet seit einigen Jahren „Praxisgruppen Mediation", in denen die Grundhaltung geübt wird. In Lehrerfortbildungen berät sie Kollegien bei der Umsetzung von konstruktiver Konfliktbearbeitung und Mediation an Schulen in Stadt und Kreis Offenbach.

Im Gegensatz zu vielen anderen Mediationsprogrammen war „Mediation und Schulprogramm" insbesondere aber auch „Mediation und Partizipation" systemisch angelegt. Das bedeutet, die Umsetzung von Konfliktbearbeitungsprogrammen in den verschiedenen Schulformen wurde nicht als die isolierte Aktion Einzelner verstanden, sondern es war immer das Bestreben, möglichst alle bzw. die wichtigsten Entscheidungsträger bei der Umsetzung mit einzubeziehen und das Vorhaben damit zur Sache möglichst aller zu machen. Dort, wo diese **systemische Einbindung** gelungen ist, ist Mediation fester Bestandteil der Schule. Aber **auch als Einzelperson können Sie Impulse schaffen**, um Schulkultur zu verändern, denn eine Veränderung beginnt oft im Kleinen. Wenn Sie als Klassenlehrerin in Ihrer Klasse eine konstruktive Konfliktkultur verwirklichen, schaffen Sie eine „Insel" im Schulumfeld, die für Kolleginnen und Mitschüler auch zum Vorbild werden kann. Wenn Ihre Kolleginnen und die Eltern die Erfahrung machen, dass der Umgang mit Streit und Konflikten in Ihrer Klasse den Kindern und ihren Beziehungen untereinander gut tut, dann kann dies auch auf die gesamte Schule ausstrahlen.

Wenn sich nun ein Kollegium zu einer Fortbildung entschließt, ist zunächst ein Basis- bzw. Grundlagentraining von 24 bzw. 30 Stunden sinnvoll; danach können weiterführende Programme in den Klassen eingeführt werden, um gegebenenfalls auch die Einrichtung von Schüler-Streitschlichtungsgruppen zu realisieren. In den Basis- bzw. den Grundlagentrainings geht es darum, die Grundhaltung der Mediation, die insbesondere durch die beiden Begriffe Allparteilichkeit und Lösungsabstinenz gekennzeichnet ist, zu erproben und zu erlernen.

Die Voraussetzung für das Grundschulprogramm war insofern immer ein Basistraining, an dem insbesondere in kleinen Grundschulen meist das gesamte Kollegium teilnahm. So besteht eine gute Chance, dass das Programm in allen Klassen umgesetzt wird und somit die mediative Haltung in allen Klassen zur Geltung kommt. Wer immer die Möglichkeit hat, an solch einem Training teilzunehmen, sollte sie nutzen, denn die Theorie ersetzt das praktische Üben nicht.
Im Rahmen von „Mediation und Schulprogramm" haben wir zur Umsetzung des Grundschulprogramms eine zusätzliche viertägige Fortbildung angeboten. Hier kann insbesondere die eigene Praxis immer wieder erprobt werden. Auch in diesem Fall **raten wir, solche Praxisangebote – wo sie bestehen – zu nutzen**.

Dieses Buch bietet sowohl eine **theoretische Einführung** als auch einen **umfangreichen Praxisteil** und Erläuterungen, wie die Spiele und Übungen eingesetzt werden können. Damit erhalten Sie Anregungen, eine konstruktive Konfliktkultur in Ihren Klassen zu entwickeln. Und ich hoffe, dass Ihnen damit Mut gemacht wird, gegen „Resignation und Ohnmachtsgefühle", die angesichts vielfältiger Anforderungen an Lehrkräfte entstehen können, anzugehen. In diesem Sinne wünsche ich dem Buch eine große Verbreitung.

Frankfurt, September 2007

Helmolt Rademacher

Projektleiter „Gewaltprävention und Demokratielernen"[3]
h.rademacher@afl.hessen.de

---

[3] Projekt des Hessischen Kultusministeriums (HKM); Laufzeit: August 2007 bis Juli 2012; es dient u.a. dem Transfer des BLK-Projekts „Mediation und Partizipation"

Bernadette Grix

Warum Mediation in der Grundschule?

Alle Kinder durchlaufen die Grundschule mit den verschiedensten Begabungen, Haltungen, Werten und Erfahrungen. Sie kommen aus den unterschiedlichsten Kulturen und gesellschaftlichen Schichten. Wie in keiner anderen Schulform spiegelt sich in der Grundschule die Gesellschaft wider. **Verunsicherungen**, die in der Gesellschaft vorhanden sind, sind über den Einfluss der Eltern schon in der Grundschule zu spüren. Einige Kennzeichen sind:

- Unsicherheit auf dem Arbeitsmarkt
- Bedrohung durch Armut
- Einsparung an öffentlichen Stellen – auch in der Schule
- Zukunftsangst
- fehlende Zugehörigkeit zu einer festen Gruppe durch hohe Fluktuation
- Veränderung der Familienstruktur (z.B. Kleinstfamilien)
- Rollenunklarheit auf Seiten der Eltern
- Verunsicherung in der Erziehung
- Werteschwund
- zunehmender Medienkonsum mit Darstellung von Gewalt usw.

Andererseits besteht ein wachsendes Maß an **Freiheiten** und mehr Entscheidungsspielraum. Das Angebot an Lernmöglichkeiten, Methoden und Materialien zum Beispiel ist in der Schule enorm angewachsen. Diese Freiheit erfordert paradoxerweise mehr Absprachen und Teamarbeit. Der Regulierungsbedarf ist angestiegen.

An Bewerber auf dem Arbeitsmarkt und im gesellschaftlichen Umgang werden stetig höhere **Anforderungen** gestellt. Neben einem guten Schulabschluss werden so genannte Softskills vorausgesetzt: Persönlichkeitsmerkmale und Fähigkeiten wie Anpassungsvermögen, Durchsetzungskraft, Verständnis, Teamfähigkeit, Verhandlungsgeschick, Entschlusskraft, Konfliktfähigkeit, Führungsqualitäten, Flexibilität usw. Diese Fähigkeiten werden immer seltener in den Familien erlernt.

Die Schule, die ursprünglich in der Hauptsache der Wissensvermittlung diente, muss zunehmend zusätzliche Erziehungsaufgaben übernehmen, Defizite ausgleichen, Anreize und Programme bieten, die Kinder zur gesunden Entwicklung brauchen. Manchmal reicht es für einige Kinder nur zum gesellschaftlichen „Überleben“.

© fadenzähler/pixelio

Unter solch schwierigen gesellschaftlichen Umständen ist es kein Wunder, dass die Gereiztheit um sich greift, dass Ängste wachsen, dass die Geduld, das freundliche Umgehen miteinander schwinden.

Bei Konflikten werden leicht Drohungen ausgesprochen. Mehr oder weniger deutlich, subtil oder offen, wird Gewalt angewendet.
Die weltpolitische Lage mit fast täglich neuen Meldungen von militärischen Operationen, Gewalt, Terror und Krieg hinterlässt ebenfalls ihre Spuren. Bei immer mehr Erwachsenen machen sich angesichts der vielen ungelösten Probleme Ohnmachtsgefühle breit.

In der Grundschule sehen wir eine **Möglichkeit, zu handeln**. Den oben genannten Problemen wollen wir mit der gezielten Verknüpfung von sozialem Lernen und Mediation möglichst früh entgegenwirken.

Mit erprobten Programmen können Sie als Pädagogin Kindern Mut machen gegen Resignation und Ohnmachtsgefühle. Mit ihnen zusammen können Sie soziale Kompetenzen entwickeln und sie befähigen, mit Konflikten konstruktiv im Sinne der Mediation umzugehen. Das vorliegende Buch möchte Ihnen dabei helfen.

Renate Lixfeld

Anleitung zur Arbeit mit dem Buch

Was ist eigentlich ein Konflikt? Wie funktioniert er? Wie „ticken" Menschen, die in einen Konflikt verwickelt sind? Und welche Folgerungen ergeben sich daraus für einen konstruktiven Umgang damit? Warum sich überhaupt mit konstruktiver Konfliktbearbeitung oder Mediation beschäftigen? Ist das etwas anderes als das, was Menschen sonst bei Konflikten tun? Was genau und konkret meinen Begriffe wie Konsens und Win-win-Lösung? Und was hat die Eskalation damit zu tun?

Vielleicht können Sie diese Fragen spontan beantworten, weil Sie an einer einschlägigen Fortbildung teilgenommen haben. Vielleicht haben Sie sich dort oder anderweitig bereits mit der besonderen Haltung, den grundlegenden Gedanken und Methoden der Mediation und anderer Formen konstruktiver Konfliktbearbeitung vertraut gemacht. Dann können Sie den **ersten Teil „Theoretische Grundlagen"** überblättern.

Ansonsten **empfehlen wir dringend seine Lektüre** und die Auseinandersetzung damit. Die gesellschaftlichen Veränderungen mit ihren Folgen für eine ebenfalls veränderte pädagogische Verantwortung in der Schule machen einen professionellen Umgang mit Konflikten unabdingbar. Dies bedeutet, dass herkömmliches Agieren aus dem „hohlen Bauch" heraus in zunehmendem Maße durch professionellen, theoriegeleiteten Umgang mit dem Thema Konflikt zu erweitern bzw. zu ersetzen ist.

In diesem ersten Teil erfahren Sie etwas über **konstruktive Konfliktbearbeitung** im Allgemeinen und Mediation im Besonderen. Was ist das, und warum ist es überhaupt nützlich, sich neben dem Kerngeschäft von Schule, dem Unterrichten, auch noch damit zu befassen? Was lässt sich damit bewirken und was aber auch nicht? Denn wie alles, was gut ist, ist auch Mediation erst dann richtig gut, wenn man sich über ihre Möglichkeiten und über ihre Grenzen im Klaren ist.

Damit soll keinesfalls unterstellt werden, die Lektüre eines Buches könnte die praktische, selbst durchlebte Erfahrung in einer Fort- oder Weiterbildungsgruppe ersetzen. Zur Arbeit an und mit Konflikten bedarf es in erster Linie eines besonderen Werkzeugs: der eigenen Person. Und folglich ist das Lernen in diesem Bereich durch ein hohes Maß an praktischem Tun, Ausprobieren und reflektierter Praxis gekennzeichnet. Wer wirklich etwas von den Unterschieden zwischen der üblichen Berufsrolle als Lehrerin und der Rolle der Mediatorin oder konstruktiven Vermittlerin verstehen möchte, wer das auch in Handlung umsetzen können will, der darf sich nicht mit dem Lernen aus Büchern begnügen. Auf **eigene Lernerfahrungen** können Sie hier nicht verzichten – übrigens eine durchaus anregende, lustvolle Angelegenheit, bei der sich ganz neue, ungeahnte Facetten und Möglichkeiten der eigenen Persönlichkeit entdecken und entfalten lassen. Wir können dazu nur ermutigen!

Wie die **Situation in der Grundschule** aussieht, welche speziellen Konstellationen dort für Konflikte und ihre Entspannung sorgen, lesen Sie ab S. 54. In der Schule sind die unterschiedlichsten Persönlichkeiten, Lehrerinnen und Schüler, unterwegs. Sie alle bringen täglich ihre ureigenen Lebenserfahrungen, Erlebnishintergründe und Sichtweisen mit. Diese wiederum bestimmen ihr Agieren und Reagieren in Konfliktsituationen.

Kooperation ist ein Balanceakt.

Um in diesem Rahmen die Möglichkeiten der Mediation nutzbar zu machen, müssen Sie wissen, **in welcher Situation welches Konzept für wen** das richtige ist. Sie müssen auf eine Vielzahl von Übungen und Spielen zurückgreifen können. Beides lernen Sie im **Praxisteil** (ab S. 73) dieses Buches kennen (Kopiervorlagen auf 130 % kopiert = DIN-A4-Größe). Dieser ist in vier große Abschnitte eingeteilt:

- Erarbeitung von Grundprinzipien, Regeln und Ritualen
- Der Eskalation von Konflikten vorbeugen
- Kinder lösen Konflikte selbst
- Konfliktlösung mit Hilfe neutraler Dritter

© christiaaane/pixelio

Teil 1: Grundlagen – Konflikte und ihre Bearbeitung

Renate Lixfeld

Es gibt einen Konflikt – was nun? Vom Umgang mit Konflikten

Schnelles Ende heißt nicht schnell zu Ende: Wie Konflikte ausgehen können

Was, wenn ...?

Pausenende, es hat zum Unterricht geschellt. Mario und Lisa schäumen vor Wut, gehen aufeinander los, die ganze Klasse gerät außer Rand und Band. – Wie sollen die Kinder so ihre Klassenarbeit schreiben?! Aber aufschieben ist ausgeschlossen, die Zeugniskonferenz steht vor der Tür. Also schnell dazwischengehen, ein Machtwort sprechen, für Ruhe und Ordnung sorgen. Klappt ja auch, schließlich sind Sie kompetent und haben Erfahrung. Bloß komisch, dass Sie am nächsten Tag hören, dass Mario auf dem Heimweg Lisa ein Bein gestellt hat. Müssen die beiden denn immer ...? Sie hatten den Streit doch beendet!

Bei systematischer Betrachtung zeigen sich **vier grundlegende Möglichkeiten,** wie Konflikte ausgehen können. Diese Ausgänge bestimmen maßgeblich das zukünftige Miteinander der Konfliktbeteiligten. Das Wissen um diese Möglichkeiten ist für alle Betroffenen – Konfliktparteien und Pädagoginnen – wichtig, um über Handlungsziele und Verhaltensweisen entscheiden zu können.

Na ja ...	😐 😐	Kompromiss
Win-lose	☺ ☹	Sieger – Verlierer
Lose-lose	☹ ☹	Verlierer – Verlierer, „gemeinsam in den Abgrund“
Win-win	☺ ☺	Gewinner – Gewinner

Ausgänge von Konflikten

Der Übersichtlichkeit halber geht diese Darstellung von zwei Konfliktparteien aus; Entsprechendes gilt natürlich auch bei mehreren Beteiligten. Interessant ist ein Vergleich der vier Konfliktausgänge im Hinblick auf die Lösungen: Sind sie effizient, legitim, gerecht? Und dies für beide Parteien? Wie groß sind die Aussichten, dass getroffene Vereinbarungen eingehalten werden? Das wirkt sich auf den zukünftigen Umgang zwischen den Beteiligten aus. Endet der Konflikt so, dass ein Rest bleibt, gerät dieser „Sand ins Getriebe" der zwischenmenschlichen Beziehungen.

Nur wenn rundum **Zufriedenheit** mit der gefundenen Lösung herrscht, wird ein Konflikt nicht mehr negativ in die Zukunft hineinwirken – im Gegenteil, dann kann er sogar zu einer spürbaren Verbesserung des Miteinanders führen. Wenn beide Parteien ein schwieriges Stück Weg erfolgreich gemeistert und dabei mehr voneinander erfahren haben, dann stabilisiert und vertieft das ihre Beziehung.

Na ja ...: Mario und Lisa streiten sich um ein paar Walnüsse. Mit einem Kompromiss, z.B. einer klassischen Halbe-Halbe-Lösung, wären wahrscheinlich beide ziemlich zufrieden. Zur Hälfte hätte ja jeder das erreicht, was er oder sie wollte. Aber eben nur zur Hälfte, und darum wäre es auch nur eine „Na ja ..."-Lösung. Denn wäre da nicht Mario, der die anderen Nüsse bekommt, so hätte Lisa sie immerhin alle. Bei ihr bleibt also auch ein Rest an Unzufriedenheit, und da es Mario wohl ebenso ergeht, gibt es teilweise Zufriedenheit und Unzufriedenheit auf beiden Seiten. Der Streit um die Walnüsse geht vielleicht nicht weiter, aber wenn er mal eine Tüte Bonbons hat, dann wird sie bestimmt die Hälfte haben wollen ..., und wenn sie ...

Na ja ...

Win-lose: Prima geht es Lisa natürlich (zunächst!), wenn sie die Stärkere ist und Mario die Nüsse einfach wegnehmen kann. Dann hat sie sie alle, sie ist Gewinnerin in diesem Konflikt. Aber Mario ist Verlierer, und wer Verlierer ist, wird keine Ruhe geben, denn er hat noch eine Rechnung offen. Vielleicht trifft es Lisa in der nächsten großen Pause, und Mario haut ihr eine runter. Die zweite Runde des Konflikts ist eröffnet – sie dürfte kaum die letzte bleiben.

Win-lose

Lose-lose

Lose-lose: Oder jemand setzt (eventuell nach Erinnerung an vorhandene Klassen-Regeln) dem Streit damit ein Ende, dass keiner etwas von den Nüssen bekommt, wenn sie sich nicht einigen können. Dann sind sie beide Verlierer, haben beide etwas zurückzuzahlen. Na warte, spätestens auf dem Heimweg, außer Sichtweite der Erwachsenen ...

Win-win

Win-win: Aber eigentlich will Lisa mit den Walnüssen Schiffchen basteln, während Mario einfach Hunger hat. Wenn sie das voneinander wüssten, hätten sie den Schlüssel zu einer dauerhaften Konfliktlösung in der Hand, einer Konsenslösung.

Tatsächlich zur Ruhe kommen können Menschen bei einem Konflikt dann, wenn sie mit dessen Ausgang wirklich zufrieden sind. Dazu müssen sie **sich als Gewinner erleben** können, und zwar auf beiden Seiten: Der eine gewinnt nicht gegen sondern mit dem anderen. Das **Win-win-Prinzip** ist die „Zauberformel", die ein endgültiges Ende eines Konflikts ermöglicht. In diesem Fall flammt er nicht immer wieder neu auf, sucht sich nicht ständig neue Anlässe und Verkleidungen. Was beim Konsens wechselseitig an Wertschätzung und Fairness geschieht, wird als beglückend, als die Beziehung bereichernd und vertiefend erlebt.

Win-win-Lösungen verbessern das Klassenklima.

Das heißt, dass im Konflikt zwischen zwei Zielebenen zu unterscheiden ist: Es gibt **Sachziele** (hier: alle Nüsse zu bekommen), und es gibt **Beziehungsziele** (hier: wenn Mario und Lisa weiterhin in dieselbe Klasse gehen, müssen sie auch zukünftig noch irgendwie miteinander zurechtkommen). Die Sachziele sind also nicht alles. Zumindest dann, wenn Menschen eine gemeinsame Zukunft vor sich haben, entstehen auch Beziehungsziele.

Win-win-Lösungen anzustreben, heißt also auch, die jeweiligen Sachziele mit den Beziehungszielen ins Verhältnis zu setzen, abzuwägen und auszutarieren. Dann können am Ende solche Lösungen vereinbart werden, die dem **subjektiven Gerechtigkeitserleben** aller Konfliktbeteiligten entsprechen und die darum die zukünftigen Beziehungen schonen bzw. verbessern. Das unterscheidet das Win-win-Prinzip von anderen Wegen der Konfliktlösung.

Von der Ohnmacht der Macht: Lösungswege für Konflikte

Schematisiert betrachtet, lassen sich **drei Wege** unterscheiden, auf denen man Konflikte lösen kann (vgl. Schwarz, 1999, S. 229 ff.):

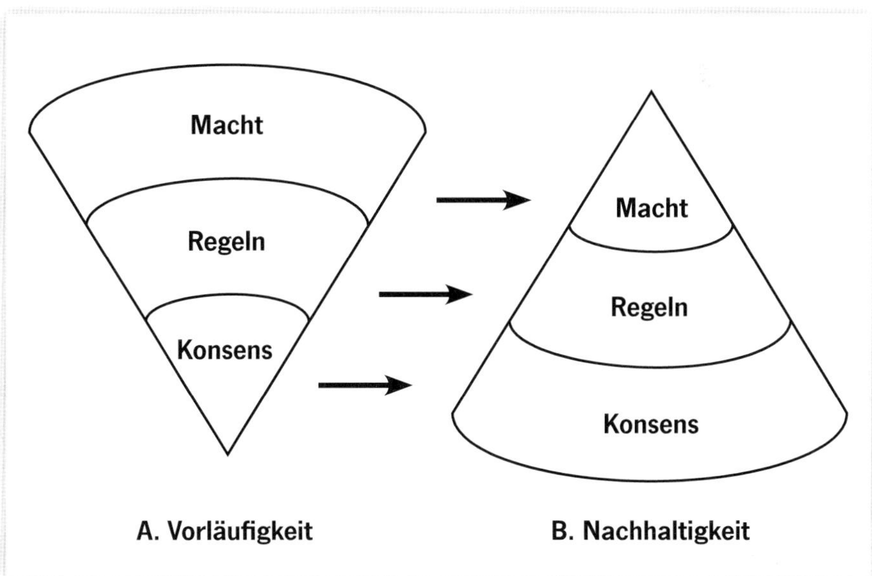

Unterschiedliche Gewichtungen bei Konfliktlösungswegen

1. Macht

Konflikte können durch den Einsatz von Machtmitteln beendet werden. Solche Machtmittel können von den Konfliktparteien selber oder von einer dritten, außenstehenden Person eingesetzt werden. Im obigen Beispiel ist das eine Lisas größere Körperkraft, das andere das Machtwort der Lehrerin. Bei diesem Weg besteht eine hohe Wahrscheinlichkeit, dass sich zumindest eine Seite als Verlierer erlebt. Das heißt, dass die Konflikte bei nächster Gelegenheit wieder aufleben, sie sind also eher unterbunden, als im eigentlichen Sinne gelöst.

Selbst gut durchdachte Machteingriffe, die objektiven Kriterien und gängigem Billigkeitsverständnis genügen (wie sie in Rechts- oder Schiedsverfahren zur Anwendung kommen), führen nur selten zu wirklich befriedenden Lösungen, die für die zukünftigen Beziehungen förderlich sind.

2. Regeln

Günstiger ist die Prognose, wenn die Konfliktbeteiligten selbst auf allgemein anerkannte Regeln zurückgreifen können, seien es Gesetze, Schul- oder Klassenregeln. Dabei werden solche Regelwerke die höchste Akzeptanz haben, an deren Zustandekommen die Parteien selber beteiligt waren und deren Entstehungsprozess sie in positiver Erinnerung haben.

3. Konsens

Wie im vorigen Kapitel (s. S. 18) ausgeführt, lassen sich die dauerhaftesten und in diesem Sinne effizientesten Konfliktlösungen auf dem Wege des Konsens erzielen. Im Unterschied zum Kompromiss meint Konsens solche Lösungen, die das Anliegen beider Parteien, beider Gerechtigkeitsempfinden, beider Befindlichkeit so miteinander vereinbaren, dass beide subjektiv das Gefühl des Gewinnens erleben, und zwar so, dass auch der Gewinn des anderen dazu passt in stimmiger Wechselseitigkeit. Dann kann sich echte beiderseitige Zufriedenheit einstellen, die höchste denkbare Gewähr für eine nachhaltige Befriedung von Konflikten.
Auch hier gilt, dass Menschen sich eher an Vereinbarungen halten, die sie selber getroffen und deren Erarbeitung sie als positiv erlebt haben. So minimiert der Weg über Konsenslösungen die – momentanen wie zukünftigen – Konfliktkosten. Dies gilt sowohl für den materiellen als auch für den immateriellen Bereich.

Kegel A (Vorläufigkeit)

Wenn die Kultur eines soziales Systems (Staat, Betrieb, Familie, Schule, Klasse, Gruppe ...) nun so beschaffen ist, dass eine große **Mehrheit der Konflikte auf dem Machtwege beendet** wird, ein kleinerer Anteil über Regelwerke und eine Minderheit per Konsens, so gibt es hier naturgemäß viele vorläufige Lösungen. Es werden immer wieder Störungen dazwischenkommen und Raum, Zeit und Energie fordern. Darum können die Mitglieder dieses Systems ihren eigentlichen Aufgaben nur bedingt nachgehen. Ein solches System mit „Sand im Getriebe" muss man bezüglich seiner Kernaufgaben als gestört bezeichnen.

Kegel B (Nachhaltigkeit)

Es lässt sich in ein effizientes System überführen, indem der Umgang mit Konflikten auf eine gesunde Basis gestellt wird. Das heißt aber nicht, dass nun alle Konflikte per Konsens gelöst würden. Jede Pädagogin kennt zur Genüge die Situationen, in denen ein sofortiger Machteingriff erforderlich ist und weder Raum noch Zeit für **Konsenssuche** zur Verfügung stehen. Wichtig ist, sich der drei möglichen Wege bewusst zu sein und informiert eine situative Entscheidung zu treffen – wissend, dass nachhaltige Lösungen auf dem Wege des Konsenses zu erreichen sind.

In vielen Fällen ist es strategisch optimal, auf Regelwerke zurückgreifen zu können, die im Voraus gemeinsam entwickelt wurden. Machtmittel werden dann nur, wenn wirklich nötig, angewandt, z.B. wenn ein Kind in Gefahr ist. Sowohl Vermittlerinnen als auch Konfliktbeteiligte kommen grundsätzlich weiter, wenn sie sich im Einzelfall nicht von den Ereignissen treiben und zum Objekt machen lassen, sondern im Stande sind, gezielte Entscheidungen über den bevorzugten Mechanismus zu treffen. Denn so kann man Subjekt bleiben und selbst Einfluss auf das Geschehen nehmen.

Bei der Suche nach Konsenslösungen gibt es grundsätzlich **zwei Möglichkeiten**:

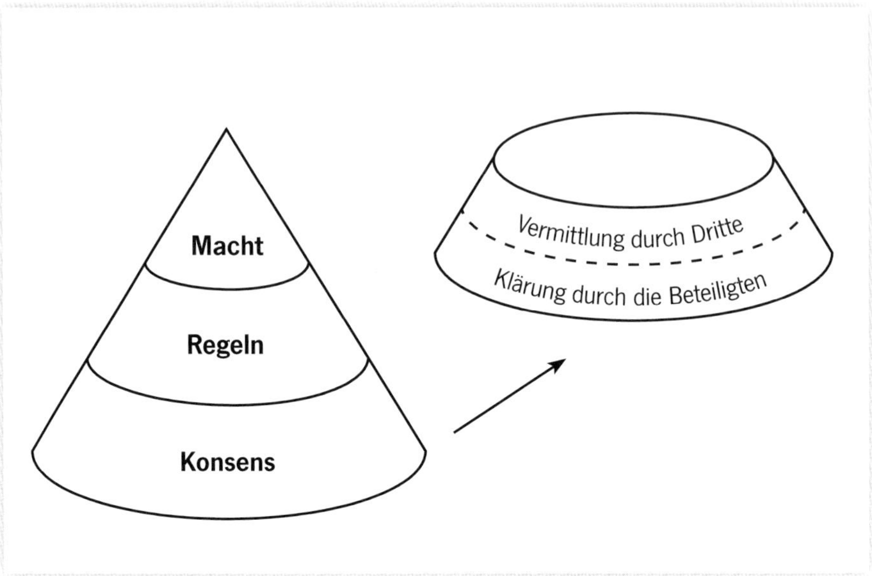

Möglichkeiten für Konsenslösungen

Am effizientesten sind Systeme, in denen ein möglichst großer Teil der Konsenslösungen unabhängig von der Vermittlung durch dritte Personen von den Beteiligten alleine herbeigeführt werden kann. Im Konflikt als Kontrahentin einen Konsens mit dem Gegenüber zu erreichen, ist allerdings eine hohe Anforderung, die kaum jemand „einfach so" erfüllen kann. Ist ein solcher Anspruch überhaupt realistisch?

Prophylaxe und Feuerwehr – zweibeinig läuft sich's besser: Entstehung und Management von Konflikten

Realistisch wird eine Konsenskultur in Systemen dann, wenn sie sich grundsätzliche Gedanken machen, wie sie mit ihren Konflikten umgehen wollen. Dazu hilft der Blick auf den Entstehungsweg von Konflikten und die Möglichkeiten des Konfliktmanagements, die daraus resultieren.

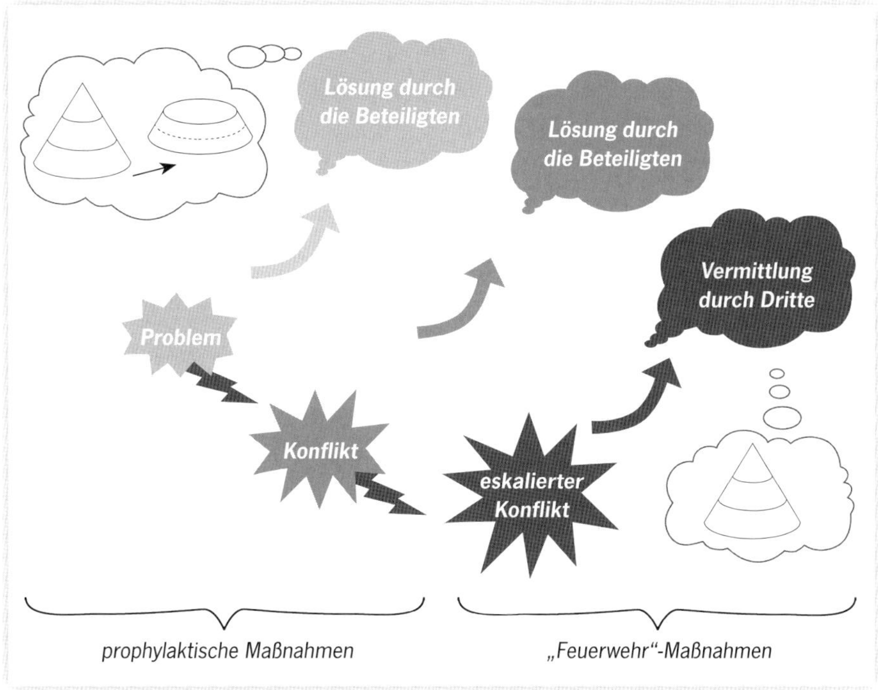

Entstehungsweg und Lösungsmöglichkeiten für Konflikte

In aller Regel beginnt es mit einem **Problem** zwischen Menschen. Je nachdem, wie sie damit umzugehen in der Lage sind, können sie es per Konsens alleine regeln, und es „löst sich in Luft auf". Gelingt das nicht, wird es sich verschärfen (s. S. 49 ff.), bis es zu einem handfesten **Konflikt** kommt. Menschen mit hoher Konfliktfähigkeit können auch jetzt unter Umständen noch alleine eine Konsenslösung herbeiführen. Ist dies aber nicht der Fall, wird der Konflikt weiter **eskalieren**, bis er nur noch mit Hilfe eines Dritten gelöst werden kann. Dieser Dritte muss dann darüber entscheiden, welcher Lösungsweg hier angebracht ist: Macht, Regeln oder Konsens.

Je früher Probleme bzw. Konflikte beigelegt werden können, umso geringer lassen sich die – materiellen wie immateriellen – Konfliktkosten und der erforderliche Einsatz an Ressourcen halten. Beziehungen werden weniger beschädigt, und es gibt weniger „Reparaturaufwand", wenn Probleme gelöst werden, bevor sie sich zu Konflikten auswachsen. Auch Konflikte, die von den Beteiligten alleine beigelegt werden, sparen Ressourcen, denn sie erfordern weniger zeitlichen, räumlichen und personellen Einsatz.

So wichtig es ist, über geschulte Konfliktvermittler zu verfügen, so ist doch zu bedenken, dass dies „Feuerwehr"-Maßnahmen sind. Ökonomischer ist es, gleichzeitig mit dem Aufbau der **Interventionsmaßnahmen** auch **vorbeugende Maßnahmen** anzugehen. Aber welche konkreten Fähigkeiten, Fertigkeiten und Kenntnisse befähigen Schüler, Lehrerinnen und Pädagoginnen dazu, Probleme bzw. Konflikte selbstständig konsensorientiert zu klären? Zu beiden Bereichen, Vorbeugung und „Feuerwehr", bietet das vorliegende Grundschulprogramm Konzepte, Anregungen und Handreichungen. Es hilft, spürbar die Anzahl der Konflikte zu reduzieren, die bis zur Notwendigkeit der Intervention durch Dritte eskalieren.

Was, wenn ...?

Mario, Lisa und all die anderen äußern nach der Pause immer öfter Dinge wie: *„Wir hatten grade Zoff, aber brauchste nicht mehr, haben wir schon ..."* Die Erwachsenen erfahren nur noch, d a s s etwas vorgefallen ist, aber nicht mehr, w a s es war. Oder vor Unterrichtsbeginn fragen Kinder: *„Können wir gerade noch vor die Tür? Wir haben was zu klären."* Und danach kommen sie mit zufriedenen Gesichtern zum Unterricht.

Im optimalen Fall funktioniert so etwas nicht nur in der eigenen Klasse, sondern auch zwischen Kindern unterschiedlicher Klassen. Das setzt aber voraus, dass die ganze Schulentwicklung in diese Richtung vorangetrieben wird. Eine so gewachsene Konfliktkultur hat positive Auswirkungen auf das gesamte Schulklima. Sie spart Nerven, Energie, Zeit und Raum – Ressourcen, die den vielfältigen eigentlichen Aufgaben im Schulalltag zugutekommen können.

Renate Lixfeld

Streit oder kein Streit? Was ist eigentlich ein Konflikt?

„Haste Probleme? Ich nicht!" oder *„Was soll'n daran schlimm sein?!"*

„Zoff, Streit, Konflikt ..." – wir alle wissen, was wir damit meinen. Aber es ist auch eine Alltagserfahrung, dass Mario sich über ein Ereignis beschwert, vielleicht sogar in Tränen ausbricht, auf jeden Fall aber Regelungsbedarf anmeldet, während Lisa es einfach „weglacht". Das muss nicht nur heißen, dass sie sich vor Konsequenzen drücken will. Es kann auch auf unterschiedliche individuelle Konfliktbegriffe von Lisa und Mario hinweisen.

Wenn Mario aus einer harmoniebetonten Familie kommt, kann er schon einen schrägen Blick als Konflikt erleben, während Lisa, in deren Familie laute Streitigkeiten an der Tagesordnung sind, vielleicht überhaupt erst anfängt, hellhörig zu werden, wenn es zu Handgreiflichkeiten kommt. Was Menschen wann und wie als Konflikt erleben, ist so vielfältig und unterschiedlich wie die Menschen selbst. Oft leiden Klassen unter der Herausbildung von unguten Machtstrukturen, wenn die Hartgesottenen den Ton angeben und die Sensibleren sich hüten, Probleme anzusprechen, um nicht als „Weichei" zu gelten.

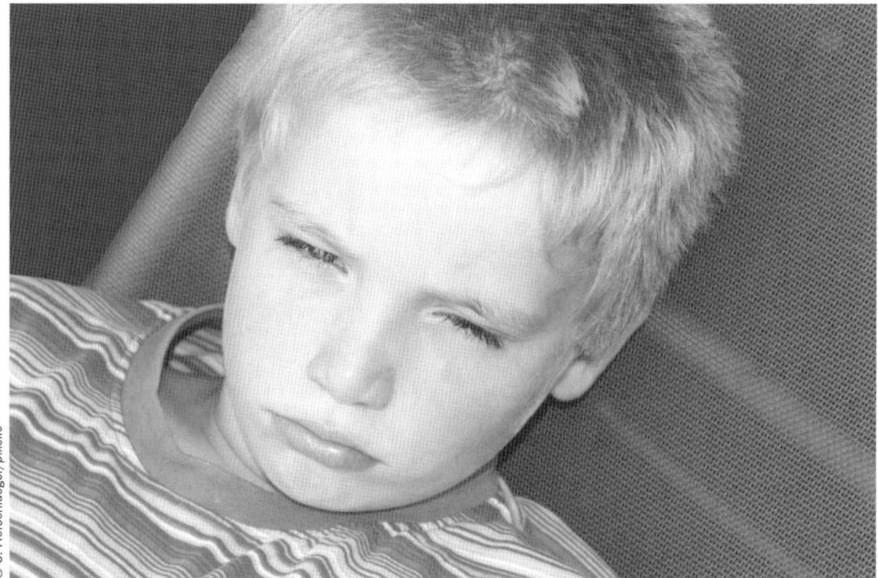

Jedes Kind erlebt einen Konflikt anders.

Ein Konflikt ist, wenn ...: zum Konfliktbegriff

Jeder Mensch hat seinen eigenen, **subjektiven Konfliktbegriff**. Er ist geprägt von der Konfliktkultur seiner Herkunft, von Erlebnissen und Erfahrungen in seiner Konfliktbiografie und von dem, was sich dabei jeweils als nützlich oder hinderlich herauskristallisiert hat.

Es ist wichtig, die individuellen Konfliktbegriffe mit ihren Unterschiedlichkeiten festzustellen, gegenseitig wertschätzend zur Kenntnis zu nehmen und ihnen ihre Daseinsberechtigung zu geben. Wer etwas als Konflikt erlebt, dem ist nicht geholfen mit der Aussage, dass es doch gar nicht schlimm sei – im Gegenteil, das macht es nur noch schlimmer. Denn es enthält die Botschaft: *„Du erlebst die Dinge falsch, mit dir stimmt etwas nicht."* Das gilt genauso für die Hartgesottenen, die ein Ereignis vielleicht erst bei körperlicher Gewalt als Konflikt erleben und ernst nehmen.

Über die vielfältigen subjektiven Konfliktbegriffe hinaus müssen sich soziale Systeme aber auch auf eine gemeinsame **übergeordnete Definition** verständigen, um im Bedarfsfall über eine gemeinsame Konfliktwahrnehmung und einen gemeinsamen Sprachgebrauch zu verfügen und einer Kultur von *„Haste Probleme? Ich nicht!"* vorzubeugen.

Von Bedeutung ist, dass Erwachsene und Kinder eine Haltung der Akzeptanz, des „We agree to disagree" zur Vielfalt der individuellen Konfliktbegriffe entwickeln. Eine solche Einstellung ist die Grundlage für die Einführung eines allgemeingültigen Konfliktbegriffs.
Aus der Vielfalt der wissenschaftlichen Definitionsversuche stellen wir den von F. Glasl vor (vgl. Glasl, 1980 und 1998). Er hat sich als besonders hilfreich für die Entwicklung einer konstruktiven Konfliktkultur in Gruppen erwiesen. Im gemeinsamen Sprachgebrauch mit Kindern empfiehlt es sich, hierfür den **Begriff „Konflikt"** als Fachwort aus der Erwachsenenwelt zu reservieren – im Gegensatz zum **Begriff „Streit"** aus der Kinderwelt, der die subjektiven Konfliktbegriffe bezeichnet.

Glasls Konfliktbegriff	Erläuterung
Sozialer Konflikt	→ Ein Konflikt entsteht zwischen mindestens zwei Beteiligten, im Unterschied zum intrapsychischen Konflikt, den Menschen mit sich selber haben können.
ist eine Interaktion zwischen Aktoren, wobei	→ Gemeint sind Kommunikation oder Handlungen, mit denen sich Personen aufeinander beziehen.
wenigstens ein Aktor	→ Es reicht bereits *eine Seite*, d.h. eine Person, eine Gruppe ...
Unvereinbarkeiten	→ Es gibt Unterschiedlichkeiten, Differenzen, die (zunächst) als nicht miteinander vereinbar erlebt werden.
im Denken/Vorstellen/ Wahrnehmen und/oder Fühlen und/oder Wollen	→ Glasl benennt drei seelische Ebenen, die sich als Kognition, Emotion und Intention zusammenfassen lassen; die Unvereinbarkeiten werden auf einer oder mehreren von ihnen erlebt.
mit dem anderen Aktor in der Art erlebt,	→ Die Differenzen mit der anderen Seite werden so erlebt,
dass im Realisieren	→ dass das (Aus-)Leben und Verwirklichen der drei seelischen Ebenen
eine Beeinträchtigung durch einen anderen Aktor erfolgt.	→ durch die andere Seite beeinträchtigt wird. D.h. die Beeinträchtigung muss (noch) nicht angesprochen worden oder „objektiv messbar" sein, allein das subjektive Erleben reicht aus.

Konfliktbegriff nach Glasl und seine Erläuterung

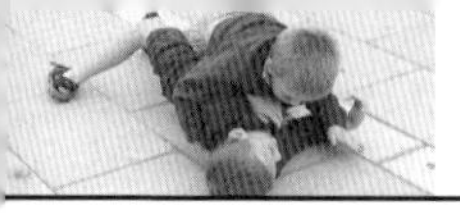

Was, wenn …?

Neuerdings lacht Lisa Mario dauernd wegen seiner O-Beine aus, Mario sagt aber nichts dazu. Ist das nun ein Konflikt? Lisa verneint es heftig; sie findet das Ganze doch mindestens harmlos, wenn nicht lustig. Auf jeden Fall fühlt sie sich nicht beeinträchtigt, Mario reagiert ja nicht. Und zu einem Konflikt gehören doch wohl zwei, oder?

Entscheidend ist nach Glasls Definition nicht, ob Mario reagiert oder nicht. Es kommt auf sein Erleben an. Macht es ihm nichts aus, so wird alles beim Alten bleiben. Doch wenn es ihn ärgert oder kränkt, wird sich über kurz oder lang sein Verhalten verändern. Und diese Reaktion, egal ob sie in Rückzug, Aggression, Herbeiholen des großen Bruders oder Umleitung des Zorns auf Schwächere besteht, wird ihrerseits Verhaltensänderungen bei Lisa und/oder anderen nach sich ziehen – unweigerlich entsteht so eine **Konfliktdynamik**. Der Fortgang lässt sich leicht ausmalen. Es reicht also, wenn nur Mario eine Beeinträchtigung erlebt, und er muss sich noch nicht zu Wort gemeldet haben.

Sind diese Zusammenhänge nicht bekannt, so kann es immer wieder geschehen, dass ein Kind eine Beschwerde loswerden, etwas anmelden und geklärt haben will, aber das andere Kind das Thema herunterspielt, mit Kommentaren wie „Heulsuse“ das erste Kind abwertet und ins Unrecht setzt und die Sache damit scheinbar beendet. Durch diesen Mechanismus entsteht ein **Gefälle zwischen Machthabern und „Underdogs“** in Gruppen. Die einen lernen, dass sie mit dieser Strategie die Rechte anderer nicht zu beachten brauchen. Die anderen lernen, dass offenes Austragen von Konflikten für sie nicht in Frage kommt und sie sich andere Wege suchen müssen: kleine Gemeinheiten „hintenherum“ oder den Rückzug in sich selbst bis hin zur Autoaggression – wer kennt nicht die „auffällig Unauffälligen“.

Hier bietet der Glasl'sche Konfliktbegriff Abhilfe. Damit Kinder ihn verstehen, lässt er sich übersetzen in „Glasl für Kinder“:

**Ein Konflikt ist, wenn
jemand etwas tut,
wodurch es jemand anderem
nicht mehr gut geht.**

Wer bislang keine Ansprüche anzumelden und sich nicht offen auseinanderzusetzen wagte, dem verleiht dieser neue, gemeinsame Konfliktbegriff ungekannte Autorität, Probleme anzusprechen und auf Klärung zu bestehen.

Mario zeigt jetzt selbstbewusst auf das Plakat im Klassenraum und fordert laut seine Rechte ein: *„Da steht es! Das ist wohl ein Konflikt, mir geht's nämlich nicht gut damit!"* Das gilt auch, wenn Lisa darin keinen Streit sieht. Und ab da wissen alle, dass man das Thema ernst nehmen und es klären muss.

Mit einem **gemeinsamen Konfliktbegriff** wird auch die Sensibilisierung der Konfliktwahrnehmung bei Mario, Lisa und den anderen Kindern der Klasse gefördert. Sie bemerken Konflikte nicht erst dann, wenn sie so eskaliert sind, dass geschrien, geschlagen, getreten wird, sondern sehr viel früher. Das spart „Konfliktkosten" und steigert die Wahrscheinlichkeit, dass die Kinder ihre Probleme und Konflikte zunehmend selbstständig und konsensorientiert beilegen können. Auf dieser Grundlage kann sich eine neue, konstruktive Konfliktkultur in Klassen/Gruppen entwickeln.

„Anatomie" von Konflikten: Eisbergmodell

Aber konstruktive Konsenslösungen liegen nicht auf der Straße – sonst wären Bücher wie dieses überflüssig. Um gezielt danach suchen zu können und sie nicht nur zufällig zu finden, hilft ein Blick auf die „Anatomie" von Konflikten.

Konflikte sind wie Eisberge: Sichtbar ist zunächst nur ein kleiner Teil, **das Wesentliche liegt verborgen** unter der Oberfläche. Das Sichtbare ist die Ebene der Positionen, und das Verborgene ist die Ebene der Hintergründe.

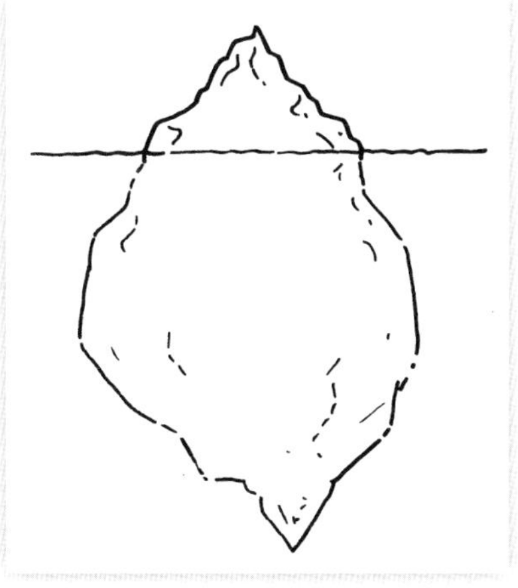

Eisbergmodell

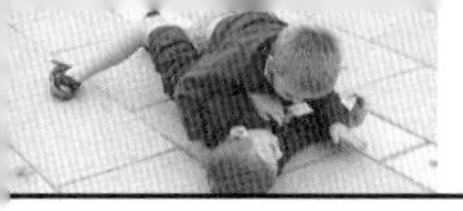

Was, wenn ...?

Wenn Lisas und Marios alter Walnuss-Konflikt noch im Untergrund rumort, könnte Lisa eines Tages einige von Marios Bonbons haben wollen.
Dann **sagt** sie: *„Du sollst mir welche geben!“* Das ist ihre **Position**, die **Spitze des Eisbergs**.
Unter dem Eisberg jedoch arbeitet noch etwas ganz anderes. Eigentlich möchte sie vielleicht gerade gar keine Bonbons essen, aber nach der Sache mit den Walnüssen reicht allein schon die Tatsache, dass er Bonbons hat, um ihren Teil davon zu fordern. Hinter ihrer Position liegt ein **Interesse** daran, ihm noch mal eins auszuwischen. Denn ihr **Gefühl** ihm gegenüber ist noch nicht geklärt. Es ist geprägt von *„Na ja ...“* oder gar von Zorn und Enttäuschung, wenn es beim Walnuss-Streit keine Win-win-Lösung gegeben hat.

Unter solchen Eisbergen arbeiten viele mögliche Konflikthintergründe, die immer wieder neue Energien in das Verhalten der Parteien und damit in das Konfliktgeschehen einspeisen können. Diese **Hintergründe** hat Ch. Besemer zu Kategorien zusammengefasst. In seiner Beschreibung des Eisbergmodells benennt er auf beiden Seiten unterschiedliche oder parallele

- Interessen/Bedürfnisse,
- Gefühle,
- Beziehungsprobleme,
- intrapersonale Probleme,
- Werte,
- Missverständnisse/Kommunikationsprobleme,
- Informationsdefizite/-vorsprünge,
- Sichtweisen,
- strukturelle Bedingungen (vgl. Besemer 1998, S. 28).

Diese gilt es jeweils herauszuarbeiten und den Schlüssel zu dementsprechenden Vorgehensweisen und Lösungsmöglichkeiten zu finden.

Renate Lixfeld

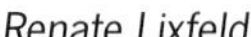

Die gute Nachricht: Mediation/ konstruktive Konfliktbearbeitung

Perlentauchen: der Wirkmechanismus

Mediation im engeren und konstruktive Konfliktbearbeitung im weiteren Sinne unterscheiden sich von anderen Arten der Konfliktregulierung darin, dass sie unter die „Wasseroberfläche tauchen, um die Perlen aus den unsichtbaren Tiefen zu heben". Dazu bedienen sie sich der unterschiedlichsten personen-, kultur-, sach-, struktur-, konflikt- und situationsbezogenen Methoden. Da es sich im Konflikt um **mindestens zwei Eisberge** zweier Kontrahenten, A und B, handelt, lassen sich das Prinzip und der Wirkmechanismus konstruktiven, mediativen Vorgehens folgendermaßen veranschaulichen:

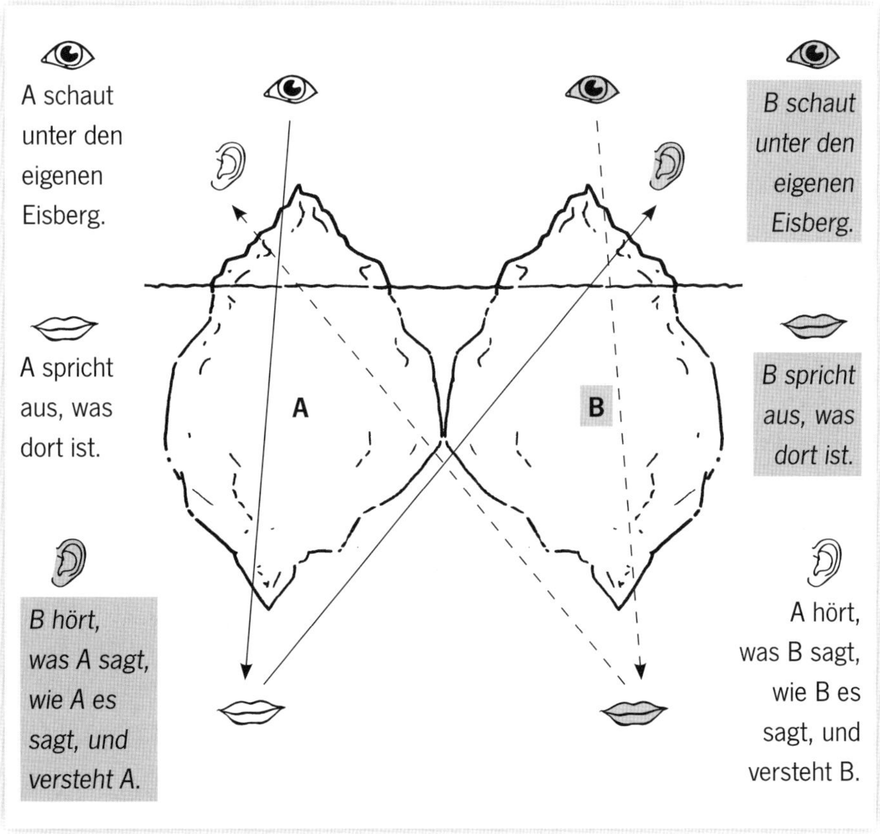

A schaut unter den eigenen Eisberg.

B schaut unter den eigenen Eisberg.

A

B

A spricht aus, was dort ist.

B spricht aus, was dort ist.

B hört, was A sagt, wie A es sagt, und versteht A.

A hört, was B sagt, wie B es sagt, und versteht B.

Hintergründe gegenseitig verständlich machen

Die **Spitze des jeweiligen Eisbergs** ist die Ebene der ausdrücklich eingenommenen **Position**. Typische Sätze sind: *„Du sollst ...!“* und *„Du bist ...!“*. Jeder weiß hier genau, was der andere tun müsste, damit der Streit ein Ende findet. Wird ein Konflikt auf dieser Ebene ausgetragen, so kommt es zum Kampf um die jeweiligen Positionen. Die Perspektive auf das Gegenüber und den Konflikt wird zu einem Tunnelblick verengt, mit dem das Geschehen nicht als ein wechselseitiges begriffen werden kann. Gegenseitige Schuldzuschreibungen sind die Folge, und die werden wiederum mit Rechtfertigung und Gegenangriff beantwortet. So kommt es zur Eskalation.

Unter den Eisbergen finden sich im Hintergrund die eigentlichen **Interessen**, die der jeweiligen Position zu Grunde liegen. Vielleicht sind es auch **Bedürfnisse**, (verletzte) **Gefühle**, unterschiedliche Werthaltungen oder auch strukturelle Gegebenheiten. Konflikte können erst dann dauerhaft befriedet werden, wenn ihre Lösungen auch auf der Ebene dieser Konflikthintergründe wirklich Zufriedenheit schaffen.

So besteht der Wirkmechanismus von konstruktiver Konfliktbearbeitung und Mediation – die gezielte Suche nach Konsens und Win-win-Lösungen – darin, **unter die Eisberge zu blicken** und dort nach den „Perlen“ zu tauchen. Wenn das gelingt, lassen sich Perspektiven erweitern, und gegenseitiges Verstehen, Empathie und Akzeptanz der Unterschiedlichkeiten werden möglich.

Dabei gibt es durchaus nicht nur Widersprüche und Gegensätzliches unter den Eisbergen. Zum großen Erstaunen der Konfliktparteien zeigt es sich häufig, dass ihre konträren Positionen von ähnlichen bis deckungsgleichen Interessen, Gefühlen oder Motiven geleitet werden, welche in die gleiche Richtung weisen oder einander bedingen. Aber auch ganz unterschiedliche Hintergründe können sich wie im Beispiel der Walnüsse als miteinander vereinbar erweisen – Marios Hunger auf Nüsse und Lisas Interesse, aus den Schalen kleine Schiffchen zu basteln. Diese **Perlen gilt es zu heben**, aus ihnen erwachsen Konsenslösungen.

Im konkreten Fall mögen sich die Konflikthintergründe überschneiden und/oder grundverschieden sein. Es tun sich gleichermaßen neue Lösungsoptionen auf. Auf ihrer Basis können dann diejenigen Lösungen vereinbart werden, welche die eigentlichen, grundlegenden Interessen, Bedürfnisse, Gefühle usw. auf beiden Seiten am ehesten zufriedenstellen. In diesem Sinne kann auch eine „Halbe-Halbe-Lösung“ mehr sein als ein Kompromiss, wenn sie von den Betroffenen als Win-win erlebt wird und damit Konsenscharakter erhält.

Im Folgenden wird zunächst die Mediation im engeren Sinne skizziert, um dann auf andere Formen konstruktiver Konfliktbearbeitung und die Grenzen der mediativen Arbeit einzugehen.

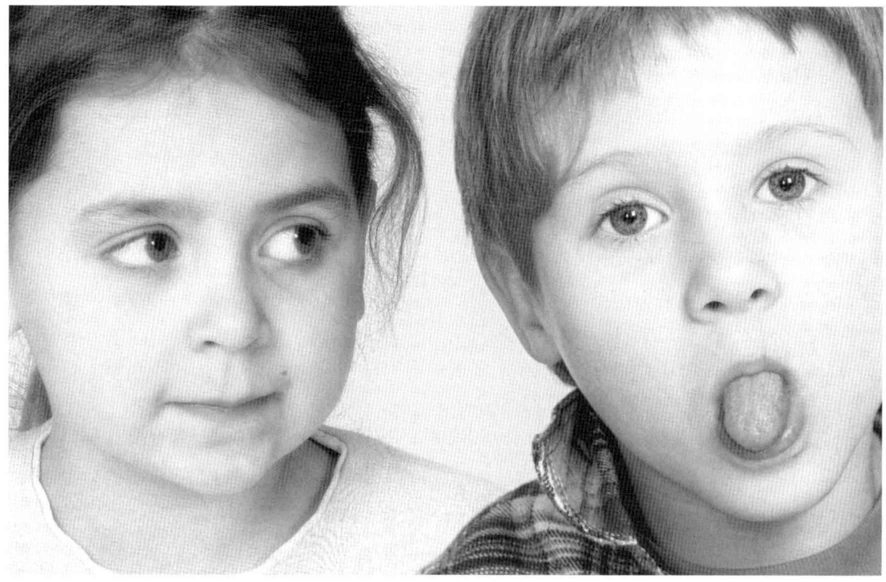

Eine Konsenslösung braucht die Bereitschaft beider Konfliktparteien.

Eine Kunst, aber kein Hexenwerk: Mediation – Haltung, Rolle und Rahmen

Der Blick in die tieferen Schichten des eigenen Eisbergs ist kein leichtes Unterfangen, weiß man doch zunächst selbst oft nur teilweise, was sich dort auftun wird. Einiges wird den Betroffenen bereits bekannt sein, anderes nicht. In der Mediation geschieht eine Öffnung in der Form, dass jeder unter Umständen etwas Neues von sich selber aber auch vom Gegenüber erfährt.

Das „Tauchen unter die Oberfläche" kann therapeutischen Prozessen ähneln, da manchmal auch unbewusste oder vorbewusste Themen an die Oberfläche kommen. Mediatorinnen müssen genau beachten, wie tief hier zu tauchen ist: Sie sollten nur versuchen, das aufzuarbeiten, was zur Klärung des Konflikts nötig ist.

Wenn sich bei einer Person grundlegende und schwerwiegende persönliche Probleme eröffnen, kann das nicht mehr Gegenstand der Mediation sein. Hier ist dann eventuell therapeutische Hilfe angebracht. Denn **Mediation ist keine Psychotherapie**, diese Grenze müssen alle Beteiligten wahren. Das hohe Maß an Verletzlichkeit, gerade wenn Medianten sich öffnen, bedingt ein ebenso hohes Maß an **Achtsamkeit** in der Vorgehensweise. Niemand darf tiefer unter die Oberfläche getrieben werden, als er in diesem Moment freiwillig mitgehen kann oder will. Widerstand, sich zu öffnen, muss als Signal ernst genommen werden, dass diese Person gute Gründe hat, sich in dieser Situation zu schützen. Dann ist es Aufgabe der Mediatorin, durch behutsame Gesprächsführung herauszufinden, was er oder sie braucht und ob bzw. wie dies mit der Gegenseite geschaffen werden kann. Gerade Lehrerinnen mit Erfahrung in geschickten unterrichtlichen Fragetechniken müssen sich davor hüten, auf dem Weg unter die Oberfläche in ein Ausfragen zu verfallen, um den Prozess zu beschleunigen.

Wenn ein Konfliktbeteiligter das „Eisberg-Risiko" eingeht, und das auch noch im Beisein seines Konfliktgegners (dieses Untiers!), erlebt er das möglicherweise sogar so, als würde er sich selber aufs Spiel setzen. Und natürlich erlebt „das Untier" es genauso.

Hinzu kommt, dass Konfliktgegner häufig **Koalitionen** suchen. Denn um sich und ihre Position zu stärken, sucht jede Partei Personen, die sich auf ihre Seite stellen. Beide Parteien versuchen so natürlich auch, Mediatorinnen auf ihre Seite zu ziehen. Zugleich ahnen beide, dass im selben Maße auch „das Untier" genau dies versuchen wird. Auf beiden Seiten können so Misstrauen, Angst und Sorge, auch gegenüber der Mediatorin, wachsen.

Daraus resultiert über die Not des eigentlichen Konflikterlebens hinaus ein zusätzliches Maß an Verunsicherung und Verletzlichkeit. Für das „Perlentauchen" ist es daher wichtig, dass alle Beteiligten volles Vertrauen in die Mediation als Verfahren haben, ebenso wie in die Person der Mediatorin als Hüterin und Garantin dafür, dass sie geschützt und gehalten sind und unbeschädigt aus dem Verfahren hervorgehen werden. Dieser Rahmen muss von Anfang an gesetzt werden, und das nicht nur verbal. Die Beteiligten müssen diesen Rahmen vor allem auf der Handlungsebene während des gesamten Verlaufs der Mediation erleben und erfahren.

Verkürzt lässt er sich zusammen mit den **Phasen**, in denen eine Mediation abläuft, folgendermaßen darstellen:

Rahmenbedingungen und Phasen der Mediation

In diesem Rahmen kann das „Perlentauchen“ gelingen. Alles beginnt mit der **freiwilligen Entscheidung** zur Mediation. Die kann auch darin bestehen, dass die Betroffenen insoweit freiwillig teilnehmen, als sie darin das kleinste aller möglichen Übel und Regulative sehen, welche ansonsten auf sie zukämen. Dies könnten Machtworte von Lehrerinnenseite, Konsequenzen aus der Klassen- oder der Schulordnung, pädagogische oder Ordnungsmaßnahmen sein. Am Anfang muss die freie Entscheidung der Medianten stehen, solchen Lösungswegen die Teilnahme an der Mediation vorzuziehen. Unter Umständen bedarf es eines Vorgesprächs, um die Bereitschaft zur Mediation zu wecken. Manchmal muss diese im Laufe des Verfahrens wiederholt überprüft und das Arbeitsbündnis erneut abgesichert werden.

Auf der **linken Seite des Schemas** sind die Sicherheiten aufgeführt, die die Mediatorin den **Medianten** gewährleisten muss. Sie kennzeichnen zugleich Rolle und Aufgaben der Mediatorin. **Neutralität** bezieht sich auf die sachliche Ebene des Konflikts, auf sein Thema. Da Mediation dann erfolgreich ist, wenn die Betroffenen mit ihrem eigenen Konsens die für sie stimmigen Lösungen gefunden haben, stehen der Mediatorin keine eigenen inhaltlichen Interessen an dem einen oder anderen Ausgang des Konflikts zu. Kann sie in einem Konflikt ihre inhaltliche Enthaltsamkeit nicht gewährleisten, so sollte sie sich ernsthaft fragen, ob sie als Mediatorin hier die geeignete Person ist. Für Klassenlehrerinnen kann es dann sinnvoller sein, bei Konflikten in der eigenen Klasse nicht selbst zu vermitteln, sondern Kolleginnen um Unterstützung zu bitten.

Im Unterschied zu Neutralität bezieht sich **Allparteilichkeit** auf die Konfliktparteien. Die Mediatorin muss parteilich für beide sein, in dem Sinne, dass sie A und B gleichermaßen unterstützt. Unterstützen meint hier nicht *„Ja, du hast Recht, und dein Gegenüber hat Schuld!“*, sondern *„Ich versuche, dich, deine Sichtweise und deine Handlungen zu verstehen, und ich respektiere sie und bringe dir als Person Wertschätzung entgegen.“* Und dies gilt für beide Seiten.
Selbstverständlich können sich Menschen nur dann öffnen, wenn sie auf absolute **Verschwiegenheit** vertrauen können. Mediatorinnen sollten sich auch **inhaltlicher Äußerungen** zum Konfliktthema **enthalten**, denn es geht hier nicht um sie und ihre Sichtweise oder Erkenntnisse, sondern die Kontrahenten benötigen die Gewissheit, dass sie als Experten ihrer Probleme anerkannt werden und nicht versucht wird, „reinzureden“.

So sehr Mediatorinnen sich also inhaltlicher Anmerkungen enthalten, so direktiv müssen sie aber nötigenfalls werden, wenn es um ihre **Verantwortung für den**

Gesprächsrahmen geht. Sie kontrollieren und fordern die Einhaltung der gegenseitig garantierten Sicherheiten, wie Offenheit und Fairness, sowie der Regeln, wie einander ausreden zu lassen, einander nicht zu beleidigen usw. Denn nur wenn Konfliktpartei B das gelingt, wird sich Konfliktpartei A wirklich öffnen können und umgekehrt.

Im Konflikt wünschen sich Menschen möglichst schnelle Lösungen, was zu Lasten von deren Dauerhaftigkeit geht, wenn dabei der Blick auf die zu Grunde liegenden Motive übergangen wird. Es kommt dann zu Neuauflagen des Konflikts; und es entstehen höhere „Konfliktkosten", wie Nervenkrieg, gestörte Atmosphäre, Lernblockaden, weitere Provokationen usw. Daher ist es die Aufgabe von Mediatorinnen, immer wieder zu **entschleunigen**, auf die beiderseitigen Konflikthintergründe zu achten, nach der Befriedigung der beiderseitigen Wünsche und nach dem Gerechtigkeitsempfinden zu fragen. Sie sorgen für Lösungsaufschub und entschleunigen so den Klärungsprozess, um letztendlich doch „ökonomischer" ans Ziel zu kommen – frei nach dem Sprichwort: *„Wer es eilig hat, gehe langsam."*

Zur Mediatorinnenrolle gehört es, sich ernsthaft um **Verständnis** für die Konfliktparteien, ihre Sichtweisen und ihr Verhalten im Konflikt und in der Mediation zu bemühen. Wenn eine empathische Haltung für eine Partei einmal gar nicht gelingen will, so lohnt sich die Arbeitshypothese, dass etwas Grundlegendes unter diesem Eisberg noch nicht verstanden wurde. Denn aus der Perspektive dieser Person heraus gesehen, gibt es gute Gründe für ihr Verhalten. Je mehr eine Mediatorin davon zu Tage fördert und für sich verständlich werden lassen kann, umso mehr erhöht sich auch die Chance für den Konfliktpartner, etwas vom anderen zu verstehen und zu seiner eigenen Perspektive eine weitere mitzudenken.

Die Anforderungen an die Rolle der Mediatorin können zu der üblichen Rolle als Lehrerin/Pädagogin im Widerspruch stehen. Das muss zunächst geklärt werden. Denn zuweilen lassen sich beide Rollen nicht gleichzeitig vertrauenswürdig verkörpern (vgl. das Kapitel „Doppelrolle der Lehrerin als Mediatorin", S. 69 ff.).

Im Laufe der beruflichen Sozialisation lernen Lehrerinnen, Dinge zu bewerten; und es ist ein Erfolgsfaktor, sofort und schnell, klar und eindeutig Situationen einzuschätzen und zu urteilen, was richtig und was falsch, was gut und was schlecht ist.
So kommt es, dass in schulischen Systemen eine ganz bestimmte Begrifflichkeit von Objektivität und Wahrheit und eine Bewertungskultur herrschen, die nicht nur das professionelle Verhalten von Lehrerinnen charakterisieren, sondern auch die Rollenerwartungen von Schülern und Eltern an jene.

Vor diesem Hintergrund erklärt sich, warum Lehrerinnen zu den Berufsgruppen gehören, denen das Erlernen der mediativen Grundhaltung nicht selten besondere Mühe macht und die ein besonders hohes Maß an **Rollenbewusstheit** dafür benötigen. Nicht bewerten, einfach nur zur Kenntnis nehmen, Empathie und Akzeptanz auch für zunächst Unverständliches entwickeln, nicht ausfragen, sondern Selbstaussagen ermöglichen usw. sind Haltungen und Handlungen, die der traditionellen Rolle von Lehrerinnen in zentralen Aspekten diametral gegenüberstehen.

In konkreten Alltagssituationen wird immer wieder zu entscheiden sein, welche Rolle einzunehmen ist: Ist ein Machtwort angebracht oder der Verweis auf die Schulordnung? Oder kann eine Konsenslösung angestrebt werden? Wann ist erziehend einzugreifen, und wann ist mediative Arbeit gefragt?

Wichtig ist, sich jeweils bewusst in die eine oder in die andere Rolle zu begeben und beide nicht miteinander zu vermischen. Kinder brauchen Sicherheit und berechenbare Bezugspersonen, und das bedeutet auch **Transparenz bezüglich der Rolle**, in der Lehrerinnen/Pädagoginnen ihnen gerade begegnen.
Wir geben an dieser Stelle keine detaillierten Handlungsanleitungen. Denn das konkrete Verhalten als Mediatorin, z.B. die Fähigkeit, die Konfliktparteien „unter ihre Eisberge" zu führen, kann nur über Erfahrungslernen entwickelt werden. Hierzu ist praktisches Training, z.B. in einer Fortbildung, unerlässlich.

An einer Konsenslösung müssen alle mitarbeiten.

Auf der **rechten Seite des Schemas** sind diejenigen Haltungen benannt, die die **Medianten** einnehmen müssen bzw. der Gegenseite zusagen müssen – und zwar so, dass der andere das auch glauben und im Vertrauen darauf an der Mediation teilnehmen kann. Selbstverständlich sind Konfliktparteien zunächst nicht zu allen Punkten in der Lage; sie würden sonst keine Mediation benötigen. Es geht vielmehr um die glaubwürdige **Zusicherung der Bereitschaft** und des ernsthaften Bemühens, diese Zusage zu erfüllen. Das beinhaltet zugleich die Erlaubnis und den Auftrag an die Mediatorin, notfalls immer wieder einzugreifen und darauf zurückzuführen.

Die Mediatorin benötigt also mit beiden Parteien ein **Arbeitsbündnis**, um sie auf den Tauchgang unter die Eisberge führen und den Klärungsprozess begleiten zu können. Wann immer sie etwas von ihrer Rolle aufgibt oder ihr etwas von der mediativen Haltung abhanden kommt, verliert sie an Glaubwürdigkeit, was sich sofort auf das Arbeitsbündnis auswirken wird. Dieses wird dann, ob offen ausgesprochen oder nicht, aus Gründen des Selbstschutzes heraus aufgekündigt. Die Medianten gehen in den Widerstand oder ziehen sich in sich selbst zurück und resignieren.

Das Ergebnis einer Mediation besteht dementsprechend aus **gemeinsamen Entscheidungen** beider Parteien. Wenn ein Ungleichgewicht bei der Entscheidungsmacht in Konfliktpunkten besteht, muss dies ausgeglichen oder außer Kraft gesetzt werden. Die stärkere Seite darf ihre Macht nicht zu ihrem Vorteil einsetzen. Die Mediatorin gewährleistet, dass am Ende nur Konsenslösungen nach dem Win-win-Prinzip und insofern gemeinsame Entscheidungen zugelassen werden. Auch hierfür benötigt sie ein tragfähiges Arbeitsbündnis mit beiden Seiten.

Schritt für Schritt: die Phasen der Mediation

In der **1. Phase** erfahren die Medianten, wie eine Mediation abläuft und welche Rollen, Aufgaben und Regeln dazugehören. Sie entwickeln unter Umständen zusätzliche eigene Regeln, um dann eine informierte Entscheidung für oder gegen die Mediation zu treffen.

In der **2. Phase** werden die jeweiligen Positionen dargestellt, Übereinstimmungen und Differenzen herausgearbeitet sowie Konfliktthemen für die Mediation gesammelt und gegebenenfalls eine Reihenfolge für deren Bearbeitung vereinbart.

In der **3. Phase** wird der Konflikt bearbeitet, indem unter den Eisbergen die Hintergründe erhellt werden, die den Positionen zu Grunde liegen.

In der **4. Phase** werden in einem Brainstorming alle möglichen und unmöglichen Ideen gesammelt, um daraus die besten für die Lösung(en) auszuwählen. Kriterium für die konsensbasierte Auswahl ist die größtmögliche Befriedigung der beiderseitigen Hintergrund-Anteile aus Phase 3. Eventuell muss am Ende ein „Gesamtpaket" aus mehreren Lösungen geschnürt und noch einmal überprüft werden: Empfinden es alle als gerecht? Stehen die jeweiligen Leistungen/Vorhaben zur Lösung des Konflikts in einem ausgewogenen Verhältnis? Im Unterschied zu anderen Regelungsarten legt die Mediation an ihre Ergebnisse Kriterien an wie: Sind die Lösungen in den Augen der Parteien gerecht, alltagstauglich, effizient, dauerhaft, vernünftig usw.?

Wenn das erreicht ist, beendet in der **5. Phase** die Formulierung einer verbindlichen – in der Regel schriftlichen – Vereinbarung das Verfahren. Sie wird mit den Unterschriften der Konfliktparteien, eventuell auch der Mediatorin, besieglt. Und die erfolgreiche Mediation wird mit einem Abschlussritual gefeiert. Für die Mediation mit Schülern hat es sich als sinnvoll erwiesen, etwa ein bis zwei Wochen später einen Nachfolgetermin hinzuzufügen. Dann überprüfen alle gemeinsam, ob die Lösung funktioniert hat, die Vereinbarungen eingehalten worden sind oder nicht, und was gegebenenfalls noch getan werden muss, damit der Konflikt endgültig beigelegt werden kann.

Credo: Grundannahmen der Mediation

Der mediativen Haltung liegen bestimmte fundamentale Annahmen über Menschen und Konflikte zu Grunde, die sich der humanistischen Psychologie zuordnen lassen. Offenbar haben sie jedoch universale Gültigkeit, denn auch andere Kulturen und andere Zeiten als die unsere haben dieses Gedankengut hervorgebracht.
C. Besemer hat grundlegende Gedanken von unmittelbaren Vätern und Müttern der heutigen Mediation zusammengestellt:

1. Wenn Konflikte ungelöst bleiben, werden sie mit großer Wahrscheinlichkeit weiter eskalieren (s. S. 49 ff.) und können so ein destruktives Potenzial entwickeln. Gelöste Konflikte bedeuten dagegen ein konstruktives Potenzial: Missverständnisse werden geklärt, Beziehungen verbessert und vertieft, erforderliche Absprachen getroffen, Abläufe des gemeinsamen Alltags optimiert usw.

2. Oft entstehen Konflikte eher dadurch, dass die Beteiligten nicht in der Lage sind, ein Problem zu lösen, und weniger dadurch, dass sie es nicht lösen wollten.
3. Jemand, der selber von einem Problem oder Konflikt betroffen ist, wird bessere Entscheidungen zu dessen Lösung treffen können als ein Außenstehender – schließlich ist es diese Person, welche die Lösung später auch umsetzen und Vereinbarungen einhalten müssen wird.
4. Bei der Konfliktbearbeitung ist es wichtig, auch die damit zusammenhängenden Gefühle wahrzunehmen, zu beachten und in die Lösung einzubeziehen. Dabei sind sachliche und emotionale Belange gleichermaßen zu berücksichtigen.
5. Wer noch eine gemeinsame Zukunft vor sich hat, wird eher bestrebt sein, die Beziehung durch einen Konflikt nicht zu sehr zu beschädigen. Das bedeutet höhere Motivation und größere Erfolgsaussichten für eine faire Klärung und eine Lösung auf dem Verhandlungswege.
6. Menschen halten sich eher an Regeln und Übereinkünfte, wenn sie an deren Entstehung beteiligt waren und den Weg dahin als positiv erlebt haben.
7. Eine Mediation zeichnet sich durch eine neutrale, vertrauensvolle Atmosphäre aus. Zugleich ist sie nicht therapeutisch. Dieser Rahmen ermutigt Konfliktparteien zur Mitarbeit.
8. Menschen lernen im Verlaufe einer Mediation, Konflikte konstruktiv zu bearbeiten und Lösungen auszuhandeln. Diese Fähigkeiten können sie auch in zukünftigen Fällen nutzen (vgl. Besemer, 1998, S. 37).

„Weichei" oder „harte Nuss"? – Das Harvard-Konzept sachbezogenen Verhandelns

Die zu Beginn des Buches beschriebenen, großen soziologischen Veränderungen unserer Gesellschaft gehen mit einer Zunahme verhandelbarer Lebensaspekte einher, und so entsteht in vielen Bereichen auch vermehrter Verhandlungsbedarf zwischen Personen. Aber wenn Verhandlungen ohne zufriedenstellende Ergebnisse bleiben oder gar ganz scheitern, steigt die Wahrscheinlichkeit eines Konflikts. Daher bedeutet ein Mehr an Verhandlungsbedarf auch ein Mehr an Konfliktpotenzial. Es beginnt beim Aushandeln der Schlafenszeit im Kindesalter und endet bei Verhandlungen auf höchster politischer Ebene. Die **Verhandlungskompetenz** von Menschen entscheidet mehr denn je über Erfolg und Misserfolg – im Großen wie im Kleinen.

Auch die Lösung und Befriedung von bereits bestehenden Konflikten erfordert ein hohes Maß an Verhandlungsfähigkeit von den Parteien bzw. von der dritten Person in der Vermittlerrolle.
Die Entwicklung einer mediativen, konstruktiven Konfliktkultur beinhaltet in beiden Bereichen, Prophylaxe und Intervention, auch die Auseinandersetzung mit konstruktivem Verhandeln.

Üblicherweise herrschen zwei Verhandlungsstrategien vor. Bei der Variante **„Weichei“** verzichten Menschen darauf, ihre Sachziele durchzusetzen, um nicht anzuecken oder dem Diskussionsklima nicht zu schaden. Häufig zieht das aber Neid und Groll nach sich. Andere verfahren nach dem Modell **„harte Nuss“** und versuchen, ihre Ziele um jeden (Beziehungs-)Preis zu erreichen. Zorn und Ärger arbeiten nun in der anderen Person. Zuweilen stellen Menschen ihre Beziehungsziele, andere ihre Sachziele so in den Vordergrund, dass die zweite Zielebene untergeht und das Miteinander dauerhaft gestört wird.

Fisher, Ury und Patton (vgl. Fisher u.a., 1998) haben dazwischen einen dritten Weg des „sachbezogenen Verhandelns“ beschrieben, der beides miteinander vereint. **„Hart in der Sache und weich zu den Menschen“** lautet ihr Motto. Dieser Weg sucht den Interessenausgleich, er basiert auf Fairness und dem Win-win-Prinzip.

Vier Eckpunkte charakterisieren das Harvard-Konzept:

- Menschen und Probleme getrennt voneinander behandeln
- auf Interessen konzentrieren, nicht auf Positionen
- Lösungsoptionen und Entscheidungsmöglichkeiten zum beiderseitigen Vorteil suchen
- faire, objektive Kriterien anwenden, wie Gleichbehandlung, Gegenseitigkeit, Sachbezogenheit, Effektivität, moralische/finanzielle Kriterien, allgemein übliche Praxis, Tradition usw.

Die Prinzipien des Harvard-Konzepts haben bei der Entwicklung der Mediation Pate gestanden. Darüber hinaus erweisen sie sich bei Verhandlungen auf allen Ebenen und mit allen verhandelbaren Themen als hilfreich und konstruktiv. Zwischen den beiden Extremen „Kampf“ versus „Unterwerfung“ eröffnen sie die Möglichkeit, für die eigenen Ziele einzutreten und zugleich auch das Gegenüber zu respektieren. Es geht dann nicht mehr um Win oder Lose, sondern die neue Strategie heißt **Selbstbehauptung**.

Zwischen Tür und Angel: konstruktive Konfliktbearbeitung

Der Begriff **„Mediation“** meint ein definiertes, umgrenztes Verfahren mit einem gewissen Zeitbedarf. Unter dem Begriff **„konstruktive Konfliktbearbeitung“** hingegen ist im weiteren Sinne jede Form der Bearbeitung von Konflikten zu verstehen, die in Haltungen, Prinzipien, Rahmen und Rollen den Ansprüchen der Mediation genügt.

Welche Methodik, welches Verfahren jeweils angemessen und Erfolg versprechend ist, richtet sich nicht zuletzt danach, ob die Klärung zwischen Tür und Angel stattfinden muss oder ob Zeit zur Verfügung steht. Aber auch das Alter, die kognitive und verbale Kompetenz sowie die Reflexionsfähigkeiten der Konfliktbeteiligten sind Kriterien für die Auswahl der Methode (vgl. das folgende Kapitel). Im 3. Teil des Buches lernen Sie verschiedene Verfahren kennen, die Kinder nach einschlägigem Training zum Teil selbstständig anwenden können.

Auch in **„Ad-hoc-Situationen“**, in denen sich Mediation nicht anbietet, können Sie sich an einigen **hilfreichen Prinzipien** orientieren. Diese gelten sowohl für Sie als Vermittlerin als auch für Kindergruppen, die versuchen wollen, ihre Konflikte selbst zu klären. In dem Maße, in dem es Ihnen gelingt, sie konsequent umzusetzen und vorzuleben, können die Kinder sich am Vorbild orientieren und nach und nach in diese Art der Klärung hineinwachsen. Auch Reflexionsphasen nach erfolgreicher Konfliktlösung können das eine oder andere Prinzip und seine Auswirkung auf den Klärungsprozess beleuchten und damit behutsam bewusst machen.

1. Nicht darauf beziehen, welche Position jemand ausdrücklich einnimmt (die Spitze des Eisbergs), sondern auf seine Hintergründe (der Teil des Eisbergs unter der Wasseroberfläche).
2. Zwischen dem Menschen und dem Problem unterscheiden.
3. Zunächst mehrere Lösungsmöglichkeiten und Vorgehensweisen überlegen und erst dann entscheiden.
4. Das Ergebnis soll allgemeinen Maßstäben entsprechen: Es soll fair sein und den Interessen beider Seiten entgegenkommen. Jeder soll so viel beisteuern, dass sein Anteil gerecht ist. Andere Menschen sollen nicht dadurch beeinträchtigt oder benachteiligt werden. Die Vereinbarungen zur Lösung müssen realistisch sein, die Beteiligten müssen sie auch im Alltag einhalten können.

5. Zu einem Geschehen gibt meistens so viele Wahrheiten wie beteiligte Personen. Manchmal sogar mehr: Ein und dieselbe Person kann in sich auch verschiedene Wahrheiten zu dem Problem haben.
6. Wer eine Konsenslösung zum Ziel hat, sollte auf die Anwendung von Machtmitteln oder formalen Regularien verzichten. Wenn eine faire, gerechte Konfliktlösung zu Stande kommen soll, muss diese auch auf fairem und gerechtem Wege erarbeitet werden.
7. Eine dauerhafte Lösung erreicht man am ehesten, wenn man nur solche Vereinbarungen verfolgt, die auch für das Gegenüber gut sind und ihm nicht schaden. Das gilt sogar dann, wenn die andere Seite sich nicht an die Vereinbarungen hält.
8. Durchsetzungskraft einsetzen, um Ziele zu erreichen, aber nicht, um die andere Partei zu bestrafen.[4]

Wenn Kinder ihre Konflikte als Konfliktbeteiligte selbstständig zu klären versuchen, bevor sie die Hilfe neutraler Dritter hinzuziehen, sollten sie **eingeübte Handlungsmuster** und Rituale beherrschen. Damit lässt sich eine Art „Trichter" schaffen, nach dem die Kinder vorgehen: Erst diese, dann jene, dann die dritte Methode versuchen, und nur, wenn alles nicht hilft, werden Drittpersonen und erst ganz am Ende auch Erwachsene hinzugezogen. So können Prinzipien und Vorteile der „peer-group-education" (Faller u.a., 1996, S. 157) genutzt werden, und auch der Aufwand für Lehrerinnen/Pädagoginnen lässt sich in realistischen Grenzen halten.

[4] Vgl. Besemer, 1998, S. 33. Ursprünglich wurden diese Prinzipien von der schwedischen Stiftung für Friedens- und Zukunftsforschung entwickelt. Sie entsprechen zum Teil dem Gedanken des Harvard-Konzepts.

Gut, aber kein Allheilmittel: Grenzen von Mediation und konstruktiver Konfliktbearbeitung

Mediation und konstruktive Konfliktbearbeitung bieten Möglichkeiten, Konflikte nachhaltig beizulegen. Allerdings gibt es Situationen, in denen sie nicht die angebrachten Methoden sind.

Freiwilligkeit

Konstruktive Konfliktbearbeitung kann nicht „verordnet" oder erzwungen werden. Eine Konfliktpartei kann und wird sich auf das „Risiko Eisberg", auf den Drahtseilakt Perspektivenwechsel und auf Verständnis für das Gegenüber nur dann einlassen, wenn sie sich aus freien Stücken für **Mediation anstelle konventioneller schulischer Verfahren** entscheiden konnte. Dafür muss manchmal auch der richtige **Zeitpunkt** gefunden werden. Darüber hinaus müssen sich die Medianten der Mediatorin anvertrauen und sich von ihr durch die Konfliktbearbeitung führen lassen können. Das heißt, sie brauchen die **Sicherheit**, sowohl fachlich als auch persönlich „in guten Händen" zu sein. Können Konfliktparteien in diesem Sinne kein wirkliches „Ja" zur Mediation aussprechen, ist diese fast zum Scheitern verurteilt und würde besser gar nicht erst begonnen.
Zuweilen nutzen Schüler die Freiwilligkeit aber für Ausweichmanöver, um sich einer ernsthaften Konfliktbearbeitung zu entziehen. Wenn jemand heute lieber noch nicht zur Mediation gehen will, morgen lieber auch nicht, aber auch nicht übermorgen, ist es angebracht, Verbindlichkeit einzufordern und Fristen zu setzen: *„Wie viel Zeit benötigst du, und wann wirst du die Mediation beginnen?"*

Außerdem müssen Schüler wissen, welche sonstigen Verfahren (Schiedsspruch, Entscheidung durch die Lehrkraft, pädagogische/Ordnungsmaßnahmen) in Gang kommen, wenn die Mediation nicht zu Stande kommt oder erfolglos bleibt. Man sollte aber vermeiden, hierdurch Druck auszuüben und andere Verfahren als Strafe darzustellen, etwa: *„Weil du die Mediation nicht willst, kommt jetzt zur Strafe der Elternbrief."* Für die Schüler sollte klar sein, dass die freie Entscheidung die Grundlage der Mediation ist: *„Du entscheidest selbst, ob Mediation hier das Richtige für dich ist. Aber dazu musst du auch wissen, dass ansonsten die üblichen Regelungswege greifen."* Die Schüler sollen eine informierte, wissende Entscheidung treffen, und dazu gehört es, sich im Klaren zu sein, welches die Alternativen zur Mediation sind.

Auch wenn Kinder sich für die Mediation als „kleinstes aller möglichen Übel" entscheiden, kann konstruktive Konfliktbearbeitung erfolgreich verlaufen, und die Betroffenen haben die Gelegenheit, eine positive Erfahrung mit einer anstrengenden, aber lohnenden Arbeit zu machen.

Regeln/Machtmittel

Schüler werden sich nur dann wirklich öffnen und einlassen können, wenn sie nicht gleichzeitig unter dem Druck möglicher Strafmaßnahmen stehen. Konsequenzen, welche sich z.B. aus der Klassen- oder Schulordnung oder einem Machtwort ergeben würden, müssen also **für die Dauer der Mediation ausgesetzt** werden. Ebenso müssen die Konfliktparteien wissen, dass Sanktionen bei erfolgreicher Konfliktbearbeitung auch nicht nachträglich zu befürchten sind, sondern nur dann, wenn die Mediation erfolglos beendet werden sollte. Diese Sicherheit brauchen die Schüler von den beteiligten Erwachsenen und unter Umständen auch voneinander. Wenn z.B. eine Seite sonst gerne mit dem großen Bruder droht, muss sie nun glaubhaft zusichern, dass der in diesem Fall nicht ins Spiel kommt.

Ungleichgewichte

Manchmal besteht ein Ungleichgewicht zwischen den Konfliktparteien, z.B. im Hinblick auf die kognitiven und/oder verbalen Fähigkeiten, das Ausmaß an Informiertheit über Aspekte des Konfliktthemas, die Entscheidungsmacht usw. Dieses Ungleichgewicht muss ausgeglichen werden bzw. sichergestellt sein, dass die stärkere Seite es für die Konfliktbearbeitung nicht zum eigenen Vorteil ausnutzt. Das ist notwendig, weil sich ansonsten das Ungleichgewicht im Ergebnis abbilden und sich keine ausgewogene, gerechte Lösung herbeiführen lassen würde. In diesem Fall wäre eine von außen durchdachte und pädagogisch getroffene Entscheidung vorzuziehen.

Intrapersonale Probleme

Konstruktive Konfliktbearbeitung ist **keine Therapie**. Gerade weil es aber eine Nähe dazu geben kann, ist es besonders wichtig, auf die Grenze zu achten und sie zu wahren. Manchmal verstricken sich Menschen immer wieder in „denselben Konflikt" (selbes Thema, selbe Konstellation), obwohl er erfolgreich konstruktiv bearbeitet und damit eigentlich nachhaltig gelöst wurde. Dann kann dies ein Hinweis darauf sein, dass es etwas Tieferliegendes gibt, das jenseits der Mediation zusätzlicher therapeutischer Bearbeitung bedarf. Jedes aktuelle Aufflammen kann dann zwar immer wieder neu konstruktiv bearbeitet werden, aber ohne begleitende Maßnahmen wird es nicht zu einem dauerhaften Ende kommen.

Mediatorinnen dürfen sich dann nicht die Schuld zuschreiben und glauben, ihre Mediation sei nicht gelungen. Sie konnte hier nicht zu einem dauerhaften Ende führen. Allerdings lässt sich damit durchaus der Prozess verlangsamen, in dem das betroffene Kind auf eine Rolle von *„Ach, du schon wieder!"* festgelegt wird. Realistischerweise ist allerdings der erforderliche Einsatz von Zeit und Kraft in Relation zu den sonstigen Anforderungen des Alltags und zu den Erfolgsaussichten zu setzen und dementsprechend zu entscheiden.

Konsensfähigkeit

Merkmale der **Situation**, des **Konflikts** und der **Konfliktparteien** können konstruktive Konfliktbearbeitung verhindern, wenn sie Win-win-Lösungen ausschließen. Wenn in der aktuellen **Situation** Zeit und/oder Raum nicht angemessen zur Verfügung stehen oder gar Gefahr im Verzug ist (z.B. bei einer Prügelei), so werden Sie – zumindest zunächst – keine Konsenslösung herbeiführen können, sondern auf Regularien bzw. Machtmittel zurückgreifen. Im Nachhinein kann sich dann noch eine konsensorientierte Bearbeitung anschließen.
Ein **Konflikt** kann inhaltlich so beschaffen sein, dass er ethisch-moralisch nicht konsensfähig ist; dann ist Erziehung angesagt (s. S. 69 ff.). Manchmal sind auch parteiliches Eingreifen und einseitiger Schutz erforderlich. In derartigen Fällen, z.B. bei Rassismus, Mobbing usw., kann zunächst keine Mediation stattfinden.

Ist die momentane Befindlichkeit der **Konfliktparteien** so „geladen", dass an ein ruhiges, faires Gespräch nicht zu denken ist, so benötigen sie Zeit, um sich zu beruhigen, eventuell die berühmte Nacht darüber zu schlafen.
Darüber hinaus gibt es Kinder, für deren Persönlichkeitsmerkmale die Mediation nicht das geeignete Verfahren ist. Wer sich z.B. nicht artikulieren, keinerlei Regeln einhalten, sich nicht einbringen und Vereinbarungen wiederholt nicht einhalten kann, für den greifen andere Verfahren und schulische Maßnahmen. Neben einem Mangel an notwendigen kognitiven, sprachlichen, reflexiven und sozialen Fähigkeiten gibt es weitere Merkmale, die eine konstruktive Konfliktbearbeitung erschweren

oder unmöglich machen können. Wenn jemand andere bzw. Situationen in hohem Maße kontrollieren muss, wenn keine Fähigkeit zum Ausgleich besteht, wenn Selbstwahrnehmung, Empathie und Perspektivenwechsel nicht hinreichend vorhanden sind, so kann der Weg unter den Eisberg und zu konstruktiven Lösungen schwerlich gelingen.

All diese Aspekte lassen sich unter den Begriff der Konsensfähigkeit fassen. Das Ausmaß an Konsensfähigkeit auf allen Ebenen ist ein **wesentlicher Erfolgsfaktor** bei der konstruktiven Konfliktbearbeitung. Dies gilt sowohl die Vermittlung durch eine Drittpartei als auch für die selbstständige Klärung durch die Betroffenen.

Daher ist es ein zentrales Anliegen im praktischen Teil dieses Buches, konkret aufzuzeigen, wie Sie im prophylaktischen Bereich auch die Konsensfähigkeit von Menschen schon im Grundschulalter fördern und entwickeln können. Unsere Arbeit in der Grundschule setzt genau hier an, diese Grundvoraussetzungen gilt es zu vermitteln bzw. zu festigen.

Die Fähigkeit, aufeinander zuzugehen, ist ein wichtiger Erfolgsfaktor bei der konstruktiven Konfliktbearbeitung.

Eskalation

Darüber hinaus ist es von großer Bedeutung, Konflikte zunächst im Hinblick auf ihren Eskalationsgrad zu analysieren. Denn nicht zuletzt hiervon hängt es ab, ob Mediation eine Erfolg versprechende Eingriffsmöglichkeit ist oder ob andere Interventionen aus dem Kegel der Lösungswege vorzuziehen sind (s. S. 19). Friedrich Glasl hat dazu ein Modell entwickelt, welches den **Eskalationsverlauf von Konflikten** in neun Stufen beschreibt (vgl. Glasl, 1998, S. 92 ff.). Die folgende Kurzdarstellung orientiert sich an der von E.R. Schmidt und H.G. Berg:

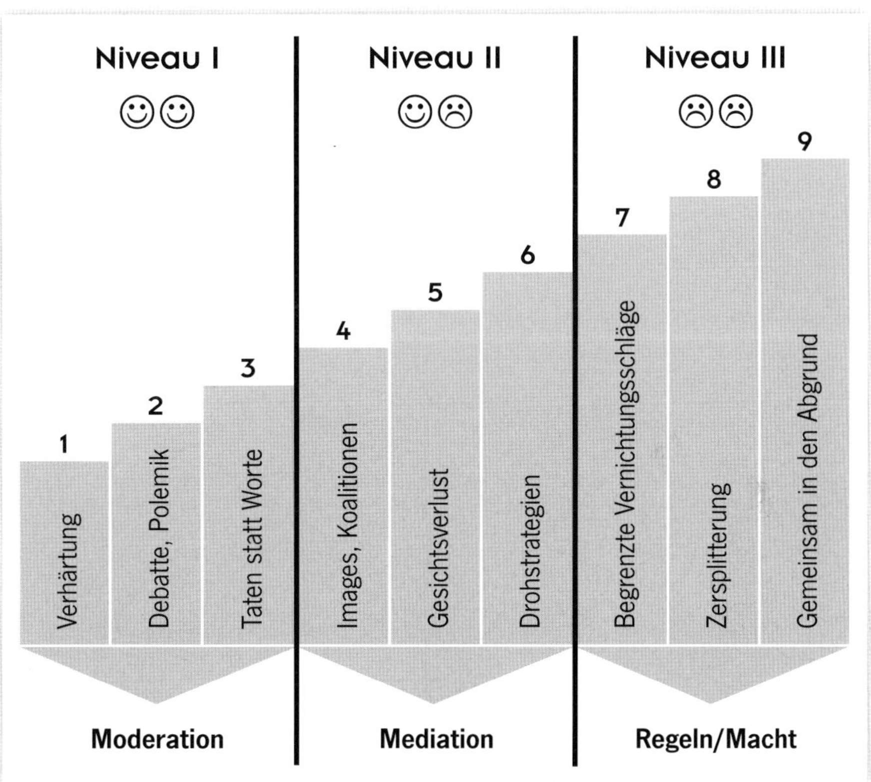

Eskalation von Konflikten[4]

[4] *Originalgrafik vgl. Eva Renate Schmidt/Hans-Georg Berg: Beraten mit Kontakt. © 1995 by Burckhardthaus-Laetare-Verlag GmbH, Offenbach/M. 2004 genehmigte Ausgabe Gabal Verlag, Frankfurt, ISBN 978-3-89749-455-8. Bearbeitung: R. Lixfeld.*

Die genaue Erläuterung der neun Eskalationsstufen findet sich bei Glasl (vgl. Glasl, 1998, S. 92 ff.). An dieser Stelle stehen die **drei Niveaus** im Vordergrund, zu denen sich die neun Stufen zusammenfassen lassen. Denn wer auf Anhieb wahrnimmt, auf welchem Niveau sich Konfliktparteien befinden, kann ad hoc die richtige Eingriffsform wählen (s. untere Blockpfeile).

Niveau I: Stufen 1, 2, 3

Die Konfliktparteien sind noch zu einer **gütlichen Einigung** bereit, man möchte eine faire Lösung und der Gegenseite keinen Schaden zufügen. Die Beteiligten folgen dem **Win-win-Prinzip**, und es geht um die Sache, um das eigentliche Konfliktthema. Sie haben Beziehungs- und Sachziele im Blick und möchten beide erreichen. Aber mit Stufe 3, „Taten statt Worte", beginnt das Ende der Schonung des anderen; die Beziehungsziele verlieren zuerst an Bedeutung.
Dennoch ist die **Bewahrung der Beziehung** im Hinblick auf das zukünftige Miteinander so verlockend, dass eine hohe Motivation zu Konsenslösungen besteht. Diese können die Beteiligten je nach Kompetenz selbstständig, ansonsten mit Hilfe einer einfachen Moderation durch unbeteiligte Dritte erreichen.

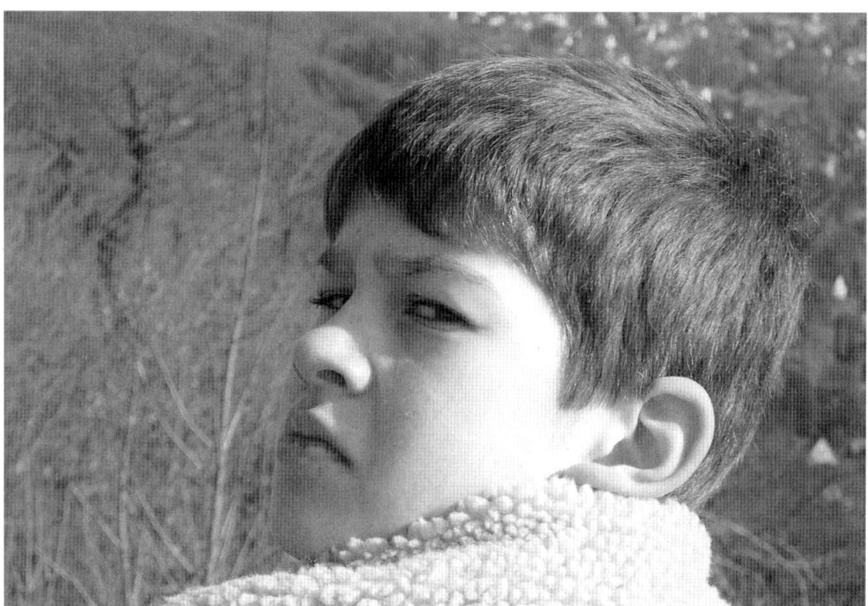

Je nach Situation müssen Sie entscheiden, wie weit ein Konflikt eskaliert ist und welche Lösungsmöglichkeiten sich anbieten.

Niveau II: Stufen 4, 5, 6

Der Gegner wird Unbeteiligten gegenüber schlecht gemacht. Jeder sucht sich Bündnis- und Koalitionspartner und spaltet so unter Umständen die ganze Klasse. Es geht nicht mehr um faire Lösungen, die Parteien verfolgen das **eigene Ziel auf Kosten der Gegenseite**. Es herrscht eine **Win-lose-Dynamik**. Die Aktivitäten richten sich nun gegen die Person des anderen. Die Beziehungsziele sind aus dem Blick geraten. Und da auf ausgesprochene Drohungen auch die Handlungen folgen müssen, kommt es, sofern keine konstruktive Klärung erfolgt ist, notgedrungen zum Übergang auf das nächste Niveau.
Solange die Parteien noch ihre ursprünglichen Sachziele sehen, können sie zu einer konstruktiven Bearbeitung des Konflikts motiviert werden. Eigene Ziele mit einer Konsenslösung zu erreichen, heißt ja auch, unerwünschte „Nebenwirkungen" von Win-lose-Ausgängen zu vermeiden.

Allerdings können Menschen in der Win-lose-Konstellation Konflikte nicht mehr alleine konstruktiv lösen. Sie brauchen die **Vermittlung** durch unbeteiligte Dritte. Und hier benötigen diese schon spezielle Mediations- bzw. Vermittlungskompetenz, um erfolgreich intervenieren und zu einer Lösung verhelfen zu können.

Niveau III: Stufen 7, 8, 9

Nun sind auch die eigenen Sachziele vergessen. Es geht ums Prinzip, der Gegner muss besiegt werden – und sei es um den Preis eigener Nachteile. Außerhalb dieser **Lose-lose-Dynamik** wird nichts mehr wahrgenommen. In diesem Stadium ist die **Grenze konstruktiver Bearbeitung** von Konflikten erreicht. Weder Beziehungs- noch Sachziele haben die Kontrahenten noch im Blick. Daher gibt es auch keine Motivationsgrundlage mehr, um der Gegenseite ein Recht auf zufriedenstellende Lösungen zuzugestehen, also Fairness und einen Konsens anzustreben.

Aus dem Kegel der Lösungswege für Konflikte ist dann zumindest die konsequente Anwendung von Regeln, wenn nicht der Machteingriff angesagt, um den Schaden zu begrenzen. Eventuell gelingt es dann, die Situation so weit zu deeskalieren, dass die Parteien wieder in die Win-lose-Dynamik kommen, also zumindest wieder ihre Sachziele sehen und verfolgen können. Danach kann sich noch eine konstruktive Bearbeitung des Konflikts oder eine Mediation anschließen. So kann doch noch eine Win-win-Lösung erreicht werden.

Teil 2: Die Situation in der Grundschule

Bernadette Grix

Wie lernen Kinder, mit Konflikten umzugehen?

Entwicklungspsychologische und lerntheoretische Grundlagen

Welche entwicklungspsychologischen Besonderheiten und lerntheoretischen Hintergründe müssen Sie beachten, wenn Sie Grundschulkindern soziale Kompetenz und konstruktiven Umgang mit Konflikten vermitteln möchten?
Die hier dargestellten Erkenntnisse aus der Entwicklungspsychologie haben sich in unserer langjährigen Erfahrung in der Praxis bewährt. Aus dieser Erfahrung heraus haben wir auch die Grundlagen für unseren curricularen Aufbau entwickelt.

Persönlichkeitsentwicklung

Das Denken der Kinder im Alter ihres Schuleintrittes ist noch stark von ihrer eigenen Anschauung bestimmt. Die eigene Perspektive wird absolut gesetzt, und es gelingt noch nicht, die Sichtweise anderer zu übernehmen. Bereits Piaget spricht vom „Egozentrismus" des Kindes (vgl. Schmidt-Denter, 1996, S. 258 ff.).

Bei seinen Untersuchungen zur Entwicklung des „moralischen Urteils" unterscheidet er zwischen „heteronomer" und „autonomer Moral". Unter „heteronomer Moral" versteht Piaget, dass von **äußeren Autoritäten**, wie Eltern oder Lehrerinnen, bestimmte Regeln gesetzt werden, die vom Kind angenommen und nicht hinterfragt werden. Das bedeutet für Piaget auch, dass in diesem Stadium Kinder Handlungen vor allem nach ihrem Ausgang und nicht nach dahinter stehenden Motiven beurteilen. Diese Stufe der Entwicklung ordnet er 6- bis 8-Jährigen zu, also Erst- und Zweitklässlern. Die Erkenntnisse Piagets wurden im Laufe der Zeit auch teilweise revidiert: Heute geht man nicht mehr von so starren Alterseinteilungen aus, auch ein Verständnis für Regeln können selbst jüngere Kinder, abhängig von der Situation, erwerben. Die Studien Piagets können jedoch nach wie vor als Grobraster dienen.

Nach dem Schuleintritt ist die Lehrerin „zur neuen Bezugsperson geworden.
Aus der Identifikation mit ihr übernimmt das Kind allmählich jenes neue System von Werten und Ordnungen, das das Zusammenleben der Gruppe regelt."
(Schenk-Danzinger, 1988, S. 247)

Neben der **Identifikation mit Bezugspersonen** entwickelt sich deutlich das Kontaktstreben der Kinder weiter. Es sind „Beziehungen der Freundschaft, der Hilfsbereitschaft, der Rivalität, der Über- und Unterordnung zu beobachten" (S. 248). Im Laufe des 1. Schuljahres bilden sich Ansätze einer Rangordnung des sozialen Ansehens heraus. Es können sich bestimmte Positionen in der Klasse wie Stars und Außenseiter entwickeln. Schenk-Danzinger schreibt dazu: Auf dieser Stufe ist es „mehr als auf jeder späteren der Lehrer, der mit seinem Urteil über ein Kind dessen soziale Stellung in der Klasse entscheidend mitbestimmt." (S. 249) Eine **sozial-integrative Haltung**, in der die Atmosphäre von Wärme und Geborgenheit entsteht und in der sich die Kinder von ihrer Lehrerin akzeptiert fühlen, fördert die Ausbildung freundschaftlicher Kontakte. (ebd.)

In der darauf folgenden Stufe entwickelt sich nach Piaget die „autonome Moral", nach der **Kinder zunehmend vernünftig** und aus **Einsicht in die Notwendigkeit von Regeln** handeln können. Durch wechselseitige und gleichwertige Interaktionen zwischen Gleichaltrigen entwickelt sich eine gegenseitige Achtung.

Kinder müssen ihre Position in der Klasse erst finden, dazu gehören auch Reibereien.

In der Schule erfahren Kinder durch die Bewältigung zunächst von Partneraufgaben, dann von Gruppenarbeiten, dass Kooperation auch eine effiziente Strategie der Problembewältigung sein kann. Ist die Gruppenatmosphäre gut, verbessern sich ebenso die zwischenmenschlichen Beziehungen (vgl. Schmidt-Denter, S. 234).

Für die Ausbildung von Konfliktfähigkeit ist es besonders bedeutsam, dass ein freundlicher Erziehungsstil auch kooperatives Verhalten bei den Kindern fördert. „Weder eine autoritäre noch eine Laisser-faire-Erziehung, sondern eher eine emotional warme, kindzentrierte, aber auch Verhaltensstandards setzende Sozialisation scheint die Entwicklung wünschenswerter Formen des Sozialverhaltens zu fördern" (S. 235). Etwa im 9. Lebensjahr überwinden Kinder endgültig die Reste des Egozentrismus. Eine **distanzierte Betrachtungsweise** wird möglich. Sie können sich zunehmend von Eigenerlebnissen distanzieren. Räumliches und zeitliches Vorstellungsvermögen erweitern sich, kausale Zusammenhänge werden zunehmend erfasst (vgl. Schenk-Danzinger, S. 266).

Um soziales Lernen und Mediation in der Schule anzugehen, ist es wichtig, die kognitive und soziale Entwicklung von Kindern ab 6 Jahren zu berücksichtigen. Es bedeutet für die praktische Umsetzung, dass z.B. im **1. Schuljahr Lernen am Modell** Vorrang hat. Als Vermittlerin in Konflikten ist auch zu berücksichtigen, dass die Einsichtsfähigkeit in die eigenen Anteile an einem Konflikt und das Erkennen von Kausalzusammenhängen zwischen dem eigenen Verhalten und der Reaktion eines Mitschülers erst allmählich gelingen kann, ca. ab dem 3. Schuljahr. Das gleiche gilt für die Empathiefähigkeit, mit deren Hilfe ein Perspektivwechsel möglich wird, wie er in der Mediation notwendig ist.

5- bis 6-jährige Kinder tragen ihren Streit oft handgreiflich aus, Motive und Gefühle sind ihnen weniger bewusst. Bei den 8- bis 10-Jährigen sind Gefühle entscheidend. Der verletzte Gleichheitsgrundsatz und enttäuschte Erwartungen werden als Auslöser für Streit wahrgenommen (vgl. Hagedorn, 1994, S. 14). **Entwicklungen** setzen nicht bei allen Kindern gleichzeitig ein und verlaufen auch nicht gleich, **auch im Sozialverhalten** gibt es „Frühreife", Spätentwickler und alle Abstufungen dazwischen. Daher ist es Ihrer eigenen Entscheidung überlassen, wann in Ihrer Klasse welches Angebot hilfreich ist, ohne die Mehrheit der Klasse zu überfordern.

Entstehung von Aggression

Die Lerntheorie geht von zwei Formen aus, wie aggressives Verhalten entsteht und gelernt wird.

Verstärkungslernen

Etabliert hat sich inzwischen die folgende Erklärung zur Entstehung von Aggression: Ein **niedriger Selbstwert** zieht das Bedürfnis nach Kompensation nach sich, z.B. in Form von Zugehörigkeit zu einer (manchmal auch aggressiven) Gruppe oder Gang. Auch Kinder, die insgesamt Unsicherheit in der Kontaktaufnahme und fehlende „Ich-Stärke" zeigen, sind aggressionsgefährdet. Für solche Kinder ist eine „Ich-Stärkung" dringend notwendig. Dies ist ein Ziel, das die Interaktionsspiele im Praxisteil verfolgen.

Ein Risikofaktor für aggressives Verhalten kann auch ein sehr hohes, **übersteigertes Selbstwertempfinden** sein (vgl. Baumeister, 1996). Bei diesen Kindern wird der entwicklungsbedingte Egozentrismus zum Dauerzustand. Sie zeichnen sich durch eine unrealistische Selbstsicherheit aus, manchmal auch durch eine niedrige Frustrationstoleranz, durch mangelndes Einfühlungsvermögen und fehlende Eigenverantwortung. Diese Kinder, nicht selten die „Prinzen und Prinzessinnen" der Klasse, gehen davon aus, dass sie im Zentrum des Geschehens stehen. Wenn die Umwelt nicht so reagiert, wie sie es sich wünschen und gewohnt sind, d.h. wenn ihre Bedürfnisse nicht erfüllt werden, suchen sie die „Schuld" bei anderen, wollen ihre Umgebung und die Bedingungen zu ihren Gunsten verändert bekommen.

Aggression wird nun gefördert durch

- **positive Verstärkung.** Dies bedeutet, dass ein Kind mit Aggression ein Ziel erreicht und für sein aggressives Verhalten mit positiven Erlebnissen belohnt wird.
- **negative Verstärkung:** Mit Aggression wird ein unangenehmer oder bedrohlicher Zustand erfolgreich verringert oder beseitigt.
- **Duldung von Aggression**, was als stillschweigende Zustimmung verstanden wird. Es ist nützlich, sich z.B. während der Pausenaufsicht daran zu erinnern, dass das „Übersehen" von aggressiven Handlungen diese verstärken kann. Gelegentlich legen aggressive Schüler das Dulden ihrer Handlungen als Schwäche der Lehrerin aus und nutzen das aus.

Unterschiedliche persönliche Haltungen, Wahrnehmungen und Einstellungen von Pädagoginnen führen zu unterschiedlichen Reaktionen auf kindliche Aggressionen, z.B. zur Aufstellung von Regeln, zu Konsequenzen bei Regelverstößen, zu Strafen und Wiedergutmachungen.
Die Frage ist: Wie kann eine aggressionsmindernde Reaktion aussehen, ohne dass die Kinder gedemütigt werden? Hier ist nun ein Blick auf die zweite Form des Lernens angebracht.

Modelllernen

Wenn im Umfeld eines Kindes Aggression ein erfolgreiches Mittel ist, um eigene Ziele durchzusetzen, nehmen Kinder die beobachteten Handlungsweisen nicht selten in ihr eigenes Verhaltensrepertoire auf. Vermittelt werden kann solches Modelllernen

- durch Bezugspersonen und andere Erwachsene,
- durch die Peergroup,
- durch andere Kinder/Jugendliche,
- durch Medien.

Wenn Aggressionen durch Nachahmung gelernt werden können, dann – so ist unser Ansatz – kann auch prosozialer, respektvoller Umgang miteinander am Modell gelernt werden. In der ersten Stufe ist die Lehrerin, in der nächsten dann auch die Peergroup das Modell, an dem soziales Verhalten wahrgenommen, nachgeahmt und erprobt wird.

Entwicklung sozialer Kompetenzen

Nach der ersten Orientierung an Erwachsenen werden die Gleichaltrigen zu wichtigen Bezugspersonen. Sie fördern die Entwicklung von sozialem Vergleich, und sie tragen zum Selbstverständnis der Kinder bei. Kinder lernen so, ihr eigenes Verhalten in Bezug auf das Verhalten anderer Kinder zu bewerten und Normen ihrer Bezugsgruppe einzuhalten. Wie Menschen mit anderen umgehen, wird durch die Gruppe erlebt und erlernt, ob dies nun prosoziales Verhalten ist oder sein Gegenteil. Durch die **Identifikation mit einer Gruppe**, hier mit der eigenen Klasse, kann sich ein Kind selbst kennenlernen, sich erfahren und sich auf- oder auch abgewertet fühlen. Konsens über ein gemeinsames Ziel oder Thema ist die Voraussetzung für eine gelingende Interaktion und Kommunikation. Dazu bieten die Interaktionsspiele ein gutes konkretes Übungsfeld.

Unterschiedliches Konfliktverhalten

Manche Menschen neigen dazu, bei Problemen schnell zum **Angriff** überzugehen, nach dem Motto: „Angriff ist die beste Verteidigung." Sie haben gelernt, dass sie so am ehesten unbeschadet aus Konfliktsituationen herauskommen.

Andere Menschen, die in Konflikten passiv reagieren und sich nicht selbst behaupten, haben gelernt, dass **Konfliktvermeidung** für sie die beste Strategie ist. Vielleicht sind sie in früheren Konfliktfällen häufig überwältigt worden. Das kann in der Folge zum sozialen Rückzug bis hin zu Isolation und Depression führen. Eine andere Form von Konfliktvermeidung kann die sofortige, ja sogar vorauseilende Unterwerfung sein. Möglicherweise findet sich dann jemand, der noch schwächer ist, an dem man seine Aggression auslassen kann. Diese Dynamik ist hinlänglich aus Gruppen bekannt.

© Kurt Michel/pixelio

Wieder andere haben mit den beiden vorigen Verhaltensweisen wenig Erfolge gehabt, wohl aber erfahren, dass die **Hilfe eines Stärkeren** zum Ziel führt.

Was, wenn ...?

Max konnte im Sandkasten seine eigenen Förmchen nie selbst verteidigen, aber wenn seine Mama sich in den Streit einschaltete, behielt er alle seine Förmchen und durfte manchmal sogar noch andere „ausleihen".
Max mit seinen zwei Jahren konnte nicht verstehen, warum Paulchen ihn fünf Minuten später von der Wippe gestoßen hat. Später in der Grundschule während der Pause holte Max dann seinen großen Bruder in einem Streit dazu, und immer öfter reichte es aus, mit ihm zu drohen. Paulchens Tritt gegen das Schienbein auf dem Nachhauseweg konnte er auch nicht verstehen ...

Emotionale Intelligenz

Ein zentrales Anliegen ist für uns die (Weiter-)Entwicklung und Förderung der emotionalen Intelligenz bei Kindern in der Grundschule. Ein Mensch mit einer entwickelten emotionalen Intelligenz kann

- sich selbst und seine Gefühle wahrnehmen,
- angemessen mit den eigenen Gefühlen umgehen,
- sich emotional engagieren,
- die Gefühlslage und Stimmung anderer einschätzen,
- sich anderen positiv und einfühlsam zuwenden,
- sich selbst motivieren,
- Ausdauer zeigen, auch bei Schwierigkeiten und Rückschlägen,
- Konflikte lösen,
- Beziehungen pflegen,
- soziale Zusammenhänge erfassen.

Emotionale Intelligenz ist – so schreibt Daniel Goleman in seinem gleichnamigen Buch – „eine Metafähigkeit, von der es abhängt, wie gut wir unsere sonstigen Fähigkeiten, darunter auch den reinen Intellekt, zu nutzen verstehen. [...] Wer nicht eine gewisse Kontrolle über sein Gefühlsleben hat, muss innere Kämpfe ausfechten, die seine Fähigkeit zu konzentrierter Arbeit und zu klarem Denken sabotieren." (Goleman, 1999, S. 56 f.)

Schüler, die nicht lernen konnten, ihre **Gefühle wahrzunehmen** und damit für sich und andere gut umzugehen, machen es sich selbst und der Klasse schwer. Wenn sie durch belastende Beziehungen und ungelöste Konflikte verärgert, deprimiert oder verängstigt sind, ist ihre Aufmerksamkeit für den Unterrichtsstoff eingeschränkt. Goleman schreibt dazu: „Starke negative Emotionen lenken die Aufmerksamkeit auf ihre Fixierungen und machen es schwer, sich auf etwas anderes zu konzentrieren." (S. 107)

Zum anderen ist die Selbstwahrnehmung eine zentrale Voraussetzung, um **sich auf andere empathisch einzulassen**. „Je offener wir für unsere eigenen Gefühle sind, desto besser können wir die Gefühle anderer deuten." (S. 127)

Eigene Gefühle wahrzunehmen, sie zu benennen, anzuerkennen, sie eventuell anderen mitzuteilen und offen mit ihnen umzugehen, kann auch für die Klassengemeinschaft hilfreich sein. Die Kommunikation von Freude, Zufriedenheit, guter

Laune, Zuversicht usw. kann die Klassenatmosphäre positiv stärken. Auf unangenehme Gefühle, wie Enttäuschung, Angst, Ärger, Wut usw., kann die Gruppe mit Verständnis, Hilfestellung oder Vorsichtsmaßnahmen reagieren.

Umgang mit Gefühlen ist nicht zuletzt in der konstruktiven Konfliktlösung oder in der Mediation von Bedeutung, in der es um Empathie, Verständnis und emotionale Hintergründe geht.

Die Notwendigkeit, eine gesunde psychische Entwicklung von Kindern in der Schule im Auge zu behalten, wird noch einmal deutlich, wenn man Untersuchungen zu den zunehmenden seelischen Problemen bis hin zu schweren psychischen Störungen bei Kindern ernst nimmt. So zeigen neuere Forschungen zum Thema Gewalt an Schulen: Wenn Kinder (und Jugendliche) massiv Opfer von Übergriffen durch Klassenkameraden werden, kann unter Umständen deswegen eine psychotherapeutische Behandlung notwendig sein. Schützend wirkt die Unterstützung von mindestens einem guten Freund (vgl. Garsteiger-Klicpera/Klicpera, 2001).

Wie hilfreich wäre die **emotionale Unterstützung bei Schwierigkeiten** und Problemen, wenn ein großer Teil der Klasse und die Lehrkräfte eine akzeptierende, verständnisvolle und sichere Atmosphäre schaffen würden! Schulen tragen Verantwortung auch für die seelische Gesundheit der Kinder. Daher ist es wichtig, eine etwaige negative Dynamik in Klassen zu unterbrechen, die es begünstigt, Opfer zu schaffen bzw. durch Mobbing verbal oder psychisch Mitschüler zu attackieren. Konfliktmediationsprogramme mit Klassen stärken den positiven Zusammenhalt in der Klasse und fördern gegenseitige Unterstützung der Schüler. Sie können die Schüler befähigen, Konflikte zur Zufriedenheit aller Beteiligten zu lösen (vgl. ebd.).

Genau dies ist Anliegen dieser Materialien für die Grundschule: präventiv gegen Gewalt vorzugehen, prosoziales Verhalten zu fördern und einzuüben, soziale Kompetenzen zu vermitteln und zu trainieren sowie durch konstruktiven Umgang mit Konflikten zur gesunden Entwicklung der Kinder beizutragen.

Zur Ausgangslage von Grundschulkindern und den Aufgaben von Schule

Konflikterfahrung von Kindern mit Erwachsenen

Nach den Erfahrungen im Kindergarten, den die meisten Kinder besucht haben, bedeutet der Eintritt in die Schule zunächst einen markanten Einschnitt im Leben eines jeden Kindes. Die sozialen Vorerfahrungen und die Prägungen sind unterschiedlich, die Erfahrungen im Umgang mit Konflikten auch. Kinder können erlebt haben, dass Konflikte besser unter den Tisch gekehrt werden. Sie sind dann bemüht, sich anzupassen, um kein „Gewitter" von Seiten der Erwachsenen heraufzubeschwören oder sie traurig zu machen.

Andere Kinder haben vor Konflikten regelrecht Angst, weil Erwachsene unberechenbar oder gewalttätig reagieren. Wieder andere Kinder haben schon in frühen Jahren erfahren, dass sie nur vehement genug ihre Meinung oder Forderung vertreten müssen, um ihr Ziel zu erreichen. Manche **Eltern** sind regelrecht hilflos angesichts ihrer „willensstarken" Kinder; sie sind in den meisten Fällen gewillt, sich mit ihrem Sprössling auseinanderzusetzen, aber sie wissen nicht, wie. Und auch in der Schule kommen die Erwachsenen an ihre Grenze! Kinder erleben immer wieder Erwachsene, die „genervt" sind, **keine Zeit für Auseinandersetzungen** haben, die schnell nach- oder aufgeben.

Was brauchen Kinder für die Zukunft?

Viele Kinder brauchen eine Richtschnur, weil sie verunsichert sind. Sie brauchen Regeln (vielleicht die ersten in ihrem Leben), die **Halt und Sicherheit** bieten, wenn sie transparent, einsehbar und fair gehandhabt werden. Es gilt auch hier, in der Schule Defizite aufzuarbeiten und Verhaltensstandards verbindlich zu setzen.

Die meisten Schulanfänger sind mit einer gewissen Freude, jetzt zu den „Großen" zu gehören, mit Offenheit und Neugier in der Schule. Vom Beginn der **ersten Schulwochen** an bietet sich die Chance, in einer völlig neuen Umgebung, mit fremden Erwachsenen und teilweise unbekannten Mitschülern, in einem neuen System die Weichen zu stellen.
Welche Bedürfnisse hat nun ein Kind, wenn es in die Schule kommt? Welche Gedanken bewegen es?

1. Zunächst sind es Grundbedürfnisse, wie
   - physische Sicherheit,
   - Bewegungsmöglichkeiten,
   - einen Platz zu haben, damit ist nicht nur der eigene Sitzplatz gemeint, sondern auch ein Platz in der Klassengemeinschaft,
   - Anerkennung seiner begrenzten Aufmerksamkeitsspanne.
2. Auf der psychologischen Seite ist für das Kind wichtig,
   - dass es wahrgenommen und nicht übersehen wird,
   - dass es verstanden und ernst genommen wird,
   - dass und wie es auch vor psychischen Attacken geschützt wird.
3. Im Weiteren kommen Fragen auf, die sich das Kind allerdings nicht bewusst stellt:
   - Kann ich den Anforderungen genügen?
   - Was geschieht, wenn ich Fehler mache oder etwas nicht kann?
   - Wie komme ich in einer so großen Gruppe zurecht?
   - Wie gehen andere Kinder aus der Klasse mit mir um?
4. Da ein Kind im Alter von etwa 6 Jahren noch am „Modell“ lernt, beobachtet es, wie die neue Lehrerin sich verhält:
   - was sie sagt,
   - was sie tut,
   - ob Wort und Tat übereinstimmen,
   - wie sie auf neue Situationen reagiert.

Schon von Anfang an spüren es die Kinder, wenn ihre Lehrerin ihnen Achtung und Respekt entgegenbringt.

Aufgaben der Grundschule

Die Aufgabe der Schule ist ursprünglich zunächst **Wissensvermittlung**, vor allem in den weiterführenden Schulen. Da sich die Kinder wie auch die Gesellschaft verändert haben bzw. weiter verändern, hat gerade in der Grundschule das Lernziel **„Emotionale Intelligenz“** an Bedeutung gewonnen.

Neben dem Elternhaus und dem Kindergarten ist die Schule ein wichtiger Ort, an dem Kinder soziale Kompetenzen erlernen oder erweitern. Diese sozialen Kompetenzen können auch in Konflikten geschult und weiterentwickelt werden.

Die Schule muss sich daher zur Aufgabe machen, die **Kinder für den Umgang mit Konflikten zu stärken** und sie zur Zusammenarbeit mit anderen zu befähigen. Konkret bedeutet das, Kinder lernen,

- sich sprachlich auszudrücken und sich zu beteiligen,
- die Wahrnehmung für sich und andere zu schärfen,
- Rücksichtnahme und Selbstbehauptung,
- Konzentration und Ausdauer zu üben,
- Frustrationen besser zu verarbeiten,
- Unterschiede zu akzeptieren,
- sich in andere einzufühlen,
- abzuwarten und sich abzuwechseln,
- miteinander zu verhandeln und zu kooperieren usw.

Dazu gehören auch **grundlegende Qualifikationen**, wie

- zuzuhören,
- eigene Wünsche zu äußern,
- seinen Ärger mitzuteilen, ohne zu verletzen,
- Gefühle bei sich und anderen wahrzunehmen, anzuerkennen und damit angemessen umzugehen.

Diese Aufzählung, die sicher nicht vollständig ist, lässt ahnen, dass die Umsetzung in einem Unterrichtsvormittag auch Zeit kostet. Vieles wird in den verschiedenen Unterrichtsfächern mitklingen und indirekt am Modell der Lehrerin und ihrer Interventionen gelernt. Manches wird sicher im Deutsch-, Religions- oder Sachunterricht eigens behandelt. Die Grundschule hat auch das Glück, dass es durch das Klassenlehrerprinzip und die freie Gestaltung des Vormittags größere Spielräume gibt als in weiterführenden Schulen mit häufig wechselnden Fachlehrern und einem 45-Minuten-Takt der Unterrichtsstunden.

Dennoch ist es nach unserer Erfahrung notwendig, gerade auch bei den jüngeren Kindern in der 1. und 2. Klasse, gezielt **Zeit für die Thematisierung und Bearbeitung von Konflikten** zu investieren, z.B. nach der Pause, in der es einen Streit gegeben hat, der noch „hochkocht“. Dies hat mehrere **Gründe**:

- Es kann sein, dass der Streit die Gemüter so erhitzt, dass die Beteiligten für den Unterricht nicht mehr aufnahmefähig sind.

- Schon das In-Aussicht-Stellen einer Klärung oder Besprechung wirkt deeskalierend und verhindert eine Aufmerksamkeits-Blockade. Dies gilt allerdings nur, wenn die Kinder erfahren haben, dass solche Versprechen eingehalten werden.
- Ein Konflikt zwischen zwei Kindern, der in vollem Gange ist, kann auf die ganze Klasse überspringen. Dann sind Aufmerksamkeit und Konzentration sowieso nicht mehr gewährleistet. Gerade bei kleinen Kindern müssen sie gelegentlich sehr mühsam aufgebaut werden.
- Das zumindest kurze Ansprechen des Konfliktes für die Kinder bedeutet, sie und ihr Problem werden ernst genommen, sie werden mit ihrem Streit nicht allein gelassen, sondern bekommen Unterstützung für eine Klärung.
- Die ganze Klasse erfährt: Es gibt (fast) immer eine andere, friedlichere Lösung, als sich gegenseitig fertig zu machen. Es gibt Möglichkeiten, mit Streit umzugehen, bei denen es keine Verlierer gibt, sondern beide Parteien sich einigen.

Selbstverständlich kann das nicht nach jeder Pause oder in jedem Fach geschehen. Dennoch gehört es zum Erlernen einer Streitkultur, diese ersten Erfahrungen im Umgang mit Streit zu machen.

Auch hier gilt es, die entwicklungspsychologischen Voraussetzungen zu beachten: Jüngere Kinder haben einen engeren Zeitbegriff, d.h. sie können den Zusammenhang zwischen erlebtem Streit und Klärungsgespräch nur zeitlich nah verstehen. Bei älteren Grundschülern mit Erfahrungen in konstruktiver Konfliktbearbeitung dagegen ist eine Klärung zu einem späteren, verabredeten Zeitpunkt möglich, z.B. nach Unterrichtsschluss im offenen Ende, während der Betreuungszeit oder am nächsten Tag. Oft zeigt es sich, dass die Kinder noch vorher mit der Mitteilung kommen: *„Wir haben's schon geklärt."*

Kinder im 1. und vielleicht auch noch im 2. Schuljahr brauchen, ihrer Entwicklungsstufe entsprechend, bei einem Konflikt die Unterstützung eines Erwachsenen oder älteren Kindes. Letztendlich ist es aber Ziel, ihre Eigenverantwortung zu stärken und sie Schritt für Schritt zu befähigen, ihre Streitereien möglichst selbst zu besprechen und untereinander zu klären.

Bernadette Grix

Lehrerin – Mediatorin: Geht das zusammen?

Zur inneren Haltung der Lehrerin/Pädagogin

Die Lehrerin als neue Bezugsperson hat gerade zu Beginn der Grundschulzeit gute Möglichkeiten, beim Modelllernen der Kinder ein Vorbild zu sein. Ihre Vorgehensweise, ihre Interventionen, ihre Sprache, ihre Aufmerksamkeit den Kindern gegenüber, ihre Empathiefähigkeit, ihre Klarheit und Sympathie, ihre gesamte Haltung haben Einfluss auf das Klima in der Klasse. Dies gilt gerade auch für ihren Umgang mit Konflikten. Setzt sie autoritär und für Kinder demütigend ihre Ansichten durch? Verhält sie sich passiv (Laisser-faire), weil sie selbst nicht gut mit Problemen umzugehen gelernt hat? Oder sieht sie Konflikte als Hinweis auf einen Mangel, als Chance, etwas zu verbessern? Ist sie **gewillt und fähig, einen Konflikt konstruktiv zu lösen**?

Kinder sehen auch, ob eine Lehrerin mit sich selbst gut umgeht. Wenn die Grundstimmung für alle Beteiligten in der Klasse positiv ist, kann sie auch mal einen „schlechten Tag" haben. Wenn eine Lehrerin **auf ihre eigenen Grenzen achtet**, wird das auch von den Kindern „geachtet". Wenn sie z.B. nach einer anstrengenden Doppelstunde in einer fremden Klasse selbst genervt und ruhebedürftig ist, wird sie sich nicht mit einem Problemgespräch im Klassenverband, das viel Aufmerksamkeit, Offenheit und Fairness verlangt, überfordern. Kinder, die erst einmal Vertrauen aufgebaut haben, nehmen es hin, wenn sie auch einmal gesagt bekommen: „Jetzt kann ich dir nicht zuhören, ich habe etwas Wichtiges im Kopf, das ich bis heute Mittag erledigen muss. Morgen höre ich dir in der Frühstückspause zu. Okay?" Selbstverständlich muss dieser Termin dann auch eingehalten werden.
Im Verlauf der weiteren Monate merkt das Schulkind, ob es im Schulalltag einen **verlässlichen Rahmen** vorfindet, ob Regeln existieren, die transparent und fair sind und die konsequent eingehalten werden.

Allerdings ist zu beachten, dass bestimmte Grundsätze, die in der Klasse oder Schule gelten sollen, festgelegt werden. Nicht alles ist mit den Kindern zu diskutieren oder kann in Frage gestellt werden; auch in einem Mediationsgespräch werden ja grundlegende Regeln vorgegeben. Diese **Vorgaben** basieren zum einen auf einem demokratischen Verständnis, was die Klasse als Gruppe betrifft, zum anderen auf einem Menschenbild, das geprägt ist von:

- gegenseitigem Respekt,
- Offenheit,
- Toleranz,
- Wertschätzung,
- der Akzeptanz von Defiziten, Problemen, Konflikten als Lernchancen.

Dabei ist es von Bedeutung, dass wir als Pädagoginnen die uns anvertrauten Kinder als Menschen ansehen, die in diesem Alter besonders lernfähig sind. Deshalb ist es möglich, den sich entwickelnden Kindern mit einer gewissen „Fehlerfreundlichkeit" zu begegnen, d.h. **Fehler verständnisvoll aufzugreifen**, teils als wichtige Lernschritte anzusehen und mit ihnen zu arbeiten. Viele (intrapersonale) Konflikte auf Seiten der Lehrerinnen entstehen, wenn sie sich über mangelnde Fähigkeiten der Kinder oder deren unsoziales Verhalten nur ärgern. Hier sollte man sich vor Augen halten, dass gerade diese Kinder nichts anderes gelernt oder erfahren haben, als auf unangemessene, verletzende oder destruktive Art zu reagieren. Sie wissen noch nicht, wie sie z.B. in einem Konflikt anders agieren bzw. reagieren können. Hier sei noch einmal an eine Grundannahme des Mediationskonzeptes erinnert: „Häufig resultiert ein Konflikt eher daraus, daß die Parteien nicht wissen, wie sie ein Problem lösen können, als daß sie ihn nicht lösen wollten." (Besemer, 1998, S. 37)

Fehler gehören zum Lernen dazu, auch zum sozialen Lernen.

Andere, neue Verhaltensmöglichkeiten durch die Lehrerin kennenzulernen sowie Regeln aufzustellen und danach zu handeln, ist also die vordringlichste Aufgabe zu Beginn der Grundschulzeit. In spielerischer Art und Weise werden diese Regeln von Anfang an eingeführt, so zeigen es die nachfolgenden Kapitel. Wie sich beim Lernen normalerweise der Stoff durch **Wiederholungen** einprägt und auf diese Weise beherrscht wird, so braucht es gerade auch im sozialen Bereich Beispiele, Übungen und viele Wiederholungen, ehe die Kinder die Spielregeln im Sinne der Interaktionsspiele verstehen, anwenden und auf das Zusammenleben übertragen können.

Für eine **frühzeitige Gewaltprävention** können Sie den Kindern schon bei „kleinen Übergriffen" klarmachen, dass Gewalt nicht geduldet werden kann. Wenn Sie dann noch im weiteren Verlauf des Schuljahres Überlegungen zu Konfliktursachen anstellen, ist ein Schritt hin zur konstruktiven Konfliktbearbeitung getan. Auch Ihre Bewertung von Konflikten kann für eine Klasse wichtig sein, denn ein Konflikt kann auf eine Störung aufmerksam machen, und auch ein Hinweis sein für den nächsten Entwicklungsschritt.

Dabei sollten Sie – sobald die Kinder dazu in der Lage sind – möglichst oft einen Blick auf den **friedlichen „Endzustand"** werfen. Dies ist wichtig, um nicht die ganze Aufmerksamkeit auf das Thema Konflikt zu richten, sondern eher auf das normale, friedliche Miteinander, zu dem auch Konflikte dazugehören. In einer Gruppe, die ihre Aufmerksamkeit vor allem auf das problematische Verhalten richtet, ist die Atmosphäre anders als in einer, die auf das Entwickeln von Lösungen abzielt.

In der Praxis kann sich z.B. bei zu starker Problemorientierung ein „Denunziantentum" (Petzen ...) bei Regelverstößen entwickeln. Die Kinder beobachten sich dann gegenseitig, und das verursacht in der Klasse eine „Enge", die wiederum Angst, Abwehr und Aggressionen erzeugen kann. Dass diese Atmosphäre geradezu kontraproduktiv ist, liegt auf der Hand.

Ein Gedanke noch zu den **Jungen**: In vielen Veröffentlichungen und nach dem Urteil der meist weiblichen Lehrkräfte werden viel häufiger die Jungen als problematisch oder gar gewalttätig eingeschätzt. Dabei ist aber Folgendes zu bedenken: Es ist für viele Jungen von großer Bedeutung, ob sie sich austoben können und genug **Freiraum für Bewegungen** haben oder nicht. Daneben spielt das Gerangel um die **Gruppenhierarchie** und darum, wer denn der Stärkere ist, für einige eine große Rolle. Es täte vielen Jungen gut, wenn ihre Lehrerinnen dieses Bedürfnis verstehen und ihnen ab und zu Zeit-Räume dafür zur Verfügung stellen könnten.

© Torsten Schröder/pixelio

Kampf oder noch Spiel? Nachfragen hilft.

Es ist für Lehrerinnen manchmal nicht sofort unterscheidbar, ob es sich um ein solches Gerangel handelt oder ob eine ernste „Kampfhandlung" im Gange ist. Bevor das aggressiv aussehende Spiel als Gewalt oder Vorstufe von Gewalt eingruppiert und entsprechend eingeschritten wird, ist es daher wichtig, sich zu vergewissern, um was es geht. Das ist relativ schnell zu klären durch eine Anfrage an die beiden, wie „Ist das ein sportliches Spiel, oder seid ihr aufeinander böse?" oder einfach „Ernst oder Spiel?" und einen Blick in die Gesichter.

Um dem beschriebenen Bedürfnis einiger Jungen (gelegentlich auch Mädchen) gerecht zu werden, ist es auch sinnvoll, ab und zu (Gewinn-)Spiele mit körperlichem Einsatz in den Unterricht einzuplanen, bei denen nach fairen Regeln gespielt wird. Durch Verständnis und die Möglichkeit der körperlichen Betätigung kann nicht zuletzt dem Aggressionsabbau gedient werden.

Doppelrolle der Lehrerin als Mediatorin

Bei Mediation im betrieblichen Kontext, bei Institutionen, in Gemeinden, in der Familienarbeit oder bei der Scheidungsmediation ist im Unterschied zur Mediation in der Schule die Rolle der Mediatorin klar und eindeutig. Wenn eine Lehrerin die Mediationen auch mit ihren eigenen Schüler durchführt, können sich aus der

Doppelrolle zahlreiche, **teils widersprüchliche Anforderungen** an sie ergeben. Stellt man diese beiden Rollenbeschreibungen gegenüber, so werden die Unterschiede und die möglichen Probleme deutlich (vgl. auch das Kapitel „Moderatorinnenrolle in Interaktionsstunden“, S. 96 ff.).

Rolle als Lehrerin	Rolle als Mediatorin
arbeitet lösungsorientiert bei relativ klar erwarteten Ergebnissen	ist verantwortlich nur für das Verfahren, nicht für die Lösung
ist Teil des Systems in Klasse, Kollegium, Schule	kommt von außen, ist nicht Teil des Systems
lebt in einer „Schicksalsgemeinschaft“ auf längere Zeit (in der Grundschule z.T. 4 Jahre lang)	hat einen zeitlich klar begrenzten Kontakt für die Dauer des Verfahrens
hat ein eigenes persönliches Interesse an Lösungen	ist für das Ergebnis offen
kann in Konflikte involviert sein	hat genügend emotionale Distanz zu den Parteien und zum Konflikt
muss bewerten und beurteilen	ist allparteilich, keine Wertung der Lösungsvorschläge

Rollenkonflikt zwischen Lehrerin und Mediatorin

Der Unterschied zwischen diesen Rollenerwartungen hängt zum einen mit der Funktion, dem System, der Aufgabenstellung und den Erwartungen im Lehrberuf zusammen, eine Lehrerin ist z.B. an bestimmte Zeitvorgaben oder vorgegebene Lernziele gebunden. Es spielen auch bestimmte Haltungen, die sich bei Lehrkräften oft über Jahre hinweg verfestigt haben, mit hinein.
Eine Distanz zur gewohnten Lehrerinnenrolle aufzubauen und den Wechsel von der Lehrerinnen- in die Mediatorinnenrolle vollziehen zu können, kann eine gewisse Übungszeit in Anspruch nehmen.

Was bedeutet das für die Mediation in der Schule?

Notwendig für Lehrerinnen in der Mediatorinnenrolle ist ein Spektrum von Verhaltensmöglichkeiten, die sie sich angeeignet haben. Sie müssen lernen, klar zu unterscheiden, wann welche Rolle und welches Verhalten angebracht ist.

Die Fähigkeit zur Allparteilichkeit, eine nötige Distanz, die Zurückhaltung bei Lösungsvorschlägen, Ergebnisoffenheit u.Ä. müssen immer wieder eingeübt und reflektiert werden. Hilfestellung können **Fortbildungsangebote oder kollegiale Beratungen** leisten, bei denen diese Haltung erprobt und reflektiert wird.

Eine **räumliche Trennung** von Unterricht und Mediationsgesprächen ist für alle sehr hilfreich:

- Für die Kinder, damit sie schon durch die räumliche Veränderung merken, dass jetzt etwas anderes als Unterricht ansteht. Es sollte für die Kinder klar werden: *„Die Lehrerin will mir nichts beibringen, sie ist jetzt für mich/uns da. Sie hat jetzt extra für unser Problem Zeit."*
- Für die Lehrerin, damit sie leichter in die eindeutige mediative Haltung hineinfindet. Ein Streitschlichterraum, der als solcher ausgewiesen ist, oder wenigstens eine spezielle Ecke, in der alle ungestört und geschützt sind, erleichtern die Rollenklarheit.

Es kann durchaus von **Vorteil** sein, wenn die Mediatorin die Kinder und deren Umfeld (einschließlich Elternhaus) gut kennt. Sie versteht Zusammenhänge und Hintergründe leichter, bei sprachlicher Unsicherheit kann sie „Übersetzungshilfe" anbieten usw. Durch das Kennen kann die Hemmschwelle bei den Kindern sinken, sich auf ein Mediationsgespräch einzulassen, weil schon ein Vertrauensverhältnis besteht.

Wenn eine Lehrkraft durch den Konflikt von Kindern aus ihrer Klasse allerdings sehr betroffen oder gar darin involviert ist, fehlt ihr die nötige **Distanz**. In diesem Fall ist es besser, eine Kollegin um die Durchführung der Mediation zu bitten, bevor sie sich aufs Glatteis begibt.

Weiterhin sind für alle Lehrkräfte wünschenswert: eine mediative Grundhaltung in Konflikten, klare Regeln und ein offenes, tolerantes und achtungsvolles Menschenbild. Die Akzeptanz und Wertschätzung jedes Kindes trägt zu einer Haltung und zu einem Klassenklima bei, in dem Kinder sich wohl fühlen können, besser lernen und sich gesünder entwickeln.

Erfahrungen aus der Praxis

So wie es Kindern relativ leicht möglich ist, sich auf Fachlehrerinnen oder bei einem Klassenlehrerwechsel auf eine neue Lehrerin einzustellen, so können Kinder auch schnell begreifen, wie sich die Lehrerin in einer konkreten Situation verhält.

Erleben die Kinder ihre Lehrerin grundsätzlich konstruktiv, verständnisvoll, fördernd, empathisch, dann kann auch eine klare „strenge" Intervention als sinnvoll und hilfreich erlebt werden, nicht als bedrohlich. Das der Situation angemessene Vorgehen wird für die Lehrerin dann nicht zum Fallstrick, sondern für alle zur Bereicherung.

Ebenso können sich Kinder auf den Rollenwechsel zwischen Klassenlehrerin und Mediatorin einlassen, wenn er in einem **klar definierten Rahmen** und mit allen bekannten Regeln stattfindet.

Teil 3: Praktische Umsetzung

Kopiervorlagen
auf 130 % kopiert =
DIN-A4-Größe

Petra Gilbert-Scherer, Renate Scheffler-Konrat

Das Programm

Die Entscheidung, Interaktion und Mediation zu verknüpfen

Mittlerweile vermitteln viele Elternhäuser den Kindern nicht mehr die grundlegenden Fähigkeiten, die Kinder benötigen, um ihren Alltag zufriedenstellend zu bewältigen. „Für viele Kinder ist die Klasse der einzige Ort, wo sie ruhig über ihre Situation sprechen" (Vopel, 1996, S. 10) und alternative Handlungsmuster erwerben können. Ihnen fehlt vieles, was ihnen Mut macht und sie in dem Glauben bestärkt, „dass sie ihr Leben meistern können" (S. 12). Daher „ist neben der Wissensvermittlung die Hauptaufgabe der Schule, auf das Leben vorzubereiten und die Kinder angemessen zu sozialisieren" (S. 17).

Viele äußere Faktoren, auf die Lehrerinnen wenig Einfluss haben, spielen für den Lernerfolg eine wichtige Rolle. Trotzdem stellt sich die Frage für Pädagoginnen, was sie in ihrem Rahmen zu einem positiven erfolgreichen Klassen- und somit Lernklima beitragen können. Im Laufe der letzten Jahre haben sich im Bereich Methodik/Didaktik sehr viele Lernerleichterungen entwickelt, wie Differenzierung, Stationenarbeit, Wochenplan usw.

Unserer Einschätzung nach muss ebenso die Frage, wie **Gruppenprozesse aktiv gestaltet** und gesteuert werden können, im Schulalltag stärker beachtet werden. Fehlende Arbeit mit der Gruppe hat Konflikte zur Folge, die das Lernklima stark beeinträchtigen können, wenn sie nicht regelmäßig bearbeitet werden. Nur ein Kind, das sich **in einer Gruppe angenommen** und akzeptiert fühlt, ist in der Lage, sich auf die gestellten Aufgaben und neuen Herausforderungen in der Schule einzulassen.

Nicht nur für den Unterricht sollten Kinder **grundlegende Fähigkeiten zur konstruktiven Konfliktbearbeitung** erwerben. Diese Kompetenz zählt inzwischen zu den wichtigen Voraussetzungen im erfolgreichen privaten und beruflichen Umgang miteinander.
Wenn Kinder **soziale Handlungskompetenzen** entwickeln sollen, müssen sie lernen, soziale Verantwortung zu übernehmen und aktiv selbstverantwortlich zu handeln. Auch das Heranführen von Schülern an selbstreguliertes Lernen unterstützt soziale Prozesse in der Klasse.
Die Herangehensweise dient in hohem Maße der Gewaltprävention und fördert gleichzeitig die Konfliktkultur an der Schule.

Mit Interaktionsspielen können Kinder neue Verhaltensweisen erproben.

Das Konzept der **„Interaktionsspiele“** nach Vopel eignet sich hervorragend als Medium, mit den Kindern und der Klasse ins Gespräch zu kommen und Konfliktfähigkeit zu entwickeln. Mit dieser Methode werden Themen angesprochen, die den Bedürfnissen und Lernzielen gerecht werden. Darüber hinaus ist sie **für Kinder aller Herkunftsfamilien** geeignet – unabhängig von Schicht oder Nationalität.

Aber was ist eigentlich unter einem Interaktionsspiel zu verstehen?
Vopel versteht ein Interaktionsspiel als eine pädagogisch gelenkte Interaktion, Menschen kommen unter Einhaltung bestimmter (Spiel-)Regeln miteinander in Kontakt. Bei einem Interaktionsspiel ist dieser **soziale Kontakt der eigentliche Gegenstand**: die sozialen Beziehungen, die sich daraus entwickeln, die Reibungspunkte, die sich eventuell ergeben, und die zwischenmenschlichen Erfahrungen, die die Beteiligten hierbei machen können. Ein Interaktionsspiel ist daher nicht selbstgenügsam wie das freie Spiel der Kinder, sondern ist auf ein bestimmtes Ziel ausgerichtet. Das Spiel bietet einen geschützten Raum, der durch Regeln und die Spielzeit begrenzt wird, in dem **neue Verhaltensweisen und Handlungsmuster ausprobiert** werden können. Nach der Erprobung eines Spiels stellt die Lehrerin Fragen. Dadurch können die Kinder ihre Erfahrungen auswerten (vgl. Vopel, 1996, S. 9 ff.).

Das Konzept lehnt sich in seinen Prinzipien an die „Themenzentrierte Interaktion" (TZI) von Ruth Cohn an, deren Ursprung in den Forschungsergebnissen zur Sozialpsychologie liegt.

Zum einen hat dort die Vorbildfunktion des Gruppenleiters einen wichtigen Stellenwert. Zum anderen ist die Herstellung einer „dynamischen Balance" zwischen den einzelnen „Komponenten" einer Gruppe bei Cohn ein zentraler Gedanke. Dies bedeutet, „in jeder Gruppe drei Grundelemente als gleichgewichtig zu beachten: Das **Ich**, die eigenen Gefühle, Gedanken, Bedürfnisse; das **Wir**, also die Interaktion in der Gruppe; und das **Es**, die Aufgabe, um die es in der Gruppe geht" (Cohn, 1979, S. 24). Der Gedanke des **„lebendigen Lernens"** steht bei Cohn ebenso im Mittelpunkt: Lerninhalte werden nicht aus Schulbüchern vermittelt, sondern durch Selbsterfahrung in der Gruppe.

Wir, die Autorinnen dieses Buches, haben alle langjährige Praxiserfahrung in der pädagogischen Arbeit mit Grundschulkindern. Mit dem Vorhaben, das Lernklima positiv zu beeinflussen, wurden wir tätig und haben mit unterschiedlichen Methoden und Konzepten nach einem geeigneten Weg gesucht.

Im Laufe unserer Erfahrungen mit der Vermittlung von emotionaler Intelligenz und sozialem Lernen stellten wir fest, dass die Entwicklung einer konstruktiven Konfliktfähigkeit gleichermaßen zur Persönlichkeitsentwicklung gehört und gezielt gefördert werden muss. Prinzipien und Methode der Mediation halten wir für bestens geeignet, um Erziehung zur sozialen Kompetenz ausdrücklich zu verknüpfen mit der Förderung der Fähigkeit, Konflikte konstruktiv zu bearbeiten.

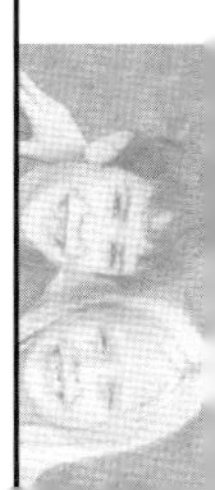

Das curriculare Konzept

Bernadette Grix

<table>
<tr><th colspan="4">Die Haltung der Lehrerin beinhaltet:</th></tr>
<tr>
<td>→ Wertschätzung
→ Unterscheidung von Kind und Problem</td>
<td>→ Tolerierung von Unterschieden
→ Offenheit für Lernen an Konflikten</td>
<td>→ Schutz vor Ausgrenzung und Etikettierung
→ Stärkung der Eigenverantwortung</td>
<td>→ realistische Selbsteinschätzung
→ Anerkennung der eigenen Grenzen</td>
</tr>
<tr>
<td>1. Erarbeitung von Grundprinzipien/Regeln/Ritualen
(erst modellhaft, dann ausdrücklich)

Inhalte:
→ Regelfindung und Umsetzung
→ sprachlicher Umgang miteinander
→ Rituale zur Rahmengestaltung</td>
<td>2. Der Eskalation von Konflikten vorbeugen
Entwicklung und Förderung sozialer Kompetenzen und grundlegender Fähigkeiten (Basiskompetenzen)

Inhalte und Ziele:
→ Ich-Stärkung
→ Wahrnehmung
→ Sensibilisierung
→ Umgang mit Gefühlen
→ Übernahme sozialer Verantwortung
→ selbstverantwortlich Handeln
→ Feedback geben und nehmen
→ Rituale zur Festigung (z.B. Briefkasten)

Methoden:
→ Interaktionsspiele
→ Einheiten zum sozialen Lernen</td>
<td>3. Kinder lösen Konflikte selbst
Erwerb von speziellen Fähigkeiten zur Konfliktklärung (vgl. Mediationsphasen)

Inhalte:
→ verschiedene Sichtweisen einnehmen
→ Sprache: verbal/nonverbal
→ ausreden lassen
→ zuhören, spiegeln
→ verhandeln
→ sich einigen

Methoden:
→ Rollenspiele
→ Gedichte
→ Spiele: Gewinner – Verlierer/ Gewinner – Gewinner
→ Geschichten u.a.</td>
<td>4. Konfliktlösung mit Hilfe neutraler Dritter
Streitschlichtungsmodelle

Inhalte/Methoden:
→ Problemlösungsgespräch
→ Friedensbrücke
→ Schnellschlichtung
→ Das Streitschlichter-Training</td>
</tr>
</table>

Konzept eines Curriculums „Konfliktfähigkeit"

Bernadette Grix

Zum Einsatz der Interaktionsspiele, Übungen, Einheiten

Es gibt mehrere Möglichkeiten, wie Sie die Interaktionsspiele, Übungen und Einheiten durchführen können:

- zu im **Stundenplan** festgelegten Zeiten (z.B. „Klassenlehrerstunden“)
- im Rahmen des **Sachunterrichts** als Unterrichtseinheit
- zu wöchentlich festgelegten Zeiten, die anteilig **aus unterschiedlichen Fächern** entnommen werden. Die Arbeit am sozialen Lernen dient nicht nur dem Erziehungsauftrag der Schule, sondern darüber hinaus auch den Zielen von Fächern wie Deutsch, Religion, Sachunterricht oder Sport. Deshalb halten wir es für legitim, aus allen diesen Bereichen Zeit zu verwenden.
- an **Projekttagen**
- in einer eigenständigen **Projektwoche**

Als sinnvoll und effektiv hat sich erwiesen, wenn die Fähigkeiten zur Konfliktbearbeitung im Alltag an den Konfliktsituationen über das ganze Jahr immer wieder ausprobiert und angewendet werden. Eine isolierte Projektwoche ist daher weniger effektiv. Die Abstände zwischen den einzelnen Interaktionsstunden bzw. Einheiten sollten nicht zu groß sein, damit die Kinder (und auch die Erwachsenen) den „roten Faden“ nicht verlieren. Dieser rote Faden macht sich z.B. in der Haltung bemerkbar, die ja durch die Vorbildfunktion (Modelllernen) und durch dauerndes sensibles und reflektiertes Umgehen langsam wachsen kann.

Bernadette Grix

Grundprinzipien, Regeln, Rituale

Die **Grundprinzipien**, wie sie in **fünf Punkten** (s. Kopiervorlage, S. 81) zusammengestellt sind, werden zunächst durch die Haltung und Handlung der Lehrerin vermittelt.

1. **Fehlertoleranz:** Die Kinder lernen zunächst durch die Reaktion der Lehrerin, dass sie Fehler machen dürfen. Es ist manchmal möglich, sich bei Kindern, die beim Lesen, Schreiben, Rechnen oder bei Interaktionsspielen etwas falsch machen, direkt zu bedanken, weil dann alle etwas lernen können.

2. **Wünsche:** Wenn die Kinder merken, dass ihre Vorstellungen und Wünsche ernst genommen werden, fühlen sie sich auch als Person ernst genommen. Dies bedeutet allerdings nicht, dass sie nun bei jeder Gelegenheit ihre Wünsche äußern müssten.

3. **Selbstverantwortung:** Die Aufforderung, Verantwortung für das eigene Handeln zu übernehmen, ist grundlegend für die in der Konfliktbearbeitung ablaufenden Prozesse.

4. **Direkte Auseinandersetzung:** Die immer wiederkehrende Aufforderung an Kinder, den Ärger über ein Verhalten dem „Ärgerer" selbst mitzuteilen, regt die direkte Auseinandersetzung an. Manchmal brauchen sie allerdings den Schutz durch die Lehrerin, die ermutigend zur Seite steht und beide Kinder im Auge hat.

5. **Wiedergutmachung:** Wenn der Grundsatz der Wiedergutmachung regelmäßig und selbstverständlich in die Tat umgesetzt wird, erleben Kinder, dass es bei Konflikten Lösungen geben kann. Bei der Ideensammlung und Entscheidung über die Art der Wiedergutmachung sollen die Betroffenen aktiv beteiligt werden. Dies ist der Unterschied zu einer von außen verhängten Strafe! So wird die Eigenverantwortlichkeit gestärkt, und ein befreiendes Gefühl stellt sich ein. Dies ist eine gute Grundlage für die freiwillige Teilnahme an einem Streitschlichtergespräch.

Wenn die Kinder im 1. Schuljahr am beispielhaften Tun der Lehrerin die Grundprinzipien über ein Modell erfahren, können Sie sie im 2. Jahr dann explizit festigen. Zu diesem Zeitpunkt können Sie die Grundprinzipien auf einer Wandtafel groß festhalten, die Kinder können sie aufschreiben, oder sie erhalten die Prinzipien als Arbeitsblatt und unterschreiben es als Vertrag.

Die eigene Unterschrift erhöht die Verbindlichkeit, dies gilt auch später für die schriftliche Vereinbarung in einem Mediationsgespräch.

Ähnlich wie bei den Grundprinzipien ist es bei den **Regeln**. Zunächst erfahren die Kinder einige vorgegebene Regeln, z.B. dass es Pausen, Spielzeiten oder ein gemeinsames Frühstück in der Schule gibt oder dass alle Klassen sich nach der Pause an einem bestimmten, festgelegten Platz versammeln und gemeinsam in die Klassenräume gehen.
Später können Klassenregeln teilweise besprochen, diskutiert und ausprobiert werden (vgl. das folgende Kapitel „Regelfindung in der Klasse"). Auch dabei kann eine Unterschrift die Verbindlichkeit und die Eigenverantwortung stärken.
Zu den Regeln gehören ebenfalls Abmachungen, wie die Einteilung der Klassendienste (Tafeldienst, Blumendienst, Tischgruppendienst usw.).

Rituale können von der Lehrerin und von den Kindern vorgeschlagen und erprobt werden, wie akustische oder optische Signale für den Wechsel von einer Arbeitsphase in die andere. Manche ergeben sich aus dem Alltag, z.B. das Datum an die Tafel schreiben, den Tag mit einem Erzählkreis, Lied, Witz oder einem Spiel beginnen. Feste Bewegungsrituale wie Braingym-Übungen, ein Abschiedslied oder -kreis mit Bewegung können nach längerer konzentrierter Arbeitsphase auflockern.
Sind Rituale erst einmal eingeübt, geben sie Halt und Sicherheit und machen den meisten Kindern Freude.

Grundprinzipien in unserer Klasse

1. Wir sind in der Schule, um zu lernen. Wir dürfen auch Fehler machen. Denn aus Fehlern kann man auch etwas lernen.

2. Wir dürfen unsere Wünsche sagen. Nicht immer können sie erfüllt werden.

3. Ich bin für mich verantwortlich und für das, was ich sage und tue. Nicht: „Der hat gesagt, ich soll …", „Die hat aber auch …"

4. Wenn mich etwas stört oder ärgert, sage ich es zuerst dem, der mich stört. Falls nötig, sage ich es danach der Lehrerin.

5. Wenn ich jemandem geschadet habe, bringe ich es wieder in Ordnung. Ich kann um Entschuldigung bitten, Ersatz oder Wiedergutmachung anbieten und so weiter.

Diesen Grundprinzipien stimme ich zu.

Datum: ______________ Unterschrift: ________________________

Beispiel von Grundprinzipien, die am Ende einer 2. Klasse gemeinsam erarbeitet wurden

Regelfindung in der Klasse

Aller Anfang ist schwer. Das kann vor allem in einer **1. Klasse** erlebt werden. Nicht nur bei Grundfertigkeiten, wie malen, schneiden, kleben, lesen und schreiben lernen. Auch nach Regeln spielen, zusammenarbeiten und mit Schwierigkeiten umgehen lernen, ist am Anfang nicht leicht. Soziales Lernen braucht vor allem **Geduld**, **Klarheit** und immer wieder **Übung**.

Im Blick auf die konstruktive Konfliktbearbeitung ist es erfahrungsgemäß von Anfang an nötig, zu lernen, sich an Regeln, auch an Gesprächsregeln, zu halten. Auch später kann eine Mediation nur gelingen, wenn sich die Konfliktparteien an die Regeln halten bzw. wenn sie sich nach einer Erinnerung daran immer wieder ernsthaft um die Einhaltung bemühen.

Wenn Kinder Regeln nicht einhalten können, kann der ganze Ansatz der konstruktiven Konfliktbearbeitung scheitern. Natürlich gibt es Kinder, die Regeln (fast) nie übertreten. Allerdings ist es gut, diese Kinder nicht zu übersehen und ihnen auch ab und zu Anerkennung dafür zu zeigen.

Erfahrungsgemäß kosten Lehrerinnen die **„Grenzgänger"** sehr viel Energie und fordern ihre ganze Aufmerksamkeit. Das sind Kinder, die immer wieder ausprobieren wollen, wie weit die „Toleranz" der Lehrerin geht, ob sie die geltenden Regeln auch ernst nimmt und dafür sorgt, dass sie eingehalten werden, wenn die Kinder selbst das nicht können. Solche Kinder sind manchmal in der Lage, den Unterricht zu „sprengen", wenn man sie gewähren lässt. Regelverletzungen müssen Konsequenzen nach sich ziehen, sodass Kinder grundsätzlich lernen:

- Hier in der Klasse/Gruppe werden die **aufgestellten Regeln** ernst genommen.
- Hier in der Klasse/Gruppe werden die **Kinder** ernst genommen.
- Hier in der Klasse/Gruppe werden die **Spiele und Übungen** ernst genommen.
- Hier in der Klasse/Gruppe nimmt sich eine **erwachsene Person** selbst ernst.

„Hier in der Klasse/Gruppe" – das ist deshalb so betont, weil gerade die Kinder, die sich mit der Beachtung von Regeln so schwer tun, in ihrem bisherigen Umfeld offenbar dieses Ernstnehmen nicht konsequent erlebt haben, aus den unterschiedlichsten Gründen.

Wie lernen Kinder, Regeln zu beachten?

Welche pädagogischen Möglichkeiten haben Sie im Unterricht, die Kinder zur Einhaltung der aufgestellten Regeln anzuregen?

1. Wenn möglich, erarbeiten Sie die Regeln gemeinsam. Lassen Sie durch Erfahrungen begreifen, warum die Regeln wichtig sind.
2. Achten Sie darauf, dass auch Sie sich an die Regeln halten, dann geben Sie den Kindern Gelegenheit zur Nachahmung.
3. Benennen Sie wiederholt die Regeln, oder lassen Sie sie von Kindern wiederholen.
4. Loben Sie die Kinder bei Regelbeachtung.
5. Intervenieren Sie konsequent bei Regelverletzung,
   a) durch Ermahnung (z.B. gelbe/rote Karte),
   b) durch vorübergehenden Ausschluss bei weiterer Regelverletzung.

Die Erfahrung hat gezeigt, dass die meisten Kinder mit den ersten vier Maßnahmen gelernt haben, sich an Regeln zu halten. Ein kleinerer Teil der Kinder braucht Ermahnungen, und bei sehr „resistenten" Grenzgängern kann die konsequente Anwendung von vorübergehendem Ausschluss helfen. Dabei geht es nicht um Strafe, sondern die Einladung zur Rückkehr ist wichtig. Bei einem Ausschluss aus dem Kreis könnten Sie das so formulieren: *„Wenn du dir sicher bist, dass du es nach der kurzen Auszeit schaffst, kannst du dich entscheiden, wieder in den Kreis zu kommen"* oder kürzer: *„Wenn du es schaffst, kannst du jederzeit wieder hereinkommen."*

Hier gilt es, eine Wiedereingliederung gleich in Aussicht zu stellen, ein Abstempeln zu verhindern und die Eigenverantwortung zu stärken.

Unsere Klassenregeln

Klasse ______________________ Schuljahr ______________________

1. Wir reden freundlich miteinander.
2. Wir hören einander zu und lassen uns gegenseitig ausreden.
3. Wir behandeln unsere Bücher und Sachen sorgfältig, auch die von anderen Kindern.
4. Nur auf dem Hof rennen wir oder spielen mit dem Ball.
5. Wir verletzen uns nicht mit Worten und Taten.
6. Beim Unterrichtsgespräch melden wir uns.

Diesen Regeln stimme ich zu und halte mich daran.

Unterschrift: ______________________

Beispiel von Regeln, die in einer 2. Klasse erarbeitet wurden

Vorschlag zur Regelfindung ab dem 1. Schuljahr

Kurzprojekt

Alter: ab Klasse 1

Dauer: 1–2 Stunden

Materialien: evtl. Karteikarten, Plakat

Organisationsform: Sitzkreis

So geht's

1. Zum Aufwärmen

Überlegen Sie gemeinsam mit den Kindern:

- Wie können wir uns in unserer Klasse wohlfühlen?
- Wie müsste unsere Schule sein, dass wir möglichst gern/angstfrei hierher kommen?

2. „In meiner Klasse stört/nervt mich manchmal …"

- Lassen Sie die Kinder diese Aussage ergänzen und aufschreiben, bzw. schreiben Sie sie selber auf.
- Entwickeln Sie gemeinsam eine Prioritätenliste der Dinge, die Sie ändern möchten. Beschränken Sie sich aber auf drei Punkte, die im nächsten Monat angegangen werden sollen.
- Entwickeln Sie daraus Regeln. Wählen Sie dafür einfache, wenn möglich positive Formulierungen in Ich- oder Wir-Form, z.B. *„Ich lasse andere ausreden"*.

3. Unterschriften/Aushang

Die Regeln werden von allen unterschrieben und für alle sichtbar an die Wand gehängt.

4. Konsequenzvereinbarung

Wird die Regel nicht eingehalten, muss es eine Konsequenz geben.
Die Konsequenz oder Wiedergutmachung wird mit allen deutlich abgesprochen, dann nicht mehr verhandelt.

5. Evaluation: Welche Regel hat unsere Klasse gut eingehalten?

Einmal wöchentlich, eventuell zu Beginn öfter, kommt die Klasse zum Wochengespräch in den Stuhlkreis (vgl. Dank- und Wunschrunde, s. S. 87 f.). Dabei kann ein Thema die Regeleinhaltung sein, die Frage kann beispielsweise lauten: *„Wem ist es gelungen, andere ausreden zu lassen?"*

- Diese Kinder kommen in die Mitte und können eventuell einen Applaus bekommen.
- Alle Kinder werden aufgefordert, die Namen der Mitschüler, die eine Regel einhalten konnten, aufzuschreiben. Dies kann anonym geschehen, wenn sich einige Kinder damit schwertun, direkt öffentlich einen Namen zu nennen.

Anmerkung: Ob Kinder einzeln benannt werden und Applaus erhalten, sollten Sie sich gut überlegen. Einerseits haben Kinder, die die Regeln einhalten, Vorbildfunktion. Andererseits ist es auch so, dass die Regeleinhaltung als „Normalfall" anzustreben ist.

6. Mit einem bekannten Interaktionsspiel enden

Hier können Sie gut ein Interaktionsspiel aus dem Themenbereich III – „Feedback geben und annehmen" auswählen, z.B. „Ich ärgere mich über ..." oder „Autowäsche" (s. S. 148 ff. und 153 ff.).

In einer vertrauensvollen Atmosphäre können auch Störungen offen angesprochen werden.

Dank- und Wunschrunde als Ritual

Stundenbild 1

Alter: ab Klasse 1

Dauer: 20 – 30 Minuten zu einem festgelegten, immer wiederkehrenden Zeitpunkt (z.B. freitags in der letzten Stunde)

Materialien: keine

Organisationsform: Sitzkreis

Ziel

Während der Woche bleibt den Kindern kaum Zeit, über die Erfahrungen und Ereignisse, die sie beschäftigen, nachzudenken und sie auszudrücken. Das Erlebte, **freudige Anlässe**, die kleinen Aufmerksamkeiten untereinander, die Freude über gelungene (Zusammen-)Arbeit oder auch über Erfolge, all dies kann durch die **Dankrunde** noch einmal in Erinnerung gebracht und den anderen Kindern zugänglich gemacht werden. Die Kinder können so Anteil nehmen an dem, was ihre Mitschüler erlebt haben.

Die **Wunschrunde** gibt Gelegenheit, das auszusprechen, was noch an Wünschen, Vorstellungen, **Verbesserungsmöglichkeiten** offen ist. Hier kann auch Kritik ihren Platz haben. Wenn die Kinder sich an die Regeln halten und ihre Wünsche ohne Vorwurf in den Raum stellen oder sie an eine bestimmte Person (Mitschüler oder Lehrerin/Pädagogin) richten, kann ein Klima entstehen, das von Offenheit und Toleranz geprägt ist.

So geht's

1. Durchgang: Dankrunde
Ihr Impuls kann lauten: *„Wer hat in den letzten Tagen etwas Schönes erlebt, worüber er sich freuen konnte und dankbar ist?"* Reihum sagt jedes Kind, das möchte, in einem Satz, worüber es sich in der letzten Zeit gefreut hat.
Das erste Kind, das sich meldet, bekommt das Wort und eventuell den Redestein.
Beispiele könnten sein: *„Ich habe mich gefreut, weil ich in der Rechenarbeit eine 2 geschrieben habe"* oder: *„Chrissi, ich freue mich, dass du in der Pause gestern so toll mit mir gespielt hast. Danke."*

Aufgaben der Lehrerin:

- auf die Einhaltung der Reihenfolge achten
- an Regeln erinnern, wenn nötig (z.B. *„Sag' es in einem Satz."*)
- den direkten Kontakt fördern und darauf achten, dass die Kinder ihren Dank direkt dem gemeinten Kind gegenüber aussprechen
- anregen, dass sich die Kinder nach einem „Lob" bedanken

2. Durchgang (Wunschrunde):

Wieder im Uhrzeigersinn kann jedes Kind, das möchte, einen Wunsch äußern. Der Wunsch kann an die Lehrerin/Pädagogin gerichtet sein oder an ein konkretes Kind, z.B.: *„Frau Müller, ich wünsche mir, dass wir mal wieder das ...-Spiel spielen"* oder: *„Ich wünsche mir von dir, Miriam, dass du mit mir in der Pause mal spielst."*

Aufgaben der Lehrerin:

- auf die Einhaltung der Reihenfolge achten
- Wünsche nicht werten
- nur bei Unklarheiten nachfragen
- die direkte Anrede fördern
- das angesprochene Kind fragen, ob es den Wunsch erfüllen könnte/möchte

Achtung: Stellen Sie die Unterscheidung von Wünschen, die erfüllt werden können, und Regeln, die eingehalten werden müssen, stets klar heraus.

Petra Gilbert-Scherer, Renate Scheffler-Konrat

Der Eskalation von Konflikten vorbeugen

Interaktionsspiele zur Förderung sozialer Kompetenzen

Ein wichtiges Prinzip bei der Durchführung der **Interaktionsstunden** (im Folgenden **IA-Stunde**) ist, dass die während der Übung entstehenden **Konflikte und Reibereien** aus der Perspektive der Übungsleiterin **nicht als störend** betrachtet werden. Stattdessen wird das, was während der Spielphase geschehen ist, in der anschließenden Rederunde thematisiert und ausgewertet. Ziel hierbei ist, dass die Kinder durch gelenkte Fragen selbst in der Lage sind, zu erkennen, was passiert ist, und dass sie anschließend passende Lösungen im Sinne der Mediation herausarbeiten. Durch den Einsatz des hier vorgestellten Programms soll das Klassengeschehen positiv beeinflusst und die Entwicklung des sozialen Gleichgewichts nicht dem Zufall überlassen werden. Das konstruktive Miteinander und die gegenseitige Akzeptanz stehen im Mittelpunkt. Die Prinzipien der Mediation fließen durch gezielte Übungen in den Schulalltag mit ein.

Themen der Interaktionsstunden

Die in diesem Kapitel vorgestellten Spiele und Übungen sind eingeteilt nach Themenschwerpunkten, die zur Erlangung sozialer Kompetenz sowie zur Konfliktfähigkeit unbedingt erforderlich sind:

Themenbereich I

- sich selbst und andere kennenlernen und wahrnehmen
- gegenseitige Akzeptanz, Toleranz und Wertschätzung entwickeln
- eigene Gefühle und Gefühle der anderen erkennen, benennen, ausdrücken

Themenbereich II

- Kooperation und Kommunikation – verbal und nonverbal

Themenbereich III

- Feedback geben und annehmen

Themenbereiche der Interaktionsspiele

Der Erwerb von Konfliktfähigkeit bzw. von Konfliktklärungskompetenzen ist in den meisten Übungen enthalten. Im Kapitel „Projektbeispiele zur Vertiefung von Basiskompetenzen" (s. S. 157 ff.) gibt es Beispiele, wie dazu vertiefend gearbeitet werden kann.

In den Themenbereichen durchgängig enthalten ist die Stärkung des Selbstwerts, ein wichtiges Ziel im mediativen Ansatz. Weitere Inhalte sind z.B. Grenzen erkennen und einhalten, gemeinsam ein Ziel erreichen, positive Kontakte knüpfen, Kritik angemessen äußern, anhören und annehmen, in Konflikten souverän reagieren können. Das am Entwicklungsstand der Gruppe orientierte Arbeiten in und mit der Klasse ist oberstes Prinzip.

In den einzelnen Übungen werden oft mehrere Themenschwerpunkte angesprochen, ein Feedback ist in jeder Auswertungsrunde enthalten. Viele dieser Spiele sind somit zur Förderung unterschiedlicher Kompetenzen einsetzbar.
Wichtig für den Lernprozess sind die gezielten Aufgabenstellungen und die Auswertungsfragen. Die Übungen sind sowohl **vorbeugend** nutzbar, indem zu den einzelnen Themenschwerpunkten altersgemäße Spiele eingesetzt werden. Gleichermaßen können Sie aber auch gezielt auf einen bereits entstandenen Konflikt mit der geeigneten Auswahl **reagieren bzw. intervenieren**.
Ein weiterer Aspekt dieses Programms ist, dass die **Gruppe viel voneinander lernt**, weil der Wunsch nach Anerkennung und Zugehörigkeit in jeder Gruppe ein treibender Motor ist.

Ziele und Möglichkeiten

Interaktionsspiele haben den Vorteil, dass **der ganze Mensch miteinbezogen** wird, seine Gedanken, Gefühle, seine Kenntnisse und seine Neugier, insbesondere sein Spieltrieb. Die Kinder werden in ihrer Sozialisation und Persönlichkeitsentwicklung gefördert, da die Lernziele dieser Spiele hauptsächlich im psychosozialen Bereich liegen. Beispielsweise fällt es Kindern leichter, bewusst die im Spiel geltenden Regeln einzuhalten als diejenigen, die in Familie und Klasse gelten. Reaktionen von Gleichaltrigen, der Peergroup, auf das eigene Verhalten haben oft eine erstaunliche Wirkung.
Außerdem ermöglicht die Durchführung von IA-Stunden Ihnen einen **anderen Blick auf die Kinder** und den Gruppenprozess. Dies empfinden viele Lehrerinnen immer wieder als wichtig und sehr hilfreich.

Mit Interaktions-Einheiten im 1. Schuljahr zu beginnen, bietet die Möglichkeit, positiv auf das Miteinander innerhalb einer Klasse einzuwirken sowie dabei zu helfen, Außenseiterrollen zu vermeiden.

Bei vielen Spielen ist es notwendig, mehrere **Gruppen** zu bilden oder sich einen Partner zu suchen. Hierbei bekommen die Kinder (je nach Art des Spieles) den Auftrag, sich jemanden zu suchen, mit dem sie bisher gar nichts oder nur wenig zu tun hatten. Diese Erfahrungen wirken sich auch auf den Regelunterricht aus: Die Kinder sind häufiger bereit, in Partner- oder Gruppenarbeit mit anderen Kindern als den direkten Freunden und Freundinnen zusammenzuarbeiten.

In der **Rederunde** oder **Auswertungsrunde**, die am Ende jeder IA-Stunde stattfindet, kann sich jedes Kind offen äußern, ohne dass die anderen einschließlich der Spielleitung seine Aussage kommentieren oder werten dürfen. Diese Verfahrensweise ermöglicht den Aufbau einer positiven, vertrauensvollen Atmosphäre. Wichtig ist, dass Interaktionsübungen und -spiele sowie die sich anschließende Rederunde nicht als Ausnahme vom übrigen Schulalltag gesehen werden, sondern dass die **Regeln und Rituale auch in den Unterricht** einfließen.

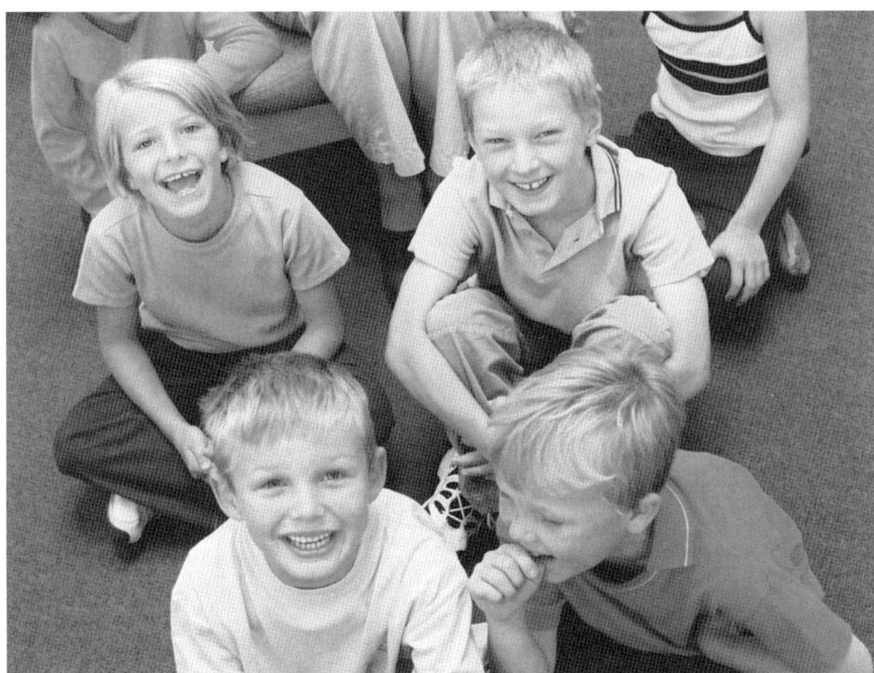

Die Auswertungsrunde ist ein festes Ritual bei IA-Spielen.

Aufbau und Verlauf einer Interaktionsstunde

Für die Durchführung **einer IA-Stunde** veranschlagen wir 45 Minuten. Sie wird immer unterteilt in die Erklärungs-, die Spiel- und die Auswertungsphase.

Die Erklärungsphase:

- Alle sitzen im Stuhlkreis und warten, unter Umständen mit Hilfe eines akustischen/optischen Signals, auf absolute **Stille**.
- Das Spiel wird mit den dazugehörigen Regeln **erklärt**, die Kinder können anschließend nachfragen.
- Wer **nicht mitspielen** will, muss sich jetzt, vor der Spielphase, entscheiden und aus dem Kreis herausgehen. Dieses Kind bekommt den Auftrag, das Spielgeschehen von außen leise zu beobachten. Erfahrungsgemäß verzichtet nur selten ein Kind auf das Mitspielen.

Die Spielphase:

- Die Kinder **probieren** das Spiel aus, möglichst ohne dass die Übungsleiterin regulierend eingreift (außer bei Verletzungsgefahr oder ernsthaften Keilereien).
- Die **Übungsleiterin** ist nicht aktiv am Spiel beteiligt, sondern **beobachtet** das Geschehen (Spielverlauf und Vorkommnisse) vom Rande aus.
- Nach der ersten Runde kann eine **Zwischenauswertung** gemacht werden. Eventuell kann die Gruppe daraufhin ergänzende Regeln festlegen, um anschließend die neu geregelte Form der Übung auszuprobieren.

Die Auswertungsphase (Rederunde):

- Etwa **15 Minuten vor Ende der Stunde** kommen alle, auch die, die nicht mitgespielt haben, im Stuhlkreis zusammen. Hier ist es ebenfalls notwendig, dass alle absolut still sind.
- Die Spielleiterin stellt eine **Auswertungsfrage**. In der 1. Klasse bleibt es meist bei einer Frage, später ist es möglich, auch mehrere Fragen nacheinander zu stellen. Die Fragen sollen offen sein. Achten Sie also darauf, dass Sie nicht durch zusätzliche Äußerungen möglicherweise Einfluss auf die Antworten der Kinder nehmen. Die **offenen Fragen** (s. S. 98 ff.) richten sich nach der Befindlichkeit der Kinder/der Gruppe, dem abgelaufenen Interaktionsprozess während der Übung und den Störungen, die passiert sind.

- In der Rederunde wird ein **Redeball** herumgereicht. Nur das Kind, das den Ball in der Hand hält, äußert sich, alle anderen sind leise und hören zu. Die Aussagen werden weder von der Spielleiterin noch von den anderen Kindern bewertet. Durch dieses Verfahren können die Kinder im Laufe der Zeit einerseits offener und mutiger werden sowie andererseits sich selbst und die eigenen Bedürfnisse zurücknehmen. Die Kinder lernen darüber hinaus, den Spielverlauf selbst genauer zu beobachten, ihr eigenes Verhalten kritisch zu reflektieren sowie Lösungs- und Verbesserungsvorschläge zu machen.
- Die Spielleiterin hat hier jeweils die Möglichkeit, Aussagen zusammenzufassen, sie miteinander in Beziehung zu setzen und mitzuhelfen, verletzende Aussagen umzuwandeln. **Aufgekommene Störungen werden thematisiert** und gegebenenfalls gleich bearbeitet.
- Gegen absichtliche **Regelüberschreitungen** während der Auswertungsrunden sollten Sie durch den Einsatz von gelben und roten Karten vorgehen. Sprechen Sie eine mündliche Vorwarnung aus („*Die gelbe Karte winkt.*"). Bei Einsatz der gelben Karte erhält das Kind noch eine Chance, sein Störverhalten einzustellen. Die rote Karte bedeutet: Das Kind setzt aus, notfalls für den Rest der Stunde, eventuell darf es auch in der nächsten Stunde nicht mitspielen.
- In der Auswertungsrunde kann deutlich werden, dass teilweise die Einschätzung der Kinder, wie ein Spiel verlaufen ist und was sie dabei empfinden, im großen Gegensatz zu dem steht, was Erwachsene beobachten und wahrnehmen. Die **Unterschiede in der Einschätzung** betreffen oft die Lautstärke, die beim Spielverlauf herrscht, oder die Bewertung des Spielgeschehens.
- Ein großer Vorteil der Rederunde ist, dass ihre **Ergebnisse** ab sofort **im weiteren Schulalltag nutzbar** sind und weiterentwickelt werden können. Nebenbei findet hier nach und nach eine gezielte Wortschatzerweiterung statt, die auch die Sicherheit im Umgang mit anderen fördert. Dies ist eine der Grundlagen für die Fähigkeit, sich mit Konflikten sachlich, klärend und lösungsorientiert auseinanderzusetzen.

Um die IA-Stunden in der dargestellten Form umsetzen zu können, müssen Ihnen und den Kindern die Gemeinsamkeiten und Unterschiede zwischen einer Unterrichts- und einer IA-Stunde bewusst sein.

Ritualisierter Ablauf der Interaktionsstunden

- Die Kinder sitzen im Kreis.
- Die Übung oder das Spiel wird erklärt.
- Die Kinder können nachfragen. Wer nicht mitspielen will, übernimmt von außen die Beobachterrolle.
- Die Übung oder das Spiel wird möglichst ohne Eingreifen einmal durchgeführt. Die Spielleitung beteiligt sich nicht an der Durchführung.
- Die Kinder kommen wieder in den Kreis.
- Es findet eine Auswertungsrunde statt, in der sich jedes Kind äußern kann, ohne dass andere – einschließlich der Übungsleiterin – dieses wertend kommentieren. Die Auswertungsrunde wird durch die Übungs-/Spielleitung mit offenen Fragen gelenkt. Im Fall von aufgetretenen Problemen sollten Sie auf Win-win-Lösungen und Vereinbarungen hinarbeiten.
- Wichtige Regeln oder Vereinbarungen werden festgehalten und in den Klassenalltag integriert.

Was unterscheidet eine Unterrichts- von einer Interaktionsstunde?

Zunächst gibt es eine Reihe von **Gemeinsamkeiten** zwischen Unterrichtsstunde und IA-Stunde. Den Aufbau beider Stunden müssen Sie entsprechend vorbereiten, um eine sichere und gute Anleitung durchführen zu können. Ebenso wie eine Unterrichtsstunde wird auch eine IA-Stunde nachbereitet, um zu reflektieren, was in der Stunde passiert ist, wo die Gruppe jetzt steht, an welcher Stelle eine Weiterarbeit sinnvoll ist. Ein wichtiger Punkt bei den **Unterscheidungen** ist, dass bei IA-Stunden die Moderatorin selbst nicht dem Zeit- und Erfolgsdruck eines Lehrplanes ausgesetzt ist. Dadurch findet eine Entlastung statt, die sich auf das eigene Verhalten bei der Durchführung auswirkt. Die zu bearbeitenden Themen und das Tempo, mit dem es vorwärts geht, bestimmen das Geschehen in der Gruppe und somit auch die Gruppe selbst. Weitere Unterscheidungspunkte liegen in der Freiwilligkeit: *„Ich darf und kann mich entscheiden, ob ich mich beteiligen will oder nicht."*

Im Folgenden finden Sie eine Gegenüberstellung der wesentlichen Gemeinsamkeiten und Unterschiede, um deutlich zu machen, worauf das Augenmerk bei der Moderation einer IA-Stunde zu richten ist.

IA-Stunde	Unterrichtsstunde
Gemeinsamkeiten	
Vorbereitung der Stunde	
Sammeln der Klasse (z.B. durch akustisches oder optisches Signal, Ruhezeichen)	
Erklärungsphase der IA-Stunde entspricht der Einführungsphase einer Unterrichtsstunde	
Nachfragen möglich	
Spielphase der IA-Stunde entspricht der Erarbeitungszeit im Unterricht	
beide Stunden werden reflektiert und ausgewertet	
Nachbereitung der Stunde	
Unterschiede	
prozessorientiert	prozess- und ergebnisorientiert
Auswahl nach Stand der Gruppe (Bedürfnis und „Notwendigkeit")	Auswahl nach Lernstand und Lehrplan
Ideen/Vorschläge zur Veränderung des Spieles oder einzelner Verhaltensweisen kommen von den Kindern	Vorgehensweise wird bestimmt durch Vorgaben des Stoffs und der Lehrmethoden
stärkere Betonung der emotionalen Ebene	stärkere Betonung der kognitiven Ebene
Möglichkeit, nicht teilzunehmen	Mitarbeitspflicht
Beschäftigung mit sich selbst und den anderen	Beschäftigung mit Fachfragen
keine Regulierung durch die Lehrerin in der Spielphase, sondern nur in der Erklärungs- und Auswertungsphase anhand der erarbeiteten Regeln	Regulierung durch die Lehrerin jederzeit möglich
kein Leistungsdruck, Äußerungen werden nicht bewertet	Bewertung der Leistung; Leistungsdruck möglich
Auswertung: mit Focus auf das eigene Handeln und das Miteinander	Auswertung: Hat jeder alles verstanden, richtig umgesetzt?
die Lehrerin kann sich Zeit nehmen, den Kindern Zeit lassen	Zeit zur Beschäftigung mit einem Thema ist begrenzt

Unterschiede und Gemeinsamkeiten zwischen IA-Stunde und Unterrichtsstunde

Die Moderatorinnenrolle in Interaktionsstunden

Wie bei der vergleichenden Darstellung deutlich wurde, übernehmen die Lehrerinnen zur Anleitung und Durchführung von IA-Stunden eine andere Rolle, die der Moderatorin (s. S. 69 ff.). Sie zeichnet sich aus durch die eigene **„innere Haltung“**, wie sie auch in einer Mediation erforderlich ist:

- Die Moderatorin sollte allparteilich sein.
- Sie stärkt und wertschätzt das einzelne Kind und die Gruppe („Empowerment“).
- Sie motiviert und befähigt die Kinder zur Gestaltung der Gruppenprozesse.
- Sie gibt Entscheidungen an die Gruppe ab, anstatt sie selbst vorzugeben.
- Sie favorisiert offene Fragen. Diese sind das Steuerungsinstrument für den Gruppenprozess in der Erklärungs- und in der Auswertungsphase der IA-Stunde.
- Sie erkennt an, dass die Beteiligten selber oft eine effektive und nachhaltige Lösung finden können.

Lehrerinnen und Pädagoginnen müssen sich diese Haltung Schritt für Schritt aneignen. Der Verlauf einer Übung ist in hohem Maße von der Art der Moderation abhängig. **Die Moderatorin ist somit maßgeblich für die Gestaltung des Gruppenprozesses verantwortlich.**

Die sozialen Erfahrungen in Interaktionsstunden helfen oft schon, um die Eskalation von Konflikten zu vermeiden.

Aus der Einstellung leiten sich **Aufgaben** für die Moderatorin bei den IA-Stunden ab:

- Die Moderatorin sucht geeignete Interaktionsspiele und -übungen zur Gestaltung des Gruppenprozesses aus. Ziel dieser Übungen ist, eine gut funktionierende Klassengemeinschaft zu entwickeln.
- Sie erklärt das Spiel bzw. die Übung, fragt nach, ob es alle verstanden haben.
- Sie spielt nicht mit, da sich sonst automatisch das Spielgeschehen verändern oder verlagern würde.
- Sie achtet in der Erklärungs- und Auswertungsphase (s. S. 92) auf die Einhaltung der Klassen- und Umgangsregeln.
- Sie arbeitet bei entstandenen Schwierigkeiten den eigenen Anteil aller dabei Beteiligten und anschließend die weitere Vorgehensweise schonend heraus.
- Sie gibt keine Vorschläge zur Übungsgestaltung und zu Lösungen von aufkommenden Problemen vor – sie sollen von den Kindern kommen.
- Sie fasst gemachte Vorschläge zusammen. Den Entscheidungsprozess, welche Vorschläge gelten sollen, fördert sie so, dass am Ende möglichst kein Kind das Gefühl hat, zu kurz gekommen zu sein. Wünsche und Vorschläge zu Übung oder Spiel werden im Anschluss oder in der nächsten IA-Stunde ausprobiert und ausgewertet.
- Wenn ein Problem im Rahmen der IA-Stunde nicht für alle Beteiligen zufriedenstellend bearbeitet werden konnte, muss die weitere Bearbeitung vertagt werden. Dazu verabredet die Spielleiterin mit den Betroffenen einen konkreten Zeitpunkt. Für die Zeit bis dahin wird eine Zwischenlösung gefunden oder ein so genannter „Waffenstillstand“ vereinbart.

Besonders in der **Auswertungsrunde** bietet sich die Möglichkeit, die eigene mediative Haltung immer wieder gezielt zu zeigen und somit der Klasse ein Vorbild zu sein. Gleichzeitig üben die Kinder spielerisch das Miteinander bzw. den Umgang mit vorhandenen Konflikten. Die Moderation der Auswertungsrunde enthält Anklänge an die Phasen des Mediationsprozesses:

Das Geschehen während des Spiels bzw. der Übung wird nochmals betrachtet, und die Kinder können ihre eigene Wahrnehmung dabei äußern.
→ entspricht Phase 2 der Mediation

Im Konfliktfall arbeitet die Moderatorin die Anteile der Beteiligten schonend heraus.
→ entspricht Phase 3 der Mediation

Die Kinder haben die Möglichkeit, Änderungswünsche an andere Kinder oder an den Spielverlauf einzubringen. Alle können konstruktive Lösungen suchen und vorschlagen.
➞ entspricht Phase 4 der Mediation

Am Ende werden Vereinbarungen zum weiteren Verlauf getroffen.
➞ entspricht Phase 5 der Mediation

Die Moderatorin geht auf Störungen ein, setzt aber bei den Fähigkeiten und Ressourcen einzelner Kinder oder der Klasse an, um für die Gemeinschaft förderliche Lösungen auf den Weg zu bringen.

Ihr **Steuerungsinstrument** für den Gruppenprozess sind die **„offenen Fragen"**. Offene Fragen lassen dem Beantworter Spielraum, seine eigenen Eindrücke und Empfindungen mitzuteilen. Im Gegensatz dazu stehen „geschlossene Fragen", die nur eine Antwortmöglichkeit zulassen. Aber auch Fragen wie *„Warum? Weshalb? Wieso?"* können in einer Auswertungsrunde als „geschlossene Fragen" eingeordnet werden, da sie zu einer Rechtfertigungshaltung drängen.

Beispiele für „offene Fragen" in der Auswertungsrunde:

- Wie ist es dir ergangen?
- Wie hast du dich gefühlt?
- Was hat dir am besten gefallen?
- Was hat dir nicht so gut gefallen?
- Wer hat eine Beschwerde/einen Vorschlag/einen Tipp?
- Wer hat eine andere Idee?
- Wie kannst du deine Beschwerde vorbringen, ohne den anderen zu verletzen?
- Was ist da passiert?
- Wie kannst du es anders sagen?
- Wie können wir das Spiel spielen, dass es so wird, wie wir es überlegt haben? (Hier konkrete Ziele nennen!)
- Wie können wir das Spiel spielen, dass alle zufrieden sind?
- Was soll sich ändern?
- Was brauchst du, damit es besser klappt?
- Was kannst du tun, damit es besser klappt?

- Was möchtest du von Kind X? (bei Beschwerden)
- Wie habt ihr die Aufgabe erledigt? Wie habt ihr euch geeinigt?

Um die IA-Stunden und den Schulalltag zu verknüpfen, können Vereinbarungen zum besseren Umgang miteinander, die in der IA-Stunde erarbeitet wurden, in den Unterrichtsalltag mit aufgenommen werden.

Die Verknüpfung von Interaktion und Mediation

Die mediative innere Haltung und die damit verbundene Vorgehensweise in der Bearbeitung aufkommender kleinerer und größerer Konflikte finden sich in der IA-Stunde exemplarisch wieder. Sie entspricht inhaltlich den Phasen der Mediation.

Auf diese Weise erleben die Kinder spielerisch ein **Muster** der konstruktiven Konfliktbearbeitung. Sie können es in diesem geschützten Rahmen selbst ausprobieren und werden es zunehmend selbstständig einsetzen. Mit der Zeit erlangen sie Sicherheit und bauen so kontinuierlich eine Konfliktfähigkeit im Sinne der Mediation auf.

Mediation (Phasen/Abfolge) (s. S. 35 und 39 f.)	**IA-Stunden** (Prinzipien in der Erklärungs-/ Auswertungsphase)
Phase 1 – Einleitung - ritualisiertes Verfahren - Freiwilligkeit - Vertraulichkeit - Regeln	**Erklärungsphase** - ritualisierte IA-Stunde - „geschützter Raum“ - Freiwilligkeit: Kinder beteiligen sich, wenn sie möchten - Es gibt Regeln, an die sich alle halten: • Ich spreche, wenn ich dran bin. • Ich beleidige niemanden. • Ich höre anderen zu.

Phase 2 – Sichtweise der einzelnen Konfliktparteien ➔ Standpunkte der Einzelnen werden vorgetragen („*Was ist passiert?*") ➔ Beteiligte erhalten Hilfe bei der Formulierung ihrer Sichtweise, falls erforderlich	**Auswertungsphase** ➔ Kinder dürfen ihre Gefühle und Eindrücke mitteilen ➔ Akzeptieren der Sichtweise anderer ➔ Kinder erfahren, wie sie ihren Ärger über andere nicht verletzend ausdrücken können
Phase 3 – Konflikterhellung ➔ nachfragen, klären („*Was steckt dahinter?*") ➔ Motive und Gefühle herausfinden	**Auswertungsphase** ➔ ohne Angst über eigene Gefühle sprechen ➔ Möglichkeit, etwas zuzugeben, weil niemand den anderen verurteilt
Phase 4 – Problemlösung ➔ Wünsche formulieren ➔ Brainstorming ➔ Lösungen diskutieren und bewerten ➔ nach Konsens suchen	**Auswertungsphase** ➔ eigene Wünsche äußern ➔ selbst Lösungsvorschläge machen und die von anderen anhören ➔ sich mit anderen einigen, welche Lösung/Vereinbarung gilt
Phase 5 – Vereinbarung ➔ Vereinbarung wird konkret formuliert ➔ Vereinbarung wird von allen akzeptiert	**Auswertungsphase** ➔ Vereinbarung wird konkret formuliert ➔ Kinder versuchen, die vereinbarte Lösung einzuhalten, und bekommen eine neue Chance ➔ falls sofortige Klärung nicht möglich: Alle können sicher sein, dass sie so schnell wie möglich nachgeholt wird (Lösungsaufschub)

Entsprechungen zwischen IA-Stunde und Mediation

Die dargestellten Entsprechungen sind nicht als starres Handlungsmuster zu verstehen. Es geht vielmehr darum, die dahinterstehende Haltung zu verdeutlichen.

Orientierung zur Auswahl der Spiele/Übungen

Bei der Auswahl der Spiele können Sie sich schwerpunktmäßig an folgenden Fragestellungen orientieren:

1. Wo steht meine Klasse/Gruppe?
2. Welche Kompetenzen sollen trainiert werden?
3. Mit welchen Spielen oder Übungen kann und möchte ich persönlich arbeiten?

1. Wo steht meine Klasse/Gruppe?

Die Übungen aus den IA-Stunden sind zunächst als **präventiv** anzusehen. Sie dienen dazu, soziale Basiskompetenzen zu erlangen, aufzubauen und zu vertiefen.
Nach dem ersten gegenseitigen Kennenlernen und dem Erarbeiten von Grundprinzipien und -regeln sollte daher zunächst eine **Bestandsaufnahme** erfolgen, die es ermöglicht, die eigene Klasse/Gruppe genau einzuschätzen. Dabei sollten Sie vorrangig alles festhalten, was bereits in der Gruppe und bei einzelnen Kindern als **Kompetenz** und somit als Ressource vorhanden ist. Auf diese Ressourcen können Sie bei Ihrem Vorhaben zurückgreifen und die Kinder bzw. Gruppe immer wieder stärken. Der zweite Strang ist der Blick auf besonders konfliktträchtige Themen, die häufiger auftauchen und bei denen es erforderlich ist, **zu intervenieren** und mit entsprechenden Übungen „am Problem" eine Zeit lang zu arbeiten.

Beispiele für solche Fälle:
- Bei den Erstklässlern gibt es zu Beginn häufig Kinder, die Angst haben, übersehen zu werden.
- Bei den Jungen brodelt der Konflikt rund um das Thema Fußball.
- Bei den Mädchen gibt es Cliquenbildung bzw. den Streit um die Freundin.

Was, wenn ...?

2. Welche Kompetenzen sollen trainiert werden?

Bei der Planung, welches Thema Sie als Nächstes angehen möchten, welche altersgemäßen Kompetenzen Sie in den folgenden Stunden fördern, **welche Störungen** Sie bearbeiten wollen, ist es wichtig, sich geeignete Übungen dafür auszusuchen. Bei der Auswahl der Übungen ist es deshalb entscheidend, im Vorfeld zu prüfen, **welches Ziel** und welche Schwerpunkte sie beinhalten. Beachten Sie auch, welche

Fähigkeiten die Kinder einsetzen müssen, um die gestellten Aufgaben zu lösen. Die **Übungen** in den Themenbereichen I–III haben sich in der Praxis **bewährt**. Allerdings sind auch viele andere Spiele und Übungen sinnvoll. Daher sollten Sie die Spiele in diesem Buch exemplarisch als **Beispiele** begreifen. Empfehlenswert ist, sich nach und nach eine eigene **Kartei anzulegen**, in der die gesammelten Übungen nach Zielen geordnet werden. Hierbei können Sie auch kenntlich machen, welche Kompetenzen sie fördern.

Im Laufe unserer Arbeit mit den IA-Spielen hat es sich gezeigt, dass es sinnvoll ist, Spiele und **Übungen zu variieren** und sie den erforderlichen Zielen anzupassen. Sie können z.B. „Mein rechter, rechter Platz ist frei" mit vertauschten Namen spielen. Die Kinder ziehen zu Spielbeginn vorbereitete Namenszettel der Mitspieler wie Lose und schlüpfen dadurch in die Rolle eines anderen Kindes. Abgesehen von den z.T. sehr lustigen Überraschungen, wird bei der Auswertung darauf geschaut, wie es einem in der Rolle einer anderen Person erging.

Auf diese Art werden zusätzlich Kompetenzen geschult, die dem Gruppenklima zuträglich sind. Mit solchen Abwandlungen wird das vorhandene Spiele-Repertoire systematisch ergänzt. Notieren Sie auch eigene Erfahrungen bei der Durchführung auf der Karteikarte, diese könnten beim nächsten Mal oder auch für andere hilfreich sein.

3. Auswahl der Übung nach eigenen „Vorlieben"

Die Entscheidung, welche Übung zu einem bestimmten Thema vorzuziehen ist, muss letztendlich Ihnen überlassen werden. Denn auch bei Erwachsenen gibt es große Unterschiede in der Experimentierfreudigkeit und im Temperament. Räumen Sie sich die Möglichkeit ein, **eigene Unsicherheiten langsam anzugehen**, z.B. auch Chaos während der Spielphase zuzulassen, um hinterher bei der Reflexion gemeinsam zu schauen, was da passiert ist und wie die Gruppe das ändern kann. Auch können Sie die Übungen von einer Kollegin durchführen lassen und selbst Beobachterin sein; dieser Perspektivwechsel ist unserer Erfahrung nach für die eigene Arbeit sehr hilfreich. Prinzipiell führt ein **kollegialer Austausch** über die Erfahrungen mit den unterschiedlichen Klassen und Spielen häufig dazu, auch Übungen auszuprobieren, die man sich zunächst nicht so gut vorstellen kann.

Aus Störungen in IA-Spielen können neue Denkwege entstehen.

Umgang mit Störungen in Interaktionsspielen

Das Thema „Umgang mit Störungen“ erhält deshalb ein eigenes Kapitel, weil es in der Arbeit mit dem mediativen Ansatz eine besondere Rolle spielt.
In einer IA-Stunde besteht nicht nur für die Kinder die Möglichkeit des „Probehandelns“, sondern auch für die Lehrerin/Bezugsperson der Gruppe. Das so genannte „Probehandeln“ richtet den Focus auf eine kurze, überschaubare Zeit und erleichtert die eigene Reflexion und die Planung für die nächste Stunde.

Um mit den Störungen arbeiten zu können, sind **drei Aspekte** grundlegend:

- Was steckt hinter diesen „Störungen“? Welche Hilfen braucht das Kind eventuell?
- Die mediative Haltung ist der Standort, von dem aus Sie die Störungen aufnehmen und mit der Gruppe bearbeiten sollten. Die offenen Fragen sind wieder das Instrument zur Prozesssteuerung.
- Setzen Sie sich mit eigenen „Empfindlichkeiten“ auseinander, die beim Umgang mit „speziellen Kindern“ einen möglichst sachlichen, neutralen Umgang mit dem vorhandenen Konflikt erschweren.

Störungen haben Vorrang

Der Focus liegt in der IA-Stunde auf der Gruppe und auf dem einzelnen Kind als Teil der Gruppe. Das heißt, dass es um das Miteinander geht und alle sich entsprechend beteiligen. Störungen, die dabei auftreten, werden aufgegriffen und nach Möglichkeit bearbeitet.

Bei der Bearbeitung von Störungen in der IA-Stunde gilt es, wie bei einer Streitschlichtung, in der Moderatorenrolle bewusst nach den Leitgedanken der Mediation zu handeln:

- Sorgen Sie für ein Klima des gegenseitigen Respekts und der Anteilnahme.
- Stärken Sie die Konfliktparteien, d.h. setzen Sie bei deren Ressourcen an.
- Geben Sie beim Lösungsprozess Verantwortung an die Kinder ab.
- Am Ende soll eine Win-win-Lösung stehen.

Es gilt jedoch, immer zu überprüfen, ob die Störung Aussicht auf schnelle Klärung im Rahmen der Auswertungsrunde hat oder ob sie vertagt werden muss.

Bei einer bereits bearbeiteten Störung kann es hilfreich sein, bereits im Vorfeld dem betreffenden Kind die getroffenen **Vereinbarungen noch einmal in Erinnerung zu rufen** und es zu ermutigen, sich daran zu halten. Vorhandene Konfliktherde werden so vielleicht abgeschwächt.

Bei einem in dieser Stunde offensichtlichen Konflikt mit dem Sitznachbarn kann die Frage z.B. lauten: *„Könnt ihr beide es nebeneinander gut aushalten?"* Falls nicht, könnte der Vorschlag sein, eine Sitzänderung vorzunehmen: *„Wer tauscht den Platz mit ...?"* Bei der Meldung mehrerer Kinder kann sich das betroffene Kind bewusst einen Platz auswählen, an dem es besser zurecht kommt.

Bei tiefergehenden Konflikten muss eine **„Vertagung" verbindlich** vereinbart werden. Hier ist auch wichtig, zu schauen, ob eine Störung im Miteinander der Gruppe vorliegt, die dann z.B. in der nächsten IA-Stunde zum Thema gemacht wird. Möglicherweise handelt es sich eher um ein individuelles Problem, das besser mit dem Kind selbst noch einmal außerhalb der Stunde besprochen werden kann. Bis zur Klärung muss unbedingt ein „Waffenstillstand" vereinbart oder den betreffenden Kindern eine Auszeit gegeben werden. Eine **Auszeit** kann in diesem Fall z.B. sein, dass die beiden Kinder sich bis zur Konfliktbearbeitung aus dem Weg gehen.

Die Phasen der Mediation als roter Faden

Wie an den Beispielen der praktischen Übungen dargestellt wird, können die Phasen 2–5 der Mediation ein **grobes Raster** sein, an dem sich die Moderatorin bei der Bearbeitung von Störungen orientiert.

Phase 2/3 – Konfliktanalyse und Konflikterhellung
Bei der Analyse der Störung und bei der Überlegung, was dahinter steckt, soll zunächst das störende Kind selbst die Möglichkeit erhalten, in sich hineinzuhorchen, sich zu äußern, wie es ihm geht und was der Grund für sein Verhalten während der Übung oder in der Auswertungsrunde sein kann. Das bedeutet für das Kind auch, sich dem zu stellen, was es gesagt oder getan hat, wie z.B. einer negativen Äußerung über ein anderes Kind.

Phase 4/5 – Lösungsfindung und Vereinbarung
Dieses Vorgehen gibt dem Kind die Chance, selbst nach einer Lösung zu suchen und sein Verhalten zu „korrigieren". Damit trifft es gleichzeitig die Entscheidung, ob es sich zu Gunsten des Spiels und der Gruppe für diese eingegrenzte Zeit zurücknehmen will.

Schafft es das Kind nicht, seine Gedanken und Gefühle zu formulieren und eigene Lösungen zu finden, kann die Gruppe mit einbezogen werden mit Fragen wie:

- Wer kann sich vorstellen, was da passiert ist?
- Wer hat eine Idee/einen Vorschlag, was dem Kind weiterhelfen kann?

Dahinter steckt auch der Gedanke: Jeder hat andere Stärken und Schwächen, und es ist wichtig, sich wechselseitig zu unterstützen.
Auch hier soll das Kind selbst entscheiden, ob die Vermutungen der Gruppe zutreffen bzw. welcher Vorschlag ihm behilflich sein kann, weiter mit der Gruppe zusammenzusein. Ebenso kann überlegt werden, wie die Gruppe das Vorhaben des Kindes unterstützen kann, statt es zu provozieren.

Für Kinder, denen ein bestimmtes Verhalten besonders schwerfällt, die sich aber Mühe geben, können in Vereinbarung mit der Klasse **„Sonderregelungen"** getroffen werden.

Erfahrungen aus der Praxis

Das Zusammenspiel der Gruppe und des Einzelnen funktioniert nach einiger Übung meistens sehr gut, weil sich die Kinder untereinander einschätzen und auftretende Probleme darstellen können. Die meisten spüren ganz genau, wo das Problem liegt. Auch sind das Gerechtigkeitsgefühl und der Wunsch nach einem guten Ausgang in diesem Alter (noch) sehr hoch.
Wenn Gedanken ausgesprochen werden, die ein Kind beschuldigen oder ihm einen „Stempel aufdrücken", können Sie den Prozess durch weitere Fragen „regulieren". **Unterstützen Sie die Kinder dabei, nach Ressourcen zu schauen** und dem Kind wirklich eine neue Chance zu geben. Dabei ist es besonders wichtig, mit dem betroffenen Kind Rücksprache zu halten.
Die Erfahrung, am Ende nicht der „Schuldige" zu sein und andere bei der Suche nach einer guten Lösung auf seiner Seite zu haben, stärkt das **Vertrauen in die Gruppe** und die Methode. Bei längerer Übung mit den IA-Stunden stellt sich bei Moderatorinnen ein Gefühl dafür ein, wie bestimmte Störungen angegangen und Lösungen entwickelt werden können.
Wichtig ist uns, an dieser Stelle nochmals darauf hinzuweisen, dass bei **tiefgreifenderen Störungen** einzelner Kinder genau geklärt werden muss, welche Aussichten auf Erfolg im Rahmen der Möglichkeiten von Lehrerinnen liegen. IA-Stunden können kein Ersatz sein für begleitende pädagogische und therapeutische Maßnahmen, die massiv gestörte Kinder unter Umständen benötigen. Die mediative Vorgehensweise kann nur eine Möglichkeit sein, solch ein Kind neben anderen pädagogischen und/oder therapeutischen Maßnahmen zu unterstützen.

Typische Störungen und wie Sie darauf reagieren können

Die folgende Tabelle bezieht sich auf das Harvard-Konzept (s. S. 41/42) mit dem Grundgedanken „Trenne zwischen Mensch und Problem".
Zu der beispielhaften Aufstellung einzelner „typischer" Verhaltensweisen von Kindern in der Klasse werden mögliche Motive für die betreffenden Handlungen genannt. Den jeweiligen Verhaltensweisen liegen oft unterschiedliche Motive zu Grunde. Die nähere Betrachtung des Motivs soll die nötige Distanz zu dem vorhandenen Problem fördern und die Moderatorin dahingehend unterstützen, das betreffende Kind neutraler und empathischer wahrzunehmen. Die genannten möglichen Angebote/Regeln sollten Sie als Vorschläge und Anregungen verstehen. Es gibt selbstredend weitere denkbare und sinnvolle Reaktionen.

„Störungen"/mögliche Motive	Mögliche Angebote/Regeln
„Verweigerer" **Verhalten:** - macht nicht mit **Motiv:** - Angst vor Blamage, vor Kontakten, vor Neuem ...	**Angebote:** - Zeit lassen - Wahlmöglichkeit lassen - die Beobachterrolle übernehmen lassen - Interessen erfragen/aufgreifen - Sicherheit geben
„Gerechtigkeitsfanatiker" **Verhalten:** - besteht auf „Gleichbehandlung", kennt nur seine eigene Wahrheit **Motiv:** - fühlt sich zu kurz gekommen, will beachtet werden - „Wahrheit" als wichtiges Thema in der Familie	**Angebote:** - Verständnis signalisieren, nachfragen - spiegeln durch die Gruppe - „andere Wahrheiten" erleben lassen
„Mimose" **Verhalten:** - ist schnell beleidigt - fühlt sich immer als Opfer - hat keinen Blick für das eigene Handeln **Motiv:** - fehlendes Selbstbewusstsein - Wunsch nach Aufmerksamkeit	**Angebote:** - anhören - Auszeit anbieten (mit „Tröster") - Wünsche äußern lassen - Perspektivenwechsel durch die Gruppe ermöglichen

„Raubein“	Angebote:
Verhalten: - geht grob mit anderen um, schlägt, statt zu sprechen - überschreitet Grenzen **Motiv:** - Familienerfahrungen bzw. Erfahrungen in der Peergroup - ist selbst oft nicht so schmerzempfindlich - fühlt sich evtl. leicht angegriffen und schlägt „vorbeugend“	- Wahrnehmung schärfen durch Rückmeldung aus der Gruppe - Wünsche von Betroffenen äußern lassen - konkrete Vereinbarungen treffen, wie es anders geht
„Reinbabbler“ **Verhalten:** - will immer dran kommen, sein Wissen mitteilen **Motiv:** - will Aufmerksamkeit, hat eine andere Wahrnehmung - Gewohnheit durch Erfahrungen in der Familie	**Angebote:** - Wahrnehmung schärfen - für klare Regeln und deren Einhaltung sorgen
„Zappelphilipp“ **Verhalten:** - kann sich nicht konzentrieren, nicht stillsitzen **Motiv:** - Aufmerksamkeits- und/oder Konzentrationsprobleme aus unterschiedlichen Gründen	**Angebote:** - Unterstützung: *„Was brauchst du, damit du es schaffst?“* - das Kind neben die Moderatorin/ ein Kind setzen, das es aushält - Entspannungsmöglichkeiten - Auszeiten geben mit der Möglichkeit, zurückzukommen - klare Sonderregelungen für ADHS-Kinder (z.B. Loben und Time-out, vgl. Krowatschek, 2003, S. 82/83, 94–97)

„Petze“ **Verhalten:** - erzählt der Lehrerin, was andere gemacht haben, auch wenn das Kind selbst nicht beteiligt war oder nichts passiert ist (nichts ist kaputt, niemand ist in Not ...) **Motiv:** - Aufmerksamkeitsbedürfnis - Unsicherheit - von sich ablenken	**Angebote:** - Klärung des Unterschiedes zwischen „Petzen“ und „Alarmieren“ - Vereinbarungen zum gemeinsamen Umgang - fragen: *„Was kannst du tun, damit es besser klappt?“*
„Hinterhältiger“ **Verhalten:** - ärgert, schubst, schlägt oder tritt andere und sagt: *„Ich war es nicht.“* - ist schadenfroh **Motiv:** - fühlt sich zu kurz gekommen, hat selbst viel Druck - hat einen schlechten Stand in der Gruppe	**Angebote:** - Rückmeldung von Betroffenen: *„Ich wünsche mir ...“* - Vorschläge machen lassen, wie es besser gehen kann - Vereinbarungen treffen
„Klassenclown“ **Verhalten:** - kaspert bei vielen Gelegenheiten, bringt andere zum Lachen **Motiv:** - Widerstand - Angst/Unsicherheit in bestimmten Situationen - „Talent“ zum Clown	**Angebote:** - fragen, was es braucht, um mitmachen zu können, evtl. den Platz tauschen lassen - verbindliche Vereinbarungen treffen - kurzes Forum ermöglichen, wenn es passt - positive Rückmeldung, wenn es gut geklappt hat

Typische Störungen und mögliche Reaktionen

Zum Aufbau der einzelnen Spielbeschreibungen

Die hier beschriebenen Spiele haben wir im Laufe unserer langjährigen Arbeit mit Interaktionsspielen zusammengetragen, abgewandelt oder neu entwickelt.

Nach einer **Einführung in den jeweiligen Themenbereich** beschreiben wir dazu beispielhaft Übungen. Diese Beschreibungen sind immer einheitlich aufgebaut:

Für den Spielablauf:
- **Anleitungen** mit **Material-, Zeit- und Altersangabe**
- **Basiskompetenzen**, die durch diese Übung trainiert werden, bzw. die Intentionen, die enthalten sind
- Anmerkungen mit **ergänzenden Hinweisen**

Für die Auswertungsrunde
- Vorschläge für **offene Fragen**, vom Allgemeinen bis hin zum Speziellen
- **mögliche Konflikte**, die in der Praxis öfter während des Spielverlaufs auftreten
- **Bearbeitungen** der Konflikte im Sinne der Mediation, analog den Phasen 2–5. Die Phase 1 ist die ritualisierte Auswertungsrunde selbst. Phase 2 – Sichtweisen der einzelnen Konfliktbeteiligten: *„Was ist passiert?"* Phase 3 – Konflikterhellung: *„Was steckt dahinter?"* Phase 4/5 – Problemlösung/Vereinbarung
- **Vorschläge zur Weiterarbeit** mit den Ergebnissen

Am **Ende jedes Themenbereichs** finden Sie Kurzbeschreibungen weiterer geeigneter Spiele.

Themenbereich I: Kennenlernen und Wahrnehmen, Ich-Stärkung, Gefühle, gegenseitige Akzeptanz und Toleranz

Zu Beginn des 1. Schuljahres sind die Aufgaben der Lehrerinnen sehr vielfältig und die Kinder sehr unterschiedlich von ihrer Ausgangssituation her. Das führt zu einer Ausrichtung des Lernens auf Lesen, Schreiben, Rechnen, um dem Rahmenplan gerecht zu werden. Die Beziehungsarbeit kommt dabei meistens zu kurz. Kinder sollen in der Schule jedoch nicht nur die Kulturtechniken erlernen, sie müssen sich auch in die Klasse einfinden. Daher ist das gegenseitige Kennenlernen eine wichtige Aufgabe in den ersten Schulwochen (s. S. 62 ff.).

Kennenlernen und Wahrnehmen, Ich-Stärkung

Gruppenprozesse müssen regelmäßig aktiv gestaltet und gesteuert werden, damit ein Arbeitsklima entsteht, das weitgehend entspannt ist. Das heißt, die Kinder müssen Vertrauen entwickeln, sich gut und angenommen fühlen, um den Kopf und den Bauch frei fürs Lernen zu haben.
Deshalb legen wir Wert darauf, von Beginn an die Klasse aktiv darin zu unterstützen, dass die Kinder **sich selbst und die anderen besser kennenlernen**. Durch die Übungen werden Impulse gesetzt, auch mit den Kindern in Kontakt zu kommen, mit denen sie bisher nichts oder wenig zu tun hatten. Gegenseitige Akzeptanz und Wertschätzung stehen dabei im Mittelpunkt.

Ein weiterer grundlegender Bereich ist **die Eigen- und Fremdwahrnehmung**. Nur, wer sich selbst besser kennt, versteht und akzeptiert, kann auch auf andere offener und positiver zugehen. Übungen zu diesem Thema sind gekennzeichnet durch den Blick zunächst auf sich selbst und wie man sich anderen mitteilen kann, z.B.:

- Was mag ich gern?
- Was kann ich gut?
- Wo brauche ich noch Unterstützung?
- Was kann ich gar nicht leiden?

Der nächste Schritt zielt darauf ab, die gleichen Rechte, die ein Kind für sich wahrnimmt, auch den Mitschülern zuzugestehen. Themen sind z.B.:

- andere mit ihren Eigenschaften wahrnehmen und akzeptieren
- Grenzen des eigenen Handelns sehen und die Grenzen anderer anerkennen
- mit anderen in nicht verletzenden Kontakt treten
- unterschiedliche Fähigkeiten einzelner für das Miteinander nutzen

Eigene Gefühle und die Gefühle anderer erkennen, benennen, ausdrücken

Dieser Bereich wirkt bei einer neu zusammengesetzten Gruppe entscheidend auf den Gruppenprozess ein und muss deshalb von Anfang an gelenkt werden.
Die eingesetzten Spiele haben zum Ziel, den Umgang mit Gefühlen, die Kommunikation und somit den Umgang mit sich und den anderen zu schulen.
Die Kinder erhalten in den Übungen die Möglichkeit, **über ihre Gefühle zu sprechen** und zu erfühlen, wie es ihnen in verschiedenen Situationen ergeht. Sie sollen ermutigt werden, Gefühle zuzulassen und sie als dazugehörig zu betrachten.

Den Kindern wird die Gelegenheit gegeben, positiven wie negativen Gefühlen nachzuspüren und sich dazu angstfrei zu äußern.
Kinder sollen nicht nur bei sich, sondern **auch bei anderen Gefühle wahrnehmen**, erkennen und respektieren lernen. Es geht hier ebenfalls darum, aufzuspüren, welche Aussagen das Gruppenklima wie beeinflussen.

Bei den einzelnen Übungen sollen die Kinder Alternativen entwickeln und Möglichkeiten kennenlernen, wie man mit Gefühlen besser umgehen kann. Beispielsweise kann bei einem Konflikt eine vorläufige Lösung sein, sich erst einmal aus dem Weg zu gehen, um zu einem späteren Zeitpunkt das Problem zu besprechen.
Der Bereich „Gefühle" ist unterschwellig in allen Übungen präsent und kann in den Rederunden bearbeitet werden. Weiterhin trägt die kontinuierliche Auseinandersetzung mit Befindlichkeiten viel zur Wortschatzerweiterung der Kinder bei.
Sie sind zunehmend in der Lage, sich bei einem Konflikt im täglichen schulischen Rahmen verbal zu artikulieren, statt mit Worten und Taten aggressiv zu reagieren oder sich zurückzuziehen.
Die aufgezeigten Kompetenzen sind als Schlüsselqualifikationen zu betrachten.
Nur wer bewusst sich selbst und seine Gefühle wahrnehmen kann, sich über ihre Entstehung im Klaren ist, lernt den Umgang mit ihnen und verfügt über die Möglichkeit, sie zu beeinflussen. Das betrifft ebenso die Einschätzung seines Gegenübers und den Umgang mit anderen.

Gemeinsamkeiten und Unterschiede

Interaktionsspiel 1

Alter: ab Klasse 1

Dauer: ca. 45 Minuten

Materialien: keine

Organisationsform: Stehkreis

So geht's

Alle stehen im Kreis. Erklären Sie die Übung an einem Beispiel. Sagen Sie z.B.: *„Alle Kinder, die ein Tier haben, gehen einen Schritt nach vorne"* oder *„... gehen in die Mitte"*. Die Kinder schauen sich um, wer in der Mitte steht und wer nicht. Nun dürfen die Kinder aus dem Außenkreis sich melden und Fragen stellen, z.B. *„Welches Tier hast du?"* oder *„Wer hat einen Hund?"*

Eine Variante kann sein: Alle Kinder in der Mitte teilen nacheinander mit, welches Tier sie haben. Anschließend gehen alle zurück in den Kreis, und Sie stellen die nächste Frage, bei der wieder die betreffenden Kinder in den Kreis treten. Nachdem einige Fragemöglichkeiten vorgestellt wurden, sollen die Kinder selbst Fragen nach dem stellen, was sie am meisten von den anderen interessiert.

Geförderte Basiskompetenzen und Ziele

Wenn die Kinder der 1. Klasse die Namen der anderen schon einigermaßen kennen, kann man dazu übergehen, weitere Informationen zu sammeln. Bei dieser Übung ist es möglich, über das spielerische gezielte Nachfragen schneller und unkomplizierter zu erfahren, was man über andere gerne wissen möchte. Besonders für Kinder, die eher zurückhaltend sind, ist es so einfacher, sich zu äußern.

Zusätzlich überlässt man das **gegenseitige Kennenlernen** nicht nur dem Zufall. Kinder können über eine entdeckte Gemeinsamkeit besser **in Kontakt kommen**. Auch erfahren Sie mehr über die Kinder bzw. die Gruppe und können dies bei Gelegenheit in Ihre pädagogische Arbeit mit einbeziehen bzw. Kinder unter Umständen auch besser verstehen.

Diese Übung kann auch später immer wieder in der Klasse eingesetzt werden. Je älter die Kinder sind und je besser sie komplexere Zusammenhänge verstehen, umso gezielter können einzelne **aktuelle Themenbereiche aufgegriffen** und erörtert werden. Dazu gehören z.B. Konflikte zu Hause, mit Geschwistern, eigene Befindlichkeiten, Kontakte zwischen Jungen und Mädchen.

Gut zu wissen ...

Wichtig ist, dass sich die Kinder auch hier an die **Rederegeln** halten. Dies kann durch den Redeball symbolisch unterstützt werden.

Die Art der **Übung ist für Kinder zunächst ungewohnt**, weil es nicht darum geht, möglichst oft in der Mitte zu sein. Der bei vielen Kindern stark verinnerlichte Gewinngedanke kommt hier nicht zum Tragen, und es braucht etwas Zeit, bis sie sich darauf eingestellt haben. Anfänglich finden Kinder die Übung manchmal langweilig. Es fällt ihnen schwer, das Interesse auf andere zu richten, weil sie es nicht gewohnt sind.

Die Herangehensweise, in Form dieser Übung Informationen zu sammeln, ist für Sie möglicherweise ebenfalls neu. Nehmen Sie sich die Zeit, auszuprobieren, wie Sie Ihr Vorhaben umsetzen können. Setzen Sie sich nicht selbst unter perfektionistischen Druck. Für die Kinder ist die Haltung entscheidend, da sie viel am Beispiel von Erwachsenen lernen – auch, dass Fehler gemacht und korrigiert werden dürfen. Ebenso spüren die Kinder, wenn Sie als Übungsleiterin selbst nicht von der Übung überzeugt sind; und es gelingt ihnen, sie unterschwellig zu „boykottieren".

Wenn sich die Kinder mit den Fragen anfänglich schwer tun, kann man allgemeine Tipps zu möglichen Themen geben: z.B. Freizeitgestaltung, Hobbys, Lieblingsschulfächer, Freundschaften.

Fragebeispiele für die Auswertungsrunde

- Wie hat dir das Spiel gefallen?
- Wie hast du dich dabei gefühlt?
- Hast du etwas Neues über andere erfahren?
- Hat dich etwas überrascht?
- Was war für dich interessant?

Mögliche Auswertungsthemen und Vorschläge zur Bearbeitung im Sinne der Mediation

Bei der Bearbeitung der während der Übungen aufkommenden Konflikte steht der Grundgedanke der Mediation im Vordergrund. Es geht nicht darum, Schuldige zu suchen, sondern jeweils den vorhandenen Konflikt im Sinne einer Win-win-Lösung zu klären.

1. Beispiel:
Bei der vorgestellten Übung kommt es immer wieder vor, dass Kinder **Sachverhalte angeben, die nicht der Wahrheit entsprechen**. Dies wird oft von anderen entdeckt und sofort scharf kritisiert, z.B. *„Der/die lügt!“*

Vorschlag zur Bearbeitung:

<u>Phase 1 – Einführung</u>
Dies entspricht der ritualisierten Auswertungsrunde selbst.

<u>Phase 2/3 – Was ist passiert?/Was steckt dahinter?</u>
Diese Art der „Lügen“ hat häufig den Hintergrund, dass das Kind einen Wunsch hat und ihn hier als Realität angibt. Auch ist es möglich, dass das Kind im Mittelpunkt stehen möchte. In jedem Fall ist es wichtig, das Kind nicht bloßzustellen, sondern ihm eine Brücke zu bauen, damit es die Chance erhält, ein eventuelles „Missverständnis“ aufzuklären bzw. nachzufragen, wie es zu der Angabe gekommen ist. Dies kann z.B. mit folgenden Fragen erreicht werden:

- Hast du die Frage richtig verstanden?
- Ist es möglich, dass du dir ... (z.B. einen Hund) wünschst oder bald einen bekommst oder früher mal hattest?

<u>Phase 4/5 – Problemlösung/Vereinbarung</u>
Es kann passieren, dass das „ertappte“ Kind weint, gar nichts mehr sagt oder bei seiner Behauptung bleibt. Hier sollten Sie die Gruppe mit in die „Aufklärung“ einbeziehen, indem Sie nachfragen, warum das betroffene Kind vielleicht so reagiert bzw. ob es anderen Kindern auch schon einmal so ergangen ist, dass sie nicht die Wahrheit gesagt haben und dabei ertappt wurden. Der Focus ist nun nicht mehr nur auf das „ertappte“ Kind gerichtet. Wahrheit und Unwahrheit werden zu einem Thema, mit dem sich die gesamte Gruppe auseinandersetzt. Viele betrifft es unmittelbar, und eine kindgerechte Auseinandersetzung kann stattfinden.

Hilfreich ist manchmal, wenn Sie ein Beispiel von sich erzählen und Gründe nennen, die zu der Unwahrheit geführt haben. Berichten Sie auch, wie Sie sich dabei gefühlt haben. Das hat den Effekt, dass solche Ereignisse nicht tabuisiert werden und den Kindern deutlich wird, dass auch Erwachsene nicht fehlerfrei sind. Für Kinder sind das entlastende Erfahrungen, die es ihnen ermöglichen, selbstverständlicher eigene Fehler zuzugeben, darüber zu sprechen und zu korrigieren.

2. Beispiel:
Auch passiert es, dass Kinder **des Lügens bezichtigt werden**, obwohl sie die Wahrheit gesagt haben.

Vorschlag zur Bearbeitung:

Phase 1 – Einführung
Dies entspricht der ritualisierten Auswertungsrunde selbst.

Phase 2/3 – Was ist passiert?/Was steckt dahinter?
Oft gehen solche Anschuldigungen von „missgünstigen" Kindern aus, die Mitschülern manchmal nichts gönnen. Häufig werden sie auch selbst oft beschuldigt und beschuldigen dann leichtfertig andere.
Hier ist das Thema: Andere leichtfertig beschuldigen, ohne genau zu wissen, wie der Sachverhalt ist. Es muss im Gespräch mit der Klasse deutlich werden, dass durch dieses Verhalten andere verletzt oder gekränkt werden.
Mögliche Fragen hierbei sind:

- Wem ist so etwas auch schon einmal passiert?
- Welchen Grund könnte es dafür gegeben haben?
- Wie hast du dich dabei gefühlt?
- Wie konnte es gelöst werden?

Das Kind, das die Beschuldigung ausgesprochen hat, muss die Möglichkeit erhalten, sie zurückzunehmen bzw. sich zu entschuldigen. Auf keinen Fall darf es als „Bösewicht" hingestellt werden. Falls es dem Kind in der Situation nicht gleich möglich ist, seinen Fehler zu korrigieren, soll man jedoch nicht darauf bestehen und das Problem später in einem Vier-Augen-Gespräch noch einmal aufgreifen.

Weiterarbeit mit den Ergebnissen und Erfahrungen aus der Übung „Gemeinsamkeiten und Unterschiede"

Die Kinder erfahren über diese und andere Übungen zum Thema „Kennenlernen" dass es **Vorteile** hat, wenn sie über ihre Klassenkameraden mehr wissen:

- Sie werden sicherer im Umgang miteinander.
- Sie können sich mit anderen besser verständigen und zusammenarbeiten.
- Der Kreis von Kindern, mit denen sie spielen können, erweitert sich.

Die Klasse kann im Anschluss an die Übung mit Ihrer Unterstützung überlegen, was diesmal wichtig für alle war. Daraufhin können **Vereinbarungen** getroffen werden, wie die Erfahrungen in der Klasse genutzt und weiterentwickelt werden können. Möglichkeiten hierzu sind:

- eine mehrmals im Schuljahr wechselnde Sitzordnung in der Klasse
- Flexibilität bei Partner- oder Gruppenarbeiten z.B. durch ein Losverfahren

Die Kinder lernen so, sich zeitweise **auf neue Partner einzulassen**.
Denken Sie auch hier an die Auswertung des Erlebten. Fragen können sein:

- Wie hat es heute/diese Woche/diesen Monat mit dem neuen Partner/ den Partnern geklappt?
- Was war gut?
- Was muss verändert werden?

Ein zusätzlicher Gewinn ist, dass insbesondere **Jungen und Mädchen** sich daran gewöhnen, selbstverständlich zusammenzuarbeiten. Dadurch verändert sich das Klassenklima positiv, denn gerade an diesem Punkt entstehen spätestens im 3. Schuljahr in der Regel Konflikte. Vor allem im Arbeitsprozess kann die positive Kontaktaufnahme zu anderen bereits im frühen Kindesalter zu produktiven Ergebnissen beitragen. Diese Fähigkeit zur Kontaktaufnahme ist eine Voraussetzung zu Kooperation.

Bewegungs-Memory®

Interaktionsspiel 2 *(Idee nach Liebertz, 2002)*

Alter: ab Klasse 2

Dauer: ca. 45 Minuten

Materialien: keine

Organisationsform: Großgruppe, Partnerarbeit

So geht's

Die Anzahl der Kinder in der Gruppe soll durch zwei teilbar sein. Zwei, bei ungerader Zahl drei Kinder gehen außer Hörweite vor die Tür. Die in der Klasse verbliebenen Kinder suchen sich einen Partner – in der ersten Runde nach Wahl. Die beiden Partner einigen sich nun auf eine gemeinsame Bewegung, die jeder von ihnen bei Aufruf vormachen soll. Dann gehen alle wieder zu ihrem Platz.

Die Kinder vor der Tür werden hereingeholt, wenn alle sitzen. Wie bei einem Memory®-Spiel müssen die Kinder jetzt versuchen, passende „Pärchen" zusammenzustellen. Dazu rufen Sie die Kinder abwechselnd auf, diese machen ihre Bewegung vor. Die gefundenen Paare stellen sich zu dem Kind, das sie erraten hat.

Um doppelte oder sehr ähnliche Bewegungen zu vermeiden, können die Paare der Spielleitung ihre Bewegung kurz vormachen. Dieser Punkt kann jedoch auch erst bei der Auswertung erarbeitet werden.

Geförderte Basiskompetenzen und Ziele

Diese Übung eignet sich sehr gut, in spielerischer Weise mit verschiedenen Kindern der Klasse **in Kontakt zu kommen**, auch Mädchen mit Jungen. Ein weiterer Punkt ist, dass sich die beiden auf eine gemeinsame Bewegung **einigen** müssen. Das heißt, sie gehen aufeinander zu, lassen sich in diesem Moment auf das „fremde" Kind ein und erfahren, wie sie die Aufgabe zusammen schaffen. Berührungsängste werden gemindert bzw. abgebaut.

Gut zu wissen ...

Da es in einer Klasse nicht so viele Pärchen gibt, empfiehlt es sich, **direkt das nächste Kind** dranzunehmen, wenn ein Pärchen erraten wurde. Das erratende Kind darf also nicht noch einen weiteren Rateversuch starten.

Da die Kinder in der ersten Runde erfahrungsgemäß ihre **besten Freunde** auswählen, haben die Ratenden es leicht, die Paare zu finden. Diesen Umstand benennen die Kinder bei der Auswertung meistens klar. So kann ein Ergebnis sein, dass in den nächsten Runden andere Auswahlkriterien bei der Partnerwahl gelten, z.B.:

- Wähle ein Kind, mit dem du bisher nichts zu tun hattest!
- Jungen wählen Mädchen bzw. umgekehrt!

Die Übung eignet sich auch für den Themenbereich II „Kooperation".

Fragebeispiele für die Auswertungsrunde:

- Wie ist es dir bei der Übung ergangen?
- Was ist euch aufgefallen?
- Wie hast du einen neuen Partner gefunden?
- Wie konntet ihr euch einigen?
- Wie ist es den ratenden Kindern ergangen?

Mögliche Auswertungsthemen und Vorschläge zur Bearbeitung im Sinne der Mediation

1. Beispiel:
Kinder **finden keinen Partner** oder nicht den Partner ihrer Wahl. Dieser Umstand kann sie emotional sehr belasten, sie sind frustriert und ziehen sich zurück oder schmollen. Andere wiederum stören und schlagen andere Kinder. Beide sind nicht in der Lage, das Problem alleine zu lösen. Häufig betrifft dieses Problem Kinder, die ohnehin eher eine Außenseiterposition oder Probleme mit der Kontaktaufnahme haben. Es ist aber auch möglich, dass aus einer Freundesgruppe ein Kind übrig bleibt und sich von dem oder den anderen im Stich gelassen fühlt.

Vorschlag zur Bearbeitung:

<u>Phase 1 – Einführung</u>
Dies entspricht der ritualisierten Auswertungsrunde selbst.

Phase 2 – Was ist passiert?

Wenn bei einer Partnerübung ein Konflikt zum ersten Mal auftritt, kann das Problem in der Auswertungsrunde direkt mit allen besprochen werden. Zum Einstieg können Sie nachfragen, wem so eine Situation auch schon einmal passiert ist und wie sie sich anfühlt. So gelingt es, die „Schuldebene" zu verlassen und den Blick für eine neue Perspektive zu öffnen. Gleichzeitig kann Empathie mit dem betroffenen Kind entstehen. Das fördert die Bereitschaft, nach einer Lösung zu suchen bzw. sich auch praktisch daran zu beteiligen.

Phase 3 – Was steckt dahinter?

Es können dann in der Runde mögliche Gründe aufgezählt und gemeinsam überlegt werden, wie man sie bewerten kann. Wichtig ist zunächst die Tatsache, dass nicht gewählt zu werden jedem passieren kann und nicht automatisch bedeutet, dass ein Kind abgelehnt wird. Wenn Gründe diskutiert werden, die das Kind und sein konkretes Verhalten betreffen, müssen Sie dem betreffenden Kind auf jeden Fall die Gelegenheit einräumen, sich dazu zu äußern. Weiter kann dann nachgefragt werden, was sich die Kinder alternativ voneinander wünschen.

Phase 4/5 – Problemlösung/Vereinbarung

Der nächste Schritt ist der Lösungsvorschlag, an dem sich alle Kinder der Klasse beteiligen können. So geht die Lösung alle an, weil jeder einmal in der Situation sein kann. Das Problem bleibt nicht nur Sache der diesmal Betroffenen. Treffen Sie mit den Kindern dann eine Vereinbarung für die nächsten Spielrunden, an deren Gelingen sich möglichst alle beteiligen.

Zukünftig können Sie zu Beginn der Partnersuche an das Gespräch über die Partnerwahl anknüpfen und darauf hinweisen, dass ein Kind möglicherweise „nein" sagt, wenn es gefragt wird, und dass man auch andere Kinder fragen kann. Dieses Wissen ist bei Partnerübungen sehr entlastend für die betreffenden Kinder.

Zu Beginn der Übung können Sie zusätzlich anbieten, dass Kinder, die keinen Partner finden, Sie ansprechen sollen, um gemeinsam nach einer Lösung zu suchen. Dieses Angebot eröffnet dem Kind die Aussicht auf eine Lösung – auch wenn die Erfahrung, dass niemand es wählt, zunächst traurig ist. Wenn es in der Gruppe immer wieder gelungen ist, auf diese Weise eine Win-win-Lösung zu finden, wächst das Vertrauen. Die Angst, alleine zu bleiben, sinkt.

2. Beispiel:

Ein Kind **will immer die Bewegung bestimmen**, lässt sich nicht auf den Partner ein. Meist sind das Kinder, bei denen dieses dominante Verhalten durchgängig ist. Oft sind die „kleinen Egoisten" so selbstbewusst, dass sie die Interessen und Belange der anderen gar nicht wahrnehmen. Es kommt aber auch immer wieder vor, dass sozial orientierte Kinder zu der Meinung neigen, sie wüssten, was für alle das Beste ist. Das Problem betrifft ebenso ehrgeizige Kinder, die die beste Bewegung vorzeigen wollen.

Vorschlag zur Bearbeitung:

Phase 2 – Was ist passiert?

In der Auswertungsrunde wird das Problem angesprochen. Auch hier sollten Sie unbedingt wieder dem „beschuldigten" Kind die Gelegenheit geben, sich dazu zu äußern: *„Wie war das? Möchtest du etwas dazu sagen?"* Nachfolgend werden die wechselseitigen Wünsche aneinander formuliert.

Phase 3 – Was steckt dahinter?

Eine Klärung bzw. Erhellung des Problems kann hier für alle stattfinden, da es eher darum geht, das Bewusstsein für die Interessen des Gegenübers zu schärfen und sich Möglichkeiten für ein alternatives Verhalten zu überlegen. Hilfreich ist oft die Frage an alle: *„Wie geht das denn überhaupt, wenn man sich einigen will? Was braucht man dazu?"* Es ist immer wieder erstaunlich, wie präzise Kinder in diesem Alter eine solche Frage beantworten können.

Phase 4/5 – Problemlösung/Vereinbarung

Bei den Lösungsvorschlägen können sich wieder alle Kinder beteiligen: *„Wer hat eine Idee, einen Vorschlag, wie die Sache gut gelöst werden kann?"* Achten Sie bei Appellen oder Wünschen an einzelne Kinder darauf, dass sie gefragt werden, ob diese Lösung für sie in Ordnung ist, ob sie es versuchen wollen!

Bei weiteren Übungen, in denen es ebenfalls um die gemeinsame Einigung geht, können Sie an die zuvor erarbeiteten Erfahrungen und Vereinbarungen anknüpfen, z.B.: *„Wer kann sich erinnern, was bei dieser Übung wichtig ist?"*

So erhalten die Kinder, denen es schwerfällt, andere zum Zuge kommen zu lassen, die Gelegenheit und den Ansporn, diesmal die Aufgabe gut zu lösen. In der Auswertungsrunde können Sie dann direkt nachfragen und das Kind positiv verstärken. Falls es nicht geklappt hat, gibt es beim nächsten Mal eine neue Chance.

Weiterarbeit mit den Ergebnissen und Erfahrungen aus dem IA-Spiel „Bewegungs-Memory®"

Erfahrungen, die bei dem Spiel gemacht wurden, und Vereinbarungen, die bei einer Lösungsfindung getroffen wurden, können vor allem bei der Partnerfindung in den Schulalltag einfließen. Auswirkungen können sein:

- Die Kinder haben das Vertrauen, dass sie einen Partner finden.
- Die Kinder trauen sich eher, auf andere zuzugehen, auch auf diejenigen, mit denen sie noch nichts oder nicht viel zu tun hatten.
- Sie können besser akzeptieren, wenn jemand „nein" sagt, und interpretieren es nicht sofort als Ablehnung ihrer Person.
- Sie lassen sich auch einmal auf ein Kind ein, das nicht so leicht einen Partner findet.
- Es fällt leichter, sich mit jemandem zu Gunsten der Sache zu einigen und sich zurückzunehmen.

IA-Spiele können den Zusammenhalt der Klasse erhöhen.

Bernadette Grix

Was hat sich verändert?

Interaktionsspiel 3

 **Alter:** ab Ende Klasse 2

Dauer: ca. 45 Minuten

Materialien: keine

Organisationsform: Großgruppe, Kinder sitzen auf ihrem Platz

So geht's

Drei bis vier Kinder gehen schweigend durch den Raum, schauen sich alle Dinge und auch die Position der übrigen Kinder genau an und versuchen, sich alles zu merken. Nach ein bis zwei Minuten verlassen diese Kinder den Raum. Zunächst verändern Sie – später jeweils ein anderes Kind aus der Klasse – einen Gegenstand oder eine Gegebenheit.

Beispiele:

- Sie stellen die Pflanze an einen anderen Standort.
- Die Tafel wird zugeklappt.
- Ein Fenster wird einen Spalt geöffnet.
- Ein Bild wird ab- bzw. aufgehängt.
- Ein Kind wechselt seinen Platz usw.

Bevor die Kinder von draußen hereingeholt werden, ist es sinnvoll, mit der Klasse kurz über ein Verhalten zu sprechen, das zum Gelingen des Spiels beiträgt.
Um zu klären, wie die Spannung des Spiels erhalten bleiben kann, können Sie z.B. fragen: *„Gelingt es euch, den Suchenden keinen Hinweis zu geben, nichts zu verraten? Wie geht das?“* In diesem Fall sollten die Kinder keine Blicke in die Richtung der Veränderungen werfen, keine entsprechenden Gesten machen oder verbale Hinweise geben.

Die Kinder werden nun hereingerufen. Sie gehen wieder im Raum umher und suchen nach dem, was sich verändert hat. Sobald ein Kind die Lösung gesehen hat, setzt es sich leise auf seinen Platz und wartet, bis die anderen die Veränderung auch entdeckt haben. Eventuell kann es die Entdeckung aufschreiben.

Das letzte Kind benennt sie laut. Danach wählen die Sucher drei oder vier neue Kinder aus, und das Spiel beginnt von vorne.
Nach einigen Durchgängen kommt die Klasse im Sitzkreis zusammen und reflektiert das Spiel.

Notwendige Voraussetzungen und Ziele

Voraussetzung für dieses Spiel ist zum einen die **Einhaltung von Spielregeln**. Zum anderen erfordert es ein hohes Maß an **Selbstkontrolle**, z.B. sich schweigend hinzusetzen, ohne den Erfolg zu verraten, und abwarten zu können, bis der Letzte die Veränderung bemerkt hat.

Bei diesem Spiel üben Kinder, **genau wahrzunehmen** und auf kleine Veränderungen im Raum zu achten. Das erfordert genaues Hinsehen und auch eine gute Gedächtnisleistung (mit den Augen „abfotografieren"), um später im Vergleich eine Veränderung bemerken zu können. Spielerisch wird die **Aufmerksamkeit** trainiert, das bewusste Wahrnehmen der Umgebung.

Gut zu wissen ...

Wenn eine Klasse diese lange Spannung noch nicht durchhalten kann, ist es möglich, nach jedem Durchgang kurz zu reflektieren. Dabei bleiben die Kinder allerdings auf ihren Plätzen sitzen.
Wird dieses Spiel in der 1. Klasse gespielt, in der Kinder noch nicht schreiben können, kann das suchende Kind seine Entdeckung jemandem ins Ohr flüstern.
Obwohl es bei diesem Spiel nur drei oder vier Handelnde gibt, erzeugt es schnell ein Gemeinschaftsgefühl, wenn es der Klasse gelingt, die aufkommende Spannung auszuhalten und das Wissen vom veränderten Gegenstand für sich zu behalten.

Fragebeispiele für die Auswertungsrunde:

- Was hat dir an diesem Spiel gefallen?
- Was war spannend?
- Ist dir etwas schwergefallen?
- Wie hast du dich als Spieler gefühlt, als du eine Veränderung bemerkt hast?
- Wie habt ihr Spieler euch gefühlt, solange ihr die Veränderung noch nicht bemerkt habt?

Mögliche Auswertungsthemen und Vorschläge zur Bearbeitung im Sinne der Mediation

1. Beispiel
Für die Suchenden besteht zu Beginn ein solidarisches Gefühl. Sobald der erste von ihnen sich gesetzt hat, geraten die anderen unter **„Leistungsdruck"**.

Vorschlag zur Bearbeitung:

Phase 3/4 – Was steckt dahinter?/Problemlösungen
Die Kinder benennen ihre Gefühle, vielleicht auch die Angst, nicht mithalten zu können. Helfen können während des Spiels oder während eines späteren Durchgangs unterstützende Bemerkungen, wie *„Schaut euch in aller Ruhe weiter um"*, oder *„Ihr wisst ja, dass es kein Wettspiel ist"*. Wenn die Kinder nach dem letzten Suchenden spontan klatschen, wirkt das ebenfalls ermutigend.

2. Beispiel
Ein Kind findet die Veränderung nicht.

Vorschlag zur Bearbeitung:

Phase 3/4 – Was steckt dahinter?/Problemlösungen
Hier ist es wichtig, die Versagensangst anzusprechen. Das Gefühl, als dumm oder unfähig angesehen zu werden, muss geklärt werden.
Überlegen Sie mit den Kindern, ob es für einen weiteren Durchgang Lösungen gibt, die dem Betroffenen weiterhelfen. Beispielsweise kann die Suchzeit begrenzt werden. Dabei achtet ein Kind auf die Uhr und sagt Bescheid. Oder der Raum kann eingegrenzt werden: *„Wenn du in diesem Teil des Raumes schaust, findest du es vielleicht."*

Mögliche Weiterarbeit bei späteren Wiederholungen des Spiels

Es kann thematisiert werden,
- wie sich die Solidarität der Sucher rasch in Konkurrenz umwandeln kann,
- wie die Klassengemeinschaft gestärkt werden kann, wenn jeder die verschiedenen Aufgaben/Rollen gut „spielt": einmal als wissender, aber schweigender Zuschauer, einmal als suchender und vielleicht angespannter Sucher.

Komplimenterunde

Interaktionsspiel 4

Alter: ab Klasse 1

Dauer: ca. 45 Minuten

Materialien: keine

Organisationsform: Stuhlkreis

So geht's

Die Kinder sitzen im Stuhlkreis. In die Kreismitte wird ein leerer Stuhl gestellt. Sprechen Sie zunächst kurz mit den Kindern über unangenehme Erfahrungen in der Schule und zu Hause. Schlagen Sie dann vor, heute damit zu beginnen, jedem Kind in der Klasse etwas Schönes zu sagen – ein Kompliment zu machen. Schließen Sie, wenn nötig, eine kurze Begriffsklärung an.

Die Kinder schlagen nun reihum selbst vor, welche Komplimente sie einem anderen Kind machen könnten. Dabei achten Sie darauf, dass nicht nur Äußerlichkeiten genannt werden, sondern auch, was ein Kind kann (z.B. gut Fußball spielen) oder was es ist (z.B. eine gute Freundin). Anschließend können sich Kinder melden, die sich auf den Stuhl in der Kreismitte setzen und von den anderen Komplimente hören möchten.

Wenn die Kinder ihre Komplimente machen, geben sie den Redeball weiter. Er wird insgesamt dreimal durch die ganze Runde gegeben. Dabei dreht sich das Kind in der Mitte auf seinem Stuhl mit und wendet sich dadurch dem jeweils sprechenden Kind zu, das seinerseits das Kind in der Mitte ebenfalls ansieht. Wem kein Kompliment einfällt, der gibt den Redeball weiter und hat Zeit, zu überlegen. Es dürfen keine Negativäußerungen gemacht werden, Wiederholungen sind jedoch möglich.

Achten Sie durch gezielte Hinweise jeweils zu Beginn einer Runde darauf, dass die Komplimente über Aussehen, Fähigkeiten und Eigenschaften ausgewogen sind. Jedes Kind sollte ermutigt werden, dem Kind in der Mitte wenigstens ein Kompliment zu machen.

Wenn die drei Runden vorüber sind, stellen Sie dem Kind, das auf dem Komplimentestuhl sitzt, die Frage: „*Wie geht es dir jetzt?*" Erst nachdem das Kind geantwortet hat, geht ein anderes Kind in die Kreismitte. Es empfiehlt sich, zuerst Kinder auszuwählen, die einen akzeptierten sozialen Stand in der Klasse haben. Denn zu Beginn fällt es vielen schwer, sich überhaupt mit einem Kompliment einem anderen Kind zuzuwenden, oft überwiegen eher negative verbale Bewertungen über andere Kinder.

Am Ende der Stunde teilen Sie den Kindern mit, dass jedes Kind, das möchte, im Laufe der Zeit einmal auf dem „Komplimentestuhl" Platz nehmen kann.

Geförderte Basiskompetenzen und Ziele

Die Übung eignet sich sehr gut dafür, mit Kindern **über den Umgang miteinander zu sprechen**. Besonders wichtig ist hierbei, Kinder dazu anzuregen, über ihre eigenen Erfahrungen mit anderen nachzudenken und sie in den Gesprächskreis einzubringen.
Es besteht die Möglichkeit, **jedes einzelne Kind** in der Klasse durch positive Aussagen zu seiner Person **zu stärken**. Dabei können die Kinder feststellen, dass auch diejenigen Kinder, die in der Klasse eher eine Negativrolle spielen, ihre starken Seiten haben. Außerdem kann deutlich gemacht werden, dass man durch Beschimpfungen andere kränkt, so wie man selbst eventuell durch andere schon gekränkt wurde. Die Klassenregel über das Verbot von Schimpfwörtern kann hier nochmals gefestigt werden.

Gut zu wissen ...

Sollten Kinder andere beschimpfen oder beleidigen, müssen sie umgehend angesprochen werden und im Wiederholungsfall mit konsequenten Sanktionen rechnen.

Fragebeispiele für die Auswertungsrunde

- Fiel es dir leicht oder schwer, einem anderen ein Kompliment zu machen?
- Wie ging es dir, als du die Komplimente der anderen gehört hast?
- Hast du lieber Komplimente gehört oder Komplimente gegeben?
- Was macht es leicht oder schwer, einem anderen ein Kompliment zu machen?

Mögliche Auswertungsthemen und Vorschläge zur Bearbeitung im Sinne der Mediation

1. Beispiel:
Kinder haben **Probleme, positive Äußerungen auszusprechen** (Kind A) bzw. auszuhalten (Kind B).

Vorschlag zur Bearbeitung:
Diesen Kindern sollten Sie auf jeden Fall Zeit lassen und sie nicht dazu nötigen, eine positive Aussage zu machen bzw. auf dem Stuhl Platz zu nehmen. Allenfalls können Sie sie immer wieder ermutigen.

Phase 2/3 – Was ist passiert?/Was steckt dahinter?
Hier kann die Gruppe weiterhelfen, indem sie sich zur folgenden Frage äußert: *„Was könnte es manchen Kindern schwer machen, einem anderen ein Kompliment zu machen oder selbst ein Kompliment anzuhören?"*

Phase 4/5 – Problemlösung/Vereinbarung
Sammeln Sie Ideen und Vorschläge, wie die Kinder mit dem Problem umgehen könnten. Mit der folgenden Frage kann für das Kind A ein Angebot gemacht werden: *„Hat ein anderes Kind etwas gesagt, das du auch denkst oder das du dir auch überlegt hast?"* Das Kind entscheidet dann selbst, ob es den Satz wiederholen möchte. Bei Kind B kann der Vorschlag lauten, während einer Runde auszuprobieren, sich freundliche Dinge anzuhören, ohne sich aber am Ende dazu zu äußern. Wenn es überhaupt nicht möglich ist, geht das Kind auf seinen Platz zurück und kann es ein anderes Mal ausprobieren.

2. Beispiel:
Ein Kind macht kein Kompliment, sondern **beschimpft oder beleidigt** das Kind in der Kreismitte.

Vorschlag zur Bearbeitung:
Fragen Sie nach, was da passiert ist. Vielleicht fällt es dem Kind schwer, etwas Positives zu äußern (s. Beispiel 1). Erinnern Sie allgemein an die Regel des Spiels: *„Denkt daran, dass ihr nur etwas Nettes oder Schönes zu einem Kind sagt."*
Im Wiederholungsfall kommen gelbe und rote Karte zum Einsatz, und das Kind nimmt in der Rolle des Beobachters eine Auszeit.

Weiterarbeit mit den Ergebnissen und Erfahrungen aus der Übung „Komplimenterunde“

Die Kinder machen bei dieser Übung auf der einen Seite die Erfahrung, dass es gut tut, ein Kompliment zu hören, und auf der anderen Seite, dass es möglich ist, einem anderen ein Kompliment zu machen, ohne ausgelacht zu werden. Dies ist für viele Kinder beeindruckend.
Im Schulalltag ist es daher möglich, die Klasse immer wieder zu ermutigen, sich gegenseitig etwas Gutes zu tun, indem jedes Kind z.B.

- täglich bewusst einem anderen ein Kompliment macht und etwas Nettes sagt,
- falls ein Briefkasten in der Klasse vorhanden ist, einmal in der Woche einem anderen ein Kompliment/etwas Nettes schreibt. Ihre Aufgabe ist, darauf zu achten, dass Kinder nicht nur ihren besten Freunden schreiben und dass alle Kinder einmal Post erhalten.

Damit Sie den Überblick behalten, welches Kind bereits auf dem Komplimentestuhl gesessen hat und wer noch in die Mitte möchte, können Sie eine Liste führen, die in der Klasse aushängt. Wenn diese Übung einmal eingeführt ist, benötigt man für jede weitere Durchführung für ein Kind ca. 15 Minuten. Sie kann auch zwischendurch bei passender Gelegenheit aufgegriffen werden.

© S. Hofschlaeger/pixelio

Das Stopp-Spiel

Interaktionsspiel 5

Alter: ab Ende Klasse 2

Dauer: ca. 45 Minuten

Materialien: keine

Organisationsform: Stehkreis

So geht's

Die Kinder stehen in einem großen Kreis. Eines beginnt, indem es quer durch die Kreismitte langsam auf ein anderes Kind zugeht. Das andere Kind soll, kurz bevor ihm die Distanz unangenehm wird, mit fester Stimme laut und deutlich *„stopp"* sagen. Es kann durch eine typische Handbewegung unterstrichen werden. Das laufende Kind muss sofort stehen bleiben und das *„stopp"* akzeptieren.
Nun kommt ein anderes Kind an die Reihe.

Geförderte Basiskompetenzen und Ziele

Kinder lernen bei diesem IA-Spiel

- die **eigene Grenze erkennen**,
- *„stopp"* sagen und damit eine **Grenze ziehen**,
- die Ansage eines anderen Kindes sofort bedingungslos akzeptieren,
- die **Grenzen eines anderen anerkennen**.

Ein „Stopp" oder „Nein" anzuerkennen, ist für manche Kinder schwierig. Dadurch entstehen allzu leicht Konflikte an Stellen, wo es nicht sein müsste. Daher ist das Akzeptieren von individuell unterschiedlichen Grenzen ein wichtiger Bestandteil, um gut miteinander auszukommen.
Ebenso ist diese Übung gerade für schüchterne Kinder geeignet, denen es schwer fällt, anderen Grenzen zu setzen. Sie erhalten hier eine Möglichkeit, diese Fähigkeit auszuprobieren und darüber zu erfahren: *„Es ist gar nicht so schwer, ‚stopp' zu sagen. Und andere Menschen reagieren so, wie ich es möchte."*
Diese beiden Aspekte sind zum einen ein Stück (Gewalt-)Prävention und fördern zum anderen das Selbstbewusstsein.

Gut zu wissen ...

Üblicherweise gehen die Kinder auf ein befreundetes Kind zu. In einer 2. Spielrunde sollten Sie sie dazu auffordern, auf ein Kind zuzugehen, mit dem sie bisher nicht viel zu tun hatten, das sie nicht so gut kennen.

Fragebeispiele für die Auswertungsrunde:

- Wie ist es dir bei der Übung ergangen?
- War es ein Unterschied, ob du das andere Kind bereits gut kennst oder nicht?

Mögliche Reflexionsthemen und Vorschläge zur Bearbeitung im Sinne der Mediation

1. Beispiel:
Das Wort **„Stopp“ wird** von dem „laufenden“ Kind **ignoriert**.

2. Beispiel:
Das „laufende“ Kind geht **zu schnell** auf das andere zu.

Vorschlag zur Bearbeitung:

Phase 2 – Was ist passiert?
Zunächst äußern sich die beiden Kinder, die die Übung zusammen gemacht haben. Anschließend schildert die Gruppe ihre Wahrnehmungen.

Phase 3 – Was steckt dahinter?
Hier können nun alle Kinder ihre Vermutungen äußern, was bei dieser Übung wichtig ist. Ebenso kann nachgefragt werden, wozu diese Übung im Alltag gut sein kann.

Phase 4/5 – Problemlösung/Vereinbarung
Unter der Fragestellung *„Was kann jeder tun, damit sich alle bei dieser Übung wohl fühlen?“* werden Ideen/Vorschläge der Kinder gesammelt, die in einer weiteren Spielrunde erprobt werden können.

Weiterarbeit mit den Ergebnissen und Erfahrungen aus der Übung „Stopp-Spiel"

Erinnern Sie, z.B. bei Grenzüberschreitungen, an die Übung bzw. die Gefühle, die dabei entstehen, wenn man etwas nicht möchte. Ermutigen Sie die Kinder auch, in anderen Kontexten Grenzen zu setzen, bzw. weisen Sie sie darauf hin, Grenzen anzuerkennen. Wiederholen Sie die Übung bei Gelegenheit.

Hinweis auf weitere Spiele

→ **Was hat sich verändert?** (s. S. 123 ff.)

→ **Hänschen, piep einmal**

Alle sitzen im Kreis. Einem Kind werden die Augen verbunden, und es wird ein paar Mal um die eigene Achse gedreht. In der Zwischenzeit tauschen die anderen die Plätze. Dann tastet sich das Kind vorsichtig zu einem anderen, setzt sich auf dessen Schoß und sagt: *„Hänschen, piep einmal!"* Das tut Hänschen, und das Kind hat drei Versuche, um Hänschen zu erraten, bevor es zu einem anderen Hänschen gehen muss. Wer erraten wird, ist in der nächsten Runde der Frager.

→ **Hatschi-Patschi**

Ein Kind ist vor der Tür, die anderen sitzen im Stuhlkreis. Ein Kind aus dem Kreis wird zu Hatschi-Patschi bestimmt. Das Kind von draußen fragt alle Kinder nach ihrem Namen. Diese antworten wahrheitsgemäß, nur Hatschi-Paschi sagt: *„Hatschi-Patschi!"* Dies ist das Zeichen für alle, schnell die Plätze zu tauschen. Wer keinen Stuhl erhält, geht als nächster vor die Tür. Ein neuer „Hatschi-Patschi" wird festgelegt, und das Spiel beginnt von vorne.

→ **Hund und Knochen** (Hund Bello)

Die Kinder sitzen im Kreis. In der Kreismitte sitzt ein Kind mit verbundenen Augen, der „blinde Hund". Neben ihm liegt ein Schlüsselbund als Knochen, auf den er aufpassen muss. Ein anderes Kind versucht nun, den Knochen zu klauen. Bemerkt der „Hund" ein Geräusch, muss er schnell in die Richtung zeigen, aus der er den „Dieb" vermutet. Trifft dies zu, setzt sich der „Dieb" wieder, und ein anderes Kind versucht sich als „Dieb". Gelingt einem Kind der Diebstahl, den „Knochen" unbemerkt zu entwenden, so nimmt es den Platz des „blinden Hundes" ein.

→ Japanisch knobeln

Dieses Spiel ähnelt „Schere, Stein, Papier". Es gibt 3 Figuren: den Jäger, die Oma und den Löwen, die pantomimisch dargestellt werden: Der Jäger legt das Gewehr an und zielt; die Oma steht gebückt, stützt sich auf einen Stock und greift sich mit der anderen Hand an den Rücken; der Löwe steht mit hocherhobenen Tatzen da. Die Bewegungen vorab mit den Kindern besprechen.
Es gewinnt der Jäger gegenüber dem Löwen, denn er erschießt ihn. Es gewinnt der Löwe gegenüber der Oma, denn er frisst sie. Es gewinnt die Oma gegenüber dem Jäger, denn welcher Jäger schießt auf eine Oma? Zwei Kinder stellen sich gegenüber in die Mitte des Stuhlkreises. Zuerst verbeugen sie sich mit dem japanischen Gruß, dann drehen sie sich um.
Die anderen Kinder zählen laut bis drei, in diesem Moment drehen sich die beiden um und stellen eine der drei Figuren dar. Der Unterlegene setzt sich wieder, und sein rechter Sitznachbar knobelt gegen den Gewinner.
Dieses Spiel können Sie auch in Gruppen gegeneinander spielen. Dabei muss sich jede Gruppe auf eine Figur einigen, die sie darstellen möchte. Bei diesem Spiel siegt eher, wer durch Beobachtung einschätzen kann, welche Figur der Partner/die andere Gruppe wohl wählt.

→ Mein rechter Platz ist frei mit vertauschten Namen (s. S. 102)

→ Namensspiel mit Bewegung

Die Gruppe steht im Kreis. Einer beginnt, stellt sich vor, nennt dabei zu seinem Namen noch ein positives Adjektiv und macht eine passende Bewegung. Die Vorstellungsrunde geht im Kreis herum oder wird nach dem Kofferpacken-Prinzip immer wiederholt.

→ Shakehands (s. S. 213)

→ Wer fehlt?

Alle Kinder sitzen im Kreis. Ein Kind geht vor die Tür, es soll später erraten, wer fehlt. Wenn die Tür geschlossen ist, wird ein anderes Kind bestimmt, das sich in der Kreismitte auf dem Boden zusammenkauert. Es wird mit einer blickdichten Decke zugedeckt, nichts darf herausschauen. Eventuell tauschen alle anderen die Plätze. Nun wird das Kind vor der Tür hereingerufen. Es hat drei Versuche, um herauszufinden, wer fehlt. Die anderen Kinder sind in dieser Zeit ganz still.

Alternativ können sich auch alle Kinder im Kreis aufstellen und die Augen schließen. Der Spielleiter berührt ein Kind an der Schulter. Dieses Kind darf die Augen öffnen und verlässt leise den Raum. Danach dürfen auch die anderen Kindern ihre Augen öffnen und schauen, wer fehlt. Sie sagen die Lösung nicht laut, sondern heben die Hand. Diese Kinder flüstern dem Spielleiter ihre Lösung leise ins Ohr (etwa fünf Kinder). Dann wird der Name laut gesagt.

→ **Wer hat angefangen?** (Dirigent)
Alle Kinder sitzen im Kreis. Ein Kind geht als „Detektiv" vor die Tür. Während seiner Abwesenheit wird ein Anführer ausgewählt. Er soll nach der Rückkehr des „Detektivs" mit einer charakteristischen Bewegung beginnen, die alle anderen nachmachen. Alle Kinder im Kreis müssen ihn gut und heimlich beobachten, um die Bewegung sofort genau nachzumachen.
Der hereingerufene „Detektiv" steht in der Mitte des Kreises. Er soll herausfinden, wer der Anführer ist. Er darf dreimal eine Vermutung äußern, dann muss der Anführer sich zu erkennen geben.

Ein starkes Team braucht Kommunikation.

→ **Zwinkern** (Zublinzeln)

Jedes Kind sucht sich einen Partner. Sie einigen sich, wer von beiden auf einem Stuhl sitzt und wer sich dahinterstellt. Alle Stühle stehen im Kreis, sodass jedes Kind alle anderen sehen kann. Die stehenden Kinder nehmen ihre Hände auf den Rücken.

Ein Kind steht hinter einem leeren Stuhl und beginnt das Spiel. Es blinzelt irgendeinem sitzenden Kind zu, das schnell reagieren, aufspringen und zu ihm laufen soll. Der stehende Partner darf es daran hindern, wegzulaufen. Wenn ihm das nicht gelingt, also sein Stuhl leer ist, versucht er, jemanden durch Anblinzeln auf seinen Stuhl zu holen.

→ **Armer schwarzer Kater**

Alle Kinder sitzen im Stuhlkreis. Ein Kind kommt als Kater in die Mitte. Der „Kater" krabbelt zu einem Kind und miaut es an, wobei er nicht lachen darf. Das andere Kind muss, ohne zu lachen, den „Kater" streicheln und dabei zweimal hintereinander *„armer, schwarzer Kater"* sagen. Lacht es dabei, wird es zum neuen Kater.

Als erschwerte Variante darf der „Kater" versuchen, dasselbe Kind zweimal hintereinander zum Lachen zu bringen. Auch können Sie die Regel vereinbaren: „Kater" miaut „Katze" an und umgekehrt.

→ **Spießrutenlauf** *(Idee nach Krowatscheck, 2004)*

Alle bilden ein Spalier. Jeder, der möchte, geht hindurch. Abwechselnd werden durch Gestik, Mimik und Zurufe verschiedene Gefühle bei denen, die hindurchgehen, ausgelöst. Mögliche Fragen: Wie ist es dir ergangen? Wie konntest du die Situation aushalten? Was hat dich besonders provoziert?

→ **Geschenke machen** (Vertiefungsritual)

Die Kinder sammeln Ideen, wie sie anderen (ohne Geld) bewusst eine Freude bereiten können, und probieren es eine Woche lang aus. Beispiele: jemandem behilflich sein, ein Bild malen, etwas leihen, jemanden mitspielen lassen, trösten etc.

Auswertungsfrage: Wer hat es geschafft, jemandem eine Freude zu bereiten? Hast du bemerkt, wie dir jemand eine Freude bereitet hat? Wie ist es dir damit ergangen, jemandem etwas Gutes zu tun oder es selbst zu erhalten?

→ **Gefühle-Memory®**

Wird wie Bewegungs-Memory® gespielt (s. S. 118 ff.), statt Bewegungen denken sich die Kinder pantomimische Gefühlsausdrücke aus.

→ **Ich ärgere mich über ...** (s. S. 148 ff.)

→ **Wenn ich ein Tier wäre**

Die Kinder stehen oder sitzen im Kreis. Ein Kind beginnt: *„Ich heiße Lilli. Wenn ich ein Tier wäre, wäre ich eine Löwin."* Das nächste Kind stellt Lilli, die Löwin vor, danach sich selbst. Das dritte Kind stellt das zweite mit Namen und dem dazugehörigen Tier vor. Anschließend nennt es seinen Namen und sein Wunschtier. Jedes Kind wiederholt nur den Namen mit dem dazugehörigen Tier des Vorgängers.

→ **Zeitungskampf**

Zwei Kinder, die gegeneinander kämpfen wollen, erhalten je eine Zeitungsrolle, die mit Klebeband fixiert wurde. Sie halten sich während des gesamten Kampfes an der linken Hand fest. Sie dürfen den anderen mit der Zeitung in der rechten Hand auf Beine, Arme und den Rücken schlagen. Dauer des Kampfes: 30 Sekunden. Falls ein Kind Rechts- das andere Linkshänder ist, so halten sie sich während des Kampfes zunächst 15 Sekunden an der linken und dann 15 Sekunden an der rechten Hand fest.

Bilderbuchbeispiele zum Thema „Grenzen setzen und anerkennen"

→ Aliki: **Gefühle sind wie Farben.** Beltz Verlag, 2007.

→ Jana Frey: **Streiten gehört dazu, auch wenn man sich lieb hat.** Ravensburger Buchverlag, 2004.

→ Holde Kreul: **Ich und meine Gefühle.** Loewe Verlag, 2004

→ David McKee: **Du hast angefangen! Nein, Du!** Sauerländer Verlag, 2005.

→ Michal Snunit, Na'ama Golomb: **Der Seelenvogel.** Carlsen Verlag, 2006.

Themenbereich II:
Kooperation und Kommunikation – verbal/nonverbal

Kooperation und Kommunikation fassen wir zu einem Themenbereich zusammen, da sie sehr stark ineinander greifen, Kooperation funktioniert nicht ohne eine konstruktive Kommunikation.

Kooperation

Eine der wichtigsten Schlüsselqualifikationen am modernen Arbeitsplatz ist die Fähigkeit, in einem Team zur Erledigung einer Aufgabe zu kooperieren.
Dazu muss eine Person in der Lage sein, die **eigenen Meinungen und Fähigkeiten kritisch zu betrachten** und zu bewerten. Sie muss außerdem die eigene Position mit denen der anderen vergleichen können. Nur so kann die produktivste Lösung der Aufgabe gefunden werden. Ebenso bedeutet Teamfähigkeit, sich gegebenenfalls mit anderen dahingehend zu einigen, dass jede Person einen Teil der Aufgabe erfüllt. Die einzelnen **Teilaufgaben** müssen später wieder ein zusammenhängendes Ganzes ergeben.

Kooperieren bedeutet: miteinander reden, sich einigen, weil nur so die Erfüllung der gestellten Aufgabe möglich ist. Ebenso sind hier die Fähigkeiten gefordert, **sich zurückzunehmen** und nachzugeben, anstatt sich in der Konkurrenz zu anderen den ersten Platz zu erobern.

Übungen zu diesem Thema bringen die bisher praktizierte Vorgehens- und Verhaltensweise mancher Gruppenmitglieder und somit auch deren Gefühle durcheinander. Hin und wieder gibt es Tränen der Wut und Enttäuschung. Diese gefühlsmäßigen Turbulenzen so zu regulieren, dass alle am Ende etwas aus der Übung für sich mitnehmen und nicht ihr Gesicht verlieren, erfordert von der Moderation eine klare Haltung unter Beachtung einer Win-win-Lösung.

Kommunikation

Die allen Interaktionsübungen zu Grunde liegenden Rede-/Auswertungsrunden zielen von Anfang an darauf ab, den Umgang mit Gefühlen und die Kommunikation zu schulen. Im Themenbereich II geht es schwerpunktmäßig darum, das Augenmerk der Kinder noch einmal gesondert auf den Umgang miteinander zu richten.

Hierbei spielt sowohl die Kommunikation als auch der bewusste Umgang mit Gefühlen eine zentrale Rolle ebenso wie der verbale und nonverbale Gefühlsausdruck in Konfliktsituationen.

Mit ihrem **Sprachgebrauch**, auch mit ihrer **Körpersprache, Mimik und Gestik** können Kinder viel Einfluss auf die Verbesserung von Umgangs- und Kommunikationsformen nehmen. Davon sollten sie sich eine Vorstellung bilden. Sie lernen, durch „Umformulieren" bzw. „Ich-Botschaften" Ärger auf nicht verletzende Art und Weise zum Ausdruck zu bringen. Sie können erkennen, dass sie den Verlauf eines Konfliktes beeinflussen und so zu seiner Entschärfung aktiv beitragen können.

Die Übungen aus dem Themenbereich II haben z.T. erweiterte Rederunden und tragen viel zur Begriffs- und Wortschatzerweiterung der Kinder bei.
Diesen Bereich können Sie gut durch **Bilderbücher und Geschichten** zum Thema ergänzen. Auch Erfahrungen aus dem häuslichen Umfeld können mit einfließen.
Da Lernen zum Thema „Gefühle" mit persönlichen Erfahrungen zu tun hat, eignen sich auch ergänzende Rollenspiele.

Sie sollten bei diesem Thema den **praktischen Spielerfahrungen Vorrang** einräumen. Arbeitsblätter sollten Sie allenfalls als Zusatzmaterial einsetzen.
Die Erfahrungen, welche die Kinder selbst machen, gehen tiefer, sie berühren sie selbst mehr und können von daher eine höhere Wirksamkeit erreichen.

Gemeinsam ein Schloss bauen

Interaktionsspiel 6

Alter: ab Klasse 2

Dauer: ca. 45 Minuten

Materialien: Holzbausteine unterschiedlicher Form, pro Kind 3 Steine

Organisationsform: Kleingruppen

So geht's

Die Kinder der Klasse werden in vier Gruppen zu je fünf bis sechs Kindern aufgeteilt und nehmen an Gruppentischen Platz. Nun werden an jedes Kind drei, möglichst von der Form her unterschiedliche Holzbausteine verteilt. Die Kinder erhalten die Anweisung, gemeinsam ein Schloss oder eine Burg zu bauen, bei der jeder seine Steine selbst dazulegt. Das zeitliche Limit bis zur Vollendung des Bauwerkes beträgt höchstens zehn Minuten. Danach fragen Sie an jedem einzelnen Gruppentisch nach, wie es geklappt hat. Wenn möglich, sollte gleich nach der Auswertung eine zweite Baurunde stattfinden, bei dem die Ergebnisse der Gespräche umgesetzt werden können.

Geförderte Basiskompetenzen und Ziele

Mit diesem Spiel fördern Sie die Fähigkeit, miteinander zu reden, Vorschläge zu machen und **sich gütlich zu einigen**, damit gemeinsam ein Ziel erreicht wird.

Bei dieser Kooperationsübung zeigt sich, wer es schafft, sich zu Gunsten der Lösung der Aufgabe zurückzunehmen und mit anderen zusammenzuarbeiten. Ebenso wird deutlich, wer häufig nachgibt oder wer seine Interessen auch gegen den Willen anderer Gruppenmitglieder durchsetzt bis hin zu Übergriffen. Diese Dynamik während der Übung gibt Anlass, dass die Kinder sich gegenseitig Rückmeldung über ihr Verhalten bei der Zusammenarbeit geben. Sie bietet die Möglichkeit, dass jedes Kind **seine Rolle im Gruppengefüge bewusster wahrnimmt**. Für die einen bedeutet dies: Ich muss mich zukünftig mehr **zurückhalten**, **Kompromisse schließen**, auch die anderen mit ihren Vorstellungen und Ideen akzeptieren, obwohl es mir nicht so gut gefällt. Für die anderen heißt es möglicherweise, dass sie ihre **Interessen entschiedener vertreten** müssen, weil sie sonst nicht zum Zuge kommen. Wer aktiv an einer guten Lösung mitgestaltet, sogar in der Gruppe vermittelt, kann hier für das, was für ihn oft selbstverständlich ist, Wertschätzung erfahren.

Gut zu wissen …

Falls die Kinder im Regelunterricht bereits in Gruppen sitzen, können Sie die vorhandenen Gruppentische nutzen. Sie können dann die gewohnten Tischgruppen beibehalten oder neue bilden – es entsteht jedes Mal eine andere Dynamik.

Besonders reiche Lernerfahrungen können die Kinder sammeln, wenn die Gruppe eine Mischung aus Jungen und Mädchen bzw. aus möglichst unterschiedlichen Charakteren ist.

Fragebeispiele für die Auswertungsrunde:

- Wie hat es in der Gruppe geklappt?
- Konnte jedes Kind seine Bausteine so einsetzen, wie es sich das vorgestellt hat?
- Welche Wünsche gibt es für die 2. Spielrunde?

Mögliche Auswertungsthemen und Vorschläge zur Bearbeitung im Sinne der Mediation

1. Beispiel:
Ein Kind hat den **Ehrgeiz**, dass das Schloss seiner Gruppe das schönste wird, ist mit nichts zufrieden und nörgelt die ganze Zeit.

2. Beispiel:
Ein anderes Kind kann die **Steine der anderen nicht stehen lassen** und verändert sie nach seinen Vorstellungen.
Das führt in beiden Fällen dazu, dass am Ende kein Ergebnis da ist und sich die ganze Gruppe schlecht fühlt, einschließlich des betreffenden Kindes.

Vorschlag zur Bearbeitung:
In beiden Beispielen kollidiert die Vorstellung eines Kindes mit der der anderen Gruppenmitglieder.

Phase 2 – Was ist passiert?
Alle Gruppenmitglieder berichten, wie es ihnen ergangen ist, wie sie die Situation sehen, wie sie sich dabei fühlen.

Phase 3 – Was steckt dahinter?
Besonders wichtig ist, den Blick darauf zu richten, wie sich jeder selbst verhalten hat, damit der Focus nicht nur auf dem einen Kind liegt und nicht eine Anklage-Atmosphäre entsteht. Anschließend können alle Wünsche äußern, wie eine Wiederholung der Übung gelingen kann.

Phase 4/5 – Problemlösung/Vereinbarung
Hier soll jedes Gruppenmitglied überlegen, was es selbst tun kann, damit es besser klappt. So erhält das „ehrgeizige" bzw. das „übergriffige" Kind die Motivation und die Chance, sein eigenes Verhalten zu überprüfen, ohne dass es an den Pranger gestellt wird. Ohne dass eine Verhaltensänderung ausdrücklich vereinbart wird, wird dann ein zweiter Durchgang gemacht.

Gab es erneut Konflikte, muss diese Gruppe eine konkrete, zeitnahe Vereinbarung treffen, wann über den Hergang nochmals gesprochen wird, um zu einer tragbaren Lösung zu kommen (Lösungsaufschub). Auf keinen Fall kann die Stunde einfach abgeschlossen werden, sondern bestehender Unmut muss ausgeräumt werden.

Weiterarbeit mit den Ergebnissen und Erfahrungen aus der Übung „Gemeinsam ein Schloss bauen"

Die in der IA-Stunde angesprochenen und eingesetzten Fähigkeiten sind im Regelunterricht bei bestimmten Aufgaben immer wieder gefragt. Nach dieser Übung können Sie die Schwierigkeiten, die dabei entstanden sind, in Erinnerung bringen ebenso wie die Lösungsvorschläge, die dazu gemacht wurden. Jedes Kind hat aus der Übung seine persönlichen Erfahrungen als Teil einer Gruppe mit einer gemeinsamen Aufgabe mitgenommen. Es kann darüber ermutigt werden, an seinen eigenen Herausforderungen zu arbeiten, wie mit anderen Kindern in einer Gruppe zusammengearbeitet werden kann.

Auch nach Gruppenarbeiten im Regelunterricht ist es sinnvoll, wenn Sie nach dem Blick auf das Arbeitsergebnis den dazugehörigen Prozess zum Thema machen. Kooperation muss – soll sie wirklich verinnerlicht werden – immer wieder ins Bewusstsein gerufen und durch weitere Erfahrungen ergänzt werden.

Pilot und Fluglotse

Interaktionsspiel 7 *(Idee nach Vopel, 1994 b)*

 **Alter:** ab Klasse 3

 **Dauer:** ca. 45 Minuten

Materialien: ein Tuch als Augenbinde, 4–6 Gegenstände (z.B. Eimer, Flaschen Schuhe, Kegel) als Hindernisse

Organisationsform: Partnerarbeit

So geht's

Wählen Sie einen Ort aus, an dem genug Platz ist, um einen Korridor zu bilden. Jedes Kind sucht sich einen Partner. Beide stellen sich gegenüber auf, mit ca. 1,25 m Abstand. Das nächste Paar stellt sich in der gleichen Art und Weise neben das erste usw. Wenn alle Paare sich aufgestellt haben, ist die „Landebahn" entstanden. In diesem Korridor muss jeder „Pilot" blind seinen Weg bis zum „Fluglotsen" am anderen Ende finden.

Jedes Paar entscheidet selbst, wer „Pilot" und wer „Fluglotse" ist. Der „Pilot" hat die Augen verbunden und stellt sich an einem Ende der „Landebahn" auf. Der „Fluglotse" steht am anderen Ende, seine Augen sind nicht verbunden. Auf der „Landebahn" verteilen Sie vier bis sechs Hindernisse.

Der „Fluglotse" muss nun den „Piloten" bei einer „Blindlandung" sicher, und ohne dass er an ein Hindernis stößt, allein mit Worten über die „Landebahn" lotsen. Der „Pilot" ist am Ziel, wenn er den „Fluglotsen" berührt. Danach reihen sich die beiden Kinder wieder in die „Landebahn" ein, und das nächste Paar ist an der Reihe.

Geförderte Basiskompetenzen und Ziele

Bei dieser Übung wird sehr schnell und gut sichtbar, wie wichtig eine präzise Kommunikation ist. Außerdem wird der **Zusammenhang von Kommunikation, Vertrauen und Kooperation** deutlich.

Gut zu wissen ...

Achten Sie darauf, dass die „Landebahn“ im Laufe der Übung nicht immer schmaler wird. Die Kinder gehen automatisch nach vorn, um besser sehen zu können. Eventuell können Sie die Linien mit Kreide anzeichnen oder mit Kreppband fixieren.

Fragebeispiele für die Auswertungsrunde:

- Wolltest du lieber „Fluglotse“ oder lieber „Pilot“ sein?
- Frage an die „Piloten“: Wie hat dich dein „Fluglotse“ geführt?
- Hast du dich sicher/wohl gefühlt?
- Frage an die „Fluglotsen“: Wie ist es dir gelungen, den „Piloten“ um die Hindernisse herum zu lotsen? War das leicht oder schwer?

Mögliche Auswertungsthemen und Vorschläge zur Bearbeitung im Sinne der Mediation

1. Beispiel:
Ein Kind fühlt sich von seinem „Lotsen“ **schlecht über die Landebahn dirigiert** und ärgert sich darüber, hat sich eventuell dabei weh getan.

Vorschlag zur Bearbeitung:

Phase 1 – Einführung
Dies entspricht der ritualisierten Auswertungsrunde selbst.

Phase 2 – „Was ist passiert?“
Die Frage *„Was ist passiert?“* wird den aktiv Beteiligten gestellt. Die Frage an die anderen Kinder lautet: *„Was habt ihr beobachtet?“*
Dieser Konflikt bietet Anlass, mit allen Kindern über Kommunikation, ihre Folgen und Auswirkungen zu sprechen. Daher können alle an der Beantwortung der folgenden Fragen beteiligt werden, um noch genauer zu verstehen, was zum Ärger geführt hat.

Phase 3 – Was steckt dahinter?
Die Kinder schildern ihre Wahrnehmung und auch Vermutungen.

- Was war da genau?
- Wodurch könnte sich der „Pilot“ unsicher gefühlt haben?
- Was hätte ihm geholfen?

Phase 4/5 – Problemlösung/Vereinbarung

Auch bei der Diskussion der folgenden Fragen werden alle Kinder beteiligt.

- Was muss ein „Lotse“ beachten, damit sein „Pilot“ sicher und ohne Unfall über die „Landebahn“ kommt? Was ist wichtig?
- Was kann ein „Pilot“ tun, um sicher ins Ziel zu gelangen?

Die Kinder sammeln Ideen, die Sie für alle notieren. Wenn die Übung zu einem späteren Zeitpunkt noch einmal wiederholt wird, werden zuvor diese Schlussüberlegungen wieder in Erinnerung gerufen.

2. Beispiel:

Es entstehen **Schwierigkeiten beim Kommando „rechts“/„links“**, da der „Fluglotse“ gegenübersteht und so die spiegelverkehrten Begriffe nennen muss.

Vorschlag zur Bearbeitung:

Phase 2/3 – Was ist passiert?/Was steckt dahinter?

Die Kinder äußern sich zu möglichen Gründen. Auch die Gruppe formuliert Ideen bzw. bringt eigene Erfahrungen ein.

Phase 4/5 – Problemlösung/Vereinbarung

Frage an alle: *„Was muss der ‚Lotse‘ tun, wie kann es ihm gelingen, das richtige Kommando zu geben?“* Der „Lotse“ muss umdenken bzw. sich in den anderen („Piloten“) hineinversetzen, sich die Sicht des anderen aneignen.

Weiterarbeit mit den Ergebnissen und Erfahrungen aus der Übung „Pilot und Fluglotse“

Mit demjenigen, der mir vertraut, sorgsam umzugehen, ist die wichtigste Voraussetzung, wenn dieses Vertrauen erhalten bleiben soll. Dazu muss jeder „Lotse“ Verantwortung übernehmen und sich genau ausdrücken, damit der „Pilot“ ihn versteht. Der „Lotse“ muss sich in den anderen hineinversetzen, da der „Pilot“ auf präzise Anleitung angewiesen ist. Der „Lotse“ muss außerdem bei seinen Anweisungen vorausschauend handeln, damit alles gut geht.

Diese Fähigkeiten können Sie mit den Kindern zunächst einmal in Bezug auf die Übung anschauen, bevor Sie mit ihnen über Alltagsbeispiele, bei denen dieses Verhalten wichtig ist, nachdenken. Dies können Sie mit dieser Frage anregen: *„Wer kann sich vorstellen, wann und wie uns diese Übung helfen kann, besser* *miteinander auszukommen?"* Diese Beispiele können aufgeschrieben und als Vorhaben in der Klasse aufgehängt werden. In regelmäßigen Abständen sollte nachgefragt werden, wem es gelungen ist, entsprechend den gesammelten Ideen zu handeln. Zusätzlich ist es wichtig, bei passender Gelegenheit die Kinder an die bei diesem IA-Spiel gemachten Erfahrungen zu erinnern.

Hinweis auf weitere Spiele

→ **Anweisungen folgen**

Bereiten Sie Zettel vor, auf denen Aufgaben aufgelistet sind, dem Alter der Spieler und den Räumlichkeiten entsprechend (Beispiele s.u.).
Der Spielleiter erklärt der Gruppe, dass es darauf ankommt, genau aufzupassen, um den gegebenen Anweisungen folgen bzw. darauf achten zu können, dass andere dies tun. Drei Kinder probieren die Übung freiwillig aus. Die anderen Kinder sollen aufpassen, ob diese den Anweisungen richtig folgen, dürfen aber nichts sagen, ihnen nicht helfen. Nachdem die drei Kinder hintereinander die Anweisungen ausgeführt haben, erfolgt eine kurze Auswertung. Danach folgt eine neue Gruppe. Am Ende der Stunde kann eine kurze Gesamtauswertung erfolgen.

Beispiele für Anweisungen:

- gehe zum Fenster – klopfe dreimal auf die Scheibe – drehe dich zweimal im Kreis – schüttele den Kopf – gehe wieder zu deinem Platz
- gehe zur Tafel – schreibe deinen Namen auf die Tafel – stampfe zweimal mit dem Fuß auf – drehe dich im Kreis – geh wieder zu deinem Platz

→ **Atomspiel**

Schüler laufen alleine durch den Raum, Spielleiter ruft eine Zahl. Schüler bilden Gruppengrößen in Höhe dieser Zahl.

→ **Auf 20 zählen**

Alle Kinder sitzen im Kreis und schließen die Augen. Der Spielleiter beginnt, indem er die Zahl 1 nennt. Nun ist es Aufgabe der Gruppe, nacheinander bis auf 20 zu zählen. Aber es darf nie eine Zahl von zwei oder mehr Kindern gleichzeitig genannt wird. Auch darf der direkte Nachbar nicht unmittelbar die nächste Zahl nennen. Falls es passiert (und das ist öfter der Fall), beginnt das Spiel von vorne.

Sie können auch zwei Gruppen bilden (z.B. Jungen- und Mädchengruppe). Die Kinder sitzen in zwei Kreisen: die Spielergruppe im Innenkreis, die Beobachtergruppe im Außenkreis. Es ist wichtig, dass beide Kreise absolut still sind! Die Spieler im Innenkreis schließen ihre Augen. Der Spielleiter sagt die Zahl 1, und nun ist es Aufgabe der Innengruppe, nach den obigen Regeln nacheinander bis zur Zahl x (= Gesamtzahl der Spieler) zu zählen.

→ **Einen Auftrag hören, ausführen, beobachten**

Lesen Sie folgenden Text so oft langsam vor, bis ein Kind meint, in einem ersten Versuch den Auftrag ausführen zu können:
„Schreibe deinen Namen 3-mal an die Tafel, unterstreiche den 2. Namen, mache ein Kreuz vor den 3. Namen, gehe an das Fenster, klopfe an die Scheibe, gehe danach an deinen Platz zurück, schlage das linke Bein über das rechte Bein, und gib deinem linken Nachbarn die rechte Hand."
Alle Kinder hören zu und beobachten, während das eine Kind ausführt, was es gehört und behalten hat. Die Beobachter klopfen, sobald sich das Kind vertut.

→ **Bild zu zweit**

Immer zwei Kinder sitzen nebeneinander. Sie haben zusammen ein Blatt Papier und nur einen Stift. Nun sollen sie gemeinsam den Stift halten und, ohne zu sprechen, gemeinsam ein Haus, einen Baum und einen Hund malen.

→ **Zuhören, gut und schlecht** (s. S. 179 ff.)

→ **Stille Post**

Im Sitzkreis flüstert das erste Kind dem nächsten einen Satz ins Ohr. Das zweite Kind gibt das, was es verstanden hat, an das folgende weiter. Nach einer Runde wird verglichen, was der Erste gesagt hat und was beim Letzten angekommen ist.

→ **Wie mache ich ein Käsebrötchen?**

Legen Sie Brötchen, Butter, Käse, Messer, Löffel und Gabel bereit. Ein Kind spielt einen Außerirdischen, der alles hat, um sich ein Käsebrötchen zu schmieren. Ein Zweites soll erklären, wie es geht. Der Außerirdische legt jedoch alles so falsch wie möglich aus. Bsp.: *„Nimm das Messer in die Hand."* Daraufhin greift es der Außerirdische an der Klinge.

→ **Zwinkern** (Zublinzeln) (s. S. 135)

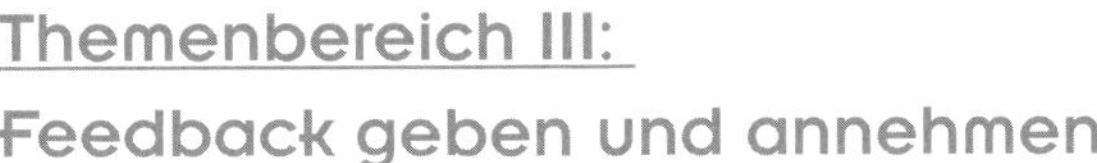

Themenbereich III: Feedback geben und annehmen

Einer der wichtigsten Bereiche bei einer „fairen“, konstruktiven Kommunikation ist die Fähigkeit, Kritik anhören zu können, ohne gleich in die Verteidigungsposition zu gehen oder aggressiv zu werden. Selbst für viele Erwachsene ist dies eine hohe Anforderung. Äußerungen von Kritik in einer Konfliktsituation zielen zumeist auf die Verletzung oder „Erledigung“ des Gegners ab – vor allem, wenn dies eine Person ist, die einem nahesteht. Der Grund hierfür liegt oft darin, dass der Groll bereits viel früher beginnt, sich aufstaut und dann in Form von Beleidigungen, Beschuldigungen oder Handgreiflichkeiten eskaliert.

In den IA-Stunden wird das Thema „Gefühle“ von Anfang an bewusst gemacht, es werden sprachliche Ausdrucksmöglichkeiten erarbeitet und der Umgang damit geschult. Bei den Feedback-Übungen geht es jetzt ausdrücklich darum, Formulierungen zu finden, die eine **ruhige, nicht verletzende „Ärger-Ich-Botschaft“** an das betreffende Kind senden, als Ausgangspunkt für ein klärendes Gespräch. Das funktioniert jedoch nur, wenn auch der Empfänger diese Botschaft entsprechend versteht. Er muss in der Lage sein, die vorgebrachte Kritik als Wunsch zu betrachten, etwas zu verändern, und nicht als grundsätzliche Ablehnung seiner Person.

Hilfreich für das Erlernen dieser beiden Bereiche ist z.B. die Übung „Ich ärgere mich über ...“, bei der die Kinder ein Ritual kennenlernen, ihren Ärger mitzuteilen. Wichtig ist, es immer wieder zu üben. Durch die konkrete und wiederholte Erfahrung wird den Kindern deutlich, dass das **Aussprechen und Annehmen von Kritik** bei Konflikten und Unsicherheiten weiterhilft. Die Kinder erfahren, dass es möglich ist, negative Gefühle, die jeder hat, so zu steuern, dass nicht gleich neuer Ärger provoziert wird. Dies hilft vor allem bei kleinen Konflikten vorbeugend, damit die großen gar nicht erst entstehen. Auch in der Mediation ist diese Fähigkeit bei der Suche nach einer Win-win-Lösung besonders wichtig.

Positive Rückmeldung

Das erforderliche Gegenstück einer Kritik ist die **Wertschätzung**. Auch diese Fähigkeit ist in der Regel weder bei den Kindern noch bei den Erwachsenen gewohnheitsmäßig präsent. Wenn eine positive Rückmeldung erfolgt, haben wir beobachtet, dass sie unter Umständen schwer oder kaum von dem Betreffenden auszuhalten ist.

Kinder lernen bei diesen Übungen, positive Rückmeldung zu geben und zu erhalten, ohne dass es ihnen dabei unbehaglich wird. Sie können einerseits spüren, wie gut sich solche Rückmeldungen anfühlen, dass sie Mut machen. Andererseits merken diejenigen, die diese Rückmeldungen geben, dass sie damit anderen etwas Gutes tun und dass sich dadurch der Kontakt und die Beziehung untereinander verbessern. Diese Form der Zuwendung kann aus den Übungen heraus in verschiedenster Form in der Klasse zur Gewohnheit gemacht werden.

Sowohl zu den positiven als auch zu den kritischen Rückmeldungen zählt neben verbalen Äußerungen auch der körperliche Ausdruck, der durch entsprechende Übungen einfließen kann.

Ich ärgere mich über ...

Interaktionsspiel 8 *(Idee nach Krowatschek, 1999)*

Alter: ab Ende Klasse 2

Dauer: ca. 45 Minuten

Materialien: keine

Organisationsform: Stuhlkreis

So geht's

Die Kinder sitzen im Stuhlkreis. Zur Einstimmung auf die Übung hat sich ein vorangestelltes kurzes Gespräch über das Thema „Streit mit anderen" bewährt. Dies können Sie einleiten mit den Fragen: *„Hattest du schon mal einen schlimmen Streit mit anderen, oder hast du einen beobachtet? Was ist dabei passiert?"*

Ebenso eignet sich eine entsprechende Geschichte dafür, die im Erfahrungsbereich der Kinder liegt, z.B.

- Streit beim Gummitwist, wenn jemand nicht mitspielen durfte,
- Foul beim Fußball,
- jemand hat hinter deinem Rücken etwas über dich gesagt.

Wichtig hierbei ist, bei der Erzählung den oft vergleichbar geringen Anlass so zu steigern, dass am Ende ein möglichst folgenreicher Streit entsteht. Anschließend können Sie eines der Beispiele aufgreifen und dazu eine zweite Frage stellen: *„Was hätten Kinder oder Erwachsene tun können, dass der Streit besser ausgegangen wäre?"* Wieder bringen die Kinder ihre Ideen und Vorstellungen in einer kurzen Runde ein. „Miteinander reden, anstatt sich zu beschimpfen oder zu schlagen" ist in der Regel ein Ergebnis, das dann das Stichwort für die kommende Übung bildet. Dabei können sich alle überlegen, wem sie einmal ihren Ärger mitteilen wollen.

Stellen Sie den Kindern das Ritual vor, mit dem sie ihren Ärger einem anderen gegenüber in einer angemessenen Form zum Ausdruck bringen können. Ein Kind stellt oder setzt sich vor ein anderes – wichtig ist die gleiche Augenhöhe. Dann sagt es folgenden Satz:
„Ich finde, du bist o.k. (nett), aber mich ärgert an dir, dass ..."

Das Kind, dem diese Mitteilung gemacht wurde, antwortet darauf mit diesem einzigen Satz:
„Ich danke dir, dass du mir das einmal gesagt hast."

Wichtige Regel: Es dürfen keine beleidigenden, verletzenden Worte fallen. Das Kind, dem der Ärger mitgeteilt wurde, darf die Mitteilung nicht kommentieren, sondern muss sie so annehmen, wie sie ist.

Geförderte Basiskompetenzen und Ziele

Das Kind, welches seinen Ärger ausdrücken möchte, muss zunächst in sich „hineinhorchen", um für sich die Frage zu klären, was genau es geärgert hat.

Die Fähigkeit, sich die **Gefühle des anderen anhören** zu können, sie wahrzunehmen, **ein wenig zu verstehen** und vielleicht sogar anzunehmen, ist ein Bestandteil der mediativen Konfliktbearbeitung.

Die Kinder erfahren über diese Übung, wie sie einerseits freundlich oder nett zu anderen sein können, wie sie aber andererseits auch ihren Ärger einem Kind mitteilen können, ohne dabei sofort miteinander in Streit zu geraten. Ebenso kann die Übung sehr gut bei Gesprächen z.B. über Wut eingebracht werden.
Sie kann dazu beitragen, dass **Alternativen zu Beleidigungen** oder gar zu

Schlägen und Tritten aufgezeigt werden. Einmal eingeführt, kann bei einem Konflikt dann immer wieder auf die Möglichkeit zurückgegriffen werden. Sie können die Kinder dann dazu auffordern, die möglicherweise zuvor gebrauchten Schimpfwörter/Beleidigungen durch eine konkrete Ärgermitteilung zu ersetzen.

Gut zu wissen …

Diese Übung bildet einen Baustein des Streitschlichter-Programms (s. S. 210 ff.), das jedoch als Gesamtes erst ab der 3. Klasse umsetzbar ist. Als ein Prinzip der mediativen Konfliktbearbeitung ist sie jedoch bereits ab Klasse 1 nutzbar.
Es hat sich als sinnvoll erwiesen, diese Übung als nächsten Schritt nach der „Komplimenterunde" einzuführen.

Fragebeispiele für die Auswertungsrunde:

- Wie ist es dir bei der Übung ergangen?
- Was ist dir aufgefallen?
- Wenn du Kritik angehört hast: War es schwer für dich, nur mit dem einen Satz zu antworten?

Mögliche Auswertungsthemen und Vorschläge zur Bearbeitung im Sinne der Mediation

1. Beispiel:
Kinder können es **nicht aushalten**, wenn andere **Kritik** an ihrem Verhalten üben. Sie fühlen sich ungerecht behandelt und widersprechen dem vorgebrachten Ärger. Manche Kinder gehen dann selbst zu dem Kind, das gerade bei ihnen war, und geben die Kritik zurück.

Vorschlag zur Bearbeitung:
Die Kinder werden gebeten, das vereinbarte Ritual bis zur Auswertungsrunde auszuhalten, die Übung wie vereinbart mitzumachen oder einfach zuzuschauen.

<u>Phase 2 – Was ist passiert?</u>
Nach der 1. Runde werden die Kinder gefragt, wie es für sie war. Hier ist Raum für die betroffenen Kinder, ihre Bedenken und ihren Unmut zu äußern. Diesen Äußerungen können dann solche von anderen Kindern gegenüberstehen, die die

Übung gut ausgehalten haben. Eine mögliche Frage dazu ist: *„Wie kann uns diese Übung bei einem Ärger helfen?"* Oft fallen dann Antworten wie: *„Jetzt weiß ich, wie es dem anderen ging, und kann mir Mühe geben, etwas zu verändern."* Es gibt auch immer wieder Aussagen wie: *„Es ist wichtig, sich das, was der andere gesagt hat, erst mal anzuhören und zu überlegen."*

<u>Phase 3 – Was steckt dahinter?</u>
Wichtig ist, dass es Ihnen gelingt, durch Fragen herauszuarbeiten, dass das, was als Kritik geäußert wird, nicht bedeutet, dass die ganze Person abgelehnt wird. Hilfreich sind hierbei Fragen, ob die Kinder z.B. schon Streit mit ihrer Mutter, ihrem Vater, ihrem besten Freund oder ihrer besten Freundin hatten und wie er ausgegangen ist. Die Erfahrung, dass es auch mit Personen Konflikte gibt, die man mag, und dass sie sich in der Regel wieder einrenken, beruhigt. Besonders wichtig ist das für Kinder, die sich nicht trauen, Kritik zu äußern, weil sie Angst haben, dass der andere sie dann nicht mehr mag. Anhand der genannten Beispiele können Sie mit den Kindern über Wünsche sprechen, die sie in Bezug auf die angesprochene Person hegen.

<u>Phase 4/5 – Problemlösung/Vereinbarung</u>
An dieser Stelle können Ideen von allen eingebracht werden, wie man es besser schaffen kann, Kritik auszuhalten. Die „Vereinbarung" besteht dann darin, alle noch einmal zu ermutigen, die Gelegenheit zu nutzen und im geschützten Rahmen zu sagen, was ihnen wichtig ist, was sie verletzt oder geärgert hat.

Eine weitere Vereinbarung kann sein, diese Form der kritischen Rückmeldung auch bei einem Konflikt zu versuchen. Über die gemachten Erfahrungen kann dann in der nächsten Stunde gesprochen werden.

2. Beispiel:

Bestimmte **Kinder sind häufiger der Kritik ausgesetzt**. Es gibt in fast jeder Klasse Kinder, die mehr Anlass zur Kritik geben, weil sie sehr aktiv sind und mit vielen Kindern in Konflikt geraten. Auch Kinder, die nicht unmittelbar betroffen sind, ärgern sich oft über jene. Bei dieser Übung kommt es dann auch vor, dass solche Kinder „bombardiert" werden mit Ärgermitteilungen. Das betroffene Kind ist dann verständlicherweise erst einmal verschlossen und empfindet das Verhalten der anderen als ungerecht.

Vorschlag zur Bearbeitung:

Phase 2/3 – Was ist passiert?/Was steckt dahinter?
Hier ist es sinnvoll, vor der großen Auswertungsrunde zu unterbrechen und dem betroffenen Kind einzuräumen, dass es seinen Unmut äußert.

Die Gruppe soll verstehen, dass es bei dieser Übung nicht darum geht, wer den meisten Ärger verursacht hat. Sie können als Moderatorin deshalb z.B. nachfragen: *„Wie könnte es X gehen, wenn er/sie so oft angesprochen/kritisiert wird?"*

Phase 4/5 – Problemlösung/Vereinbarung
Alle überlegen, wie die Gruppe mit dem Problem umgehen kann. Eine Vereinbarung kann z.B. sein: Kritik an einem Kind darf höchstens dreimal geäußert werden.

Weiterarbeit mit den Ergebnissen und Erfahrungen aus der Übung „Ich ärgere mich über …"

Die in dem Ritual geübte, nicht verletzende Äußerung von Kritik ist immer der erste Schritt bei einer Konfliktbearbeitung. Wie so etwas in den Schulalltag einfließen kann, leben Sie als Klassenlehrerin durch Ihr eigenes Vorgehen bei Konflikten vor. Für die Kinder kann ein Symbol in der Klasse aufgehängt werden, das daran erinnert, dass sie immer zuerst sagen sollten, was sie stört, wenn sie möchten, dass sich etwas ändert.

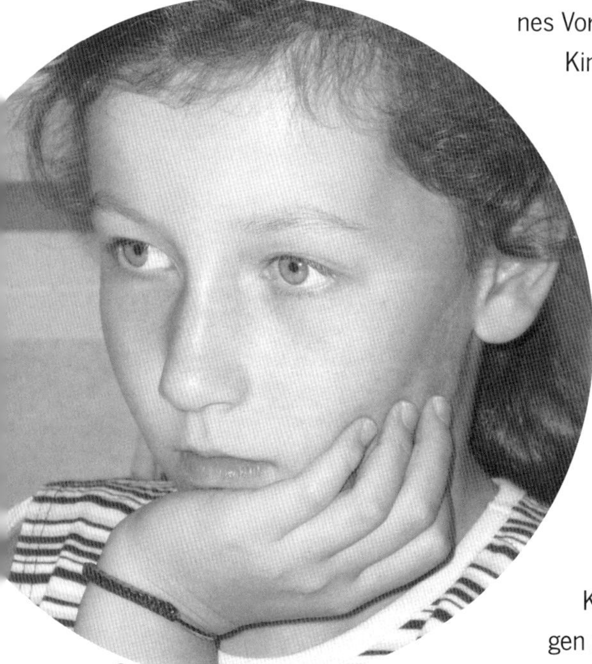

© Xenia Kehnen/pixelio

Kritik annehmen, ohne gleich befürchten zu müssen, als Person nicht akzeptiert zu werden, muss geübt werden. Sie sollten aber immer wieder auch Übungen aufgreifen, die dazu ermutigen, dass sich die Kinder auch die positiven Erfahrungen zurückgeben (s. auch „Komplimenterunde", S. 126 ff.).

Autowäsche

Interaktionsspiel 9 *(Idee nach Vopel, 1994 b)*

Alter: ab Klasse 2

Dauer: ca. 45 Minuten

Materialien: keine

Organisationsform: Großgruppe

So geht's

Die Kinder stehen sich in zwei Reihen gegenüber, sodass ein Gang entsteht. Nun dürfen die, die gerne möchten, nacheinander als Auto langsam durch diesen Gang laufen, der die „Waschstraße" darstellt. Bei ungerader Zahl beginnt das Kind, das kein Gegenüber hat. Die „Waschstraßen-Kinder", deren Hände die Bürsten bilden, dürfen nun ganz sanft den Rücken oder die Arme des „Autos" mit kreisenden Bewegungen massieren. In einer zweiten Runde können die „Waschstraßen-Kinder" dem „Auto" zusätzlich noch leise ein Kompliment ins Ohr flüstern. Wenn das massierte Kind die „Waschstraße" verlässt, wird es gleich gefragt: *„Wie war es für dich?"*

Geförderte Basiskompetenzen und Ziele

Das Feedback über Seiten, die einen bei anderen ärgern, ist sowohl bei den Erwachsenen als auch bei den Kindern in verschiedenster Weise die Regel. Anders sieht es aus mit dem, was einem an anderen gefällt. Das Positive nimmt man oft einfach nur zur Kenntnis oder bewundert es eher stillschweigend. Wie gut einem aber Komplimente oder ausgesprochenes Lob tun, weiß jeder von sich selbst. Diese Übung gibt Anlass, sich auch öfter mal **etwas „Gutes" zu tun** bzw. zu sagen.

Gut zu wissen …

Am Anfang ist es besser, wenn nur ein Kind durch die „Waschstraße" geht, damit ein Gefühl dafür entsteht, wie das Spiel am besten funktioniert: Das „Auto" darf nicht zu schnell sein, die „Bürsten" müssen ganz sanft und nacheinander massieren, das geflüsterte Kompliment soll verstanden werden.

Danach können immer ca. vier Kinder in Abständen nacheinander durch die „Waschstraße“ „fahren“.
Diese Übung darf ausschließlich mit Kindern durchgeführt werden, die es wirklich ausprobieren wollen. Manchmal hilft es auch, sich alles erst einmal anzuschauen und sich später zu entscheiden.

Fragebeispiele für die Auswertungsrunde:

Frage an das „Auto“:

- Wie ist es dir ergangen?
- Wie hast du dich gefühlt?
- Was hat dir besonders gefallen?

Fragen an alle Kinder:

- Was ist euch aufgefallen?
- Was hat euch gut gefallen?
- Was hat euch nicht so gut gefallen?
- Wie können wir das Spiel noch spielen, damit es gut tut?

Mögliche Auswertungsthemen und Vorschläge zur Bearbeitung im Sinne der Mediation

Beispiel:
Manche Kinder sind zu **grob** oder **sagen etwas Gemeines**.

<u>Phase 2/3 – Was ist passiert?/Was steckt dahinter?</u>
Die Fragen bei der Auswertungsrunde bieten die Möglichkeit, konkrete Erfahrungen, vor allem diejenigen, die nicht so schön waren, zu besprechen. Bei der Nennung von einzelnen Namen dürfen sich die betreffenden Kinder selbstverständlich dazu äußern. Hier können Sie mit den Fragen unterstützen: *„Möchtest du etwas dazu sagen? Wie hast du es gerne in der ‚Waschstraße‘?“*

<u>Phase 4/5 – Problemlösung/Vereinbarung</u>
Konkrete Wünsche, Vorschläge werden formuliert, wie es beim nächsten Mal sein soll. Aus den Wünschen heraus werden die Vereinbarungen für die nächste Spielrunde getroffen. Bei Zeitmangel kann dies auch in der nächsten Stunde stattfinden.

Weiterarbeit mit den Ergebnissen und Erfahrungen aus dem IA-Spiel „Autowäsche"

Ein konkretes Ergebnis ist die positive Erfahrung, dass die Übung einfach gut tut. Teilweise schlagen Kinder von sich aus vor, die Übung einzusetzen, wenn es einem Kind nicht gut geht. Auch als Geburtstagswunsch oder nach einer Klassenarbeit ist sie beliebt.

Hinweis auf weitere Spiele

→ **An welches Tier erinnere ich Dich?**
Ein Kind erhält die Gelegenheit, drei Gruppenmitgliedern diese Frage zu stellen. Die Gefragten sollen sich gut überlegen, welches Tier am besten zu dem fragenden Kind passt. Außer dem genannten Tier wird auch immer gesagt, was man mit dem Kind und dem Tier verbindet, z.B. *„Lisa, du erinnerst mich an einen Fuchs. Du findest immer einen Ausweg. Du bist ganz schön gerissen."* Das Kind soll sich sowohl die genannten Tiere als auch die Begründungen merken. Nun kommt der nächste Freiwillige dran.

→ **Briefkasten** (Vertiefungsritual)
Die Klasse richtet einen Briefkasten ein, der z.B. jeden Freitag geleert wird. Die Kinder können sich die Woche über gegenseitig Briefe schreiben oder Bilder malen, worüber sie sich gefreut haben, was ihnen gefallen hat, worüber sie traurig waren, was sie verletzt hat etc. Alle Dokumente müssen mit Unterschrift sein, niemand darf andere beleidigen.

→ **Ich mag an dir**
Die Kinder sitzen im Kreis auf dem Boden. Ein Kind beginnt und rollt den Ball einem anderen zu. Das Kind, das den Ball erhält, sagt nun über das erste Kind etwas Positives: *„Ich mag an dir …"*. Es kann etwas Äußerliches sein oder eine Eigenschaft, eine Fähigkeit, eine besondere Leistung oder positives soziales Verhalten am betreffenden Tag. Zunächst sollten Sie modellhaft ein Beispiel geben. Bei diesem Spiel ist es besonders wichtig, die mögliche Übertreibungsgefahr auszuschalten. Eventuell muss hierzu eine entsprechende Regel mit der Gruppe erarbeitet werden. Das Besondere an dieser Übung ist, dass das Kind, das den Ball rollt, so entscheiden kann, von wem es eine positive Verstärkung erhalten möchte.

→ **Kontaktampel** *(Idee nach Fuchs, 2001)*
Jedes Kind erhält einen roten, einen grünen und einen gelben Kreis aus Karton. Alle gehen durch den Raum und nehmen Kontakt mit einem anderen auf, z.B.: *„Möchtest du mit mir spielen?"* oder *„Hast du heute Nachmittag Zeit?"* Mögliche Fragen können Sie vorab sammeln. Das angesprochene Kind kann dann, ohne zu sprechen, mit der Ampel darauf reagieren. Grün = ja, gerne; gelb = ich weiß nicht genau; rot = nein. Auswertungsfragen: Wie ist es euch bei der Übung ergangen? Was kannst du tun, wenn jemand mit „gelb/rot" reagiert? Zur Umsetzung der Ideen eine zweite Runde spielen.

→ **Poesiealbum** (Vertiefungsritual)
Jedes Kind in der Klasse legt sich ein „Poesiealbum" an. Die anderen schreiben Gedichte bzw. positive Rückmeldungen hinein und malen vielleicht etwas dazu.

→ **Zauberstab**
Ein Kind erhält einen Zauberstab und ist der Zauberer. Es kann zu einzelnen Kindern gehen und sie verzaubern, indem es z.B. sagt: *„Ich verzaubere dich in jemanden, der häufiger mit mir spielt."* Oder es kann sagen: *„Ich verzaubere dich. Ich möchte, dass du mir gelegentlich bei den Hausaufgaben hilfst."* Oder: *„Ich verzaubere dich in einen Hasen, damit du nicht mehr so gefährlich für mich bist."* Jeder Zauberer darf zwei Kinder verzaubern. Auswertungsfrage an die verzauberten Kinder: *„Glaubst Du, dass der Zauber Wirklichkeit werden kann?"* Frage an die Kinder, die nicht verzaubert wurden: *„Würdest du gerne mal verzaubert werden?"*

Bernadette Grix

Kinder lösen Konflikte selbst

Projektbeispiele zur Vertiefung von Basiskompetenzen

Diese Kurzprojekte stellen das Scharnier dar zwischen den IA-Spielen und den Stunden, in denen die Kinder Kompetenzen erwerben, um Konflikte unter sich klären zu können.

Ich bin einmalig – jeder ist anders

Kurzprojekt

Schwerpunkt: Ich-Stärkung, Wahrnehmung

Alter: ab Klasse 2

Dauer: ca. 2 Stunden

Materialien: *für Angebot 2:* leere Blätter, Farben, Maßband, Waage, evtl. Spiegel; *für Angebot 4:* Tuch; *für Angebot 5:* Gedichtkopie für jedes Kind (s. Kopiervorlage, S. 160)

Organisationsform: in den einzelnen Angeboten angegeben

Geförderte Basiskompetenzen und Ziele

Kinder in der Grundschule sind sich oft noch nicht ihres Aussehens bewusst, manchmal kennen sie selbst ihre Augenfarbe noch nicht. Auch ihre Fähigkeiten, Begabungen und Grenzen können sie kaum einschätzen. Durch das **Erkennen und Benennen von äußeren Merkmalen** wie auch von **Fähigkeiten oder Besonderheiten** wird die Wahrnehmung geschult. Wenn den Kindern Unterschiede bewusst werden und sie sie ganz gezielt aussprechen können – und zwar ohne Wertung –, wächst die **Achtung** vor den einzelnen Persönlichkeiten und die **Toleranz** in der Klasse. Kinder, die ein schwächeres Selbstbewusstsein haben, können durch das freundliche Ansehen und Beschreiben ihrer Person gestärkt werden.

So geht's

1. Ratespiel: Wer ist es?

Die Kinder sitzen an ihren Plätzen. Die Lehrerin beginnt:
„Das Kind, an das ich denke, das hat ... (z.B. braune Augen, Stupsnase), das ist ... (z.B. schnell, hilfsbereit), das kann ... (z.B. gut zuhören, schön malen). Wer ist es?"

Alle raten mit. Das Kind, das richtig geraten hat, fährt mit einer neuen Runde fort. Eventuell schreiben Sie vorher den Namen des zu erratenden Kindes auf die Tafelrückseite, um später auch visuell den Erfolg zu bestätigen.

2. So bin ich – von außen gesehen

Jedes Kind erhält ein Blatt und Farben und malt sich selbst. Eventuell kann es sich dazu vorher in einem Spiegel anschauen. Wenn Sie das Projekt im 3. Schuljahr oder später durchführen, können sich die Kinder in Partnerarbeit gegenseitig wiegen und messen. Sie tragen ihre Werte dann unter dem Gemälde ein.

3. Hänschen, piep einmal

Bilden Sie einen Stuhlkreis. Ein Kind sitzt mit geschlossenen Augen in der Kreismitte. Wenn es bereit ist, zeigen Sie oder ein Kind als Spielleiter auf ein Kind in der Runde. Dieses Kind ist dann das Hänschen. Wenn das Kind in der Mitte sagt: *„Hänschen, piep einmal!"*, muss das Hänschen der Aufforderung nachkommen. Kann das Kind in der Mitte erraten, wer das Hänschen ist, kann es ein anderes Kind auswählen, das seinen Platz einnimmt. Wenn es falsch rät, bestimmt das Hänschen durch Zeigen ein neues Hänschen. Eine Variante finden Sie auf S. 132.

4. „Welches Kind gehört zu dieser Hand?"

Zwei Kinder halten ein großes Tuch hoch. Mehrere andere Kinder stellen sich dahinter. Sie zeigen vom oberen Rand aus ihre Hand. Vor dem Tuch versuchen die übrigen Kinder, die Versteckten an ihren Händen zu erkennen. Die Kinder, die das Tuch halten, können dabei die Rater aufrufen.

<u>Auswertungsrunde</u>

Eine mögliche Auswahl von Fragen ist:

- Wie ist es jedem von euch bisher ergangen?
- Wie hast du dich gefühlt, wenn du geraten hast? (Das kann jedes Kind anders erlebt haben.)

- Wie war es, als du versteckt warst? (Wieder sind unterschiedliche Erfahrungen möglich.)
- Was hast du Neues über deine Mitschüler erfahren?

5. Gedicht: „Ich"

Während die voranstehenden Spiele eher die Wahrnehmung des Äußeren fördern, geht es bei dem Gedicht darum, in sein Inneres hineinzuhorchen. Teilen Sie jedem Kind eine Kopie des Gedichts „Ich" von Anne Steinwart aus (s. S. 160).
Jedes Kind liest es für sich. Anschließend werden im Klassengespräch die Kommentare dazu angehört.
Abschließend erzählen die Kinder, was sie können und wie sie vielleicht etwas für jemand anderen tun können, worüber er sich freut. Eventuell können sie das auch als eigene Strophen aufschreiben.

<u>Varianten</u>

- Ab dem 3. Schuljahr können die Kinder auch in Partner- oder Gruppenarbeit über den Sinn des Gedichtes sprechen.
- Die Kinder setzen sich paarweise zusammen. Ein Kind liest jeweils seinem Partner das Gedicht langsam vor.
- Geben Sie den Kindern das Gedicht mit Lücken, in die sie selber passende Wörter, Ausdrücke oder Sätze einsetzen.

Erfahrungen aus der Praxis

Bei der Erkundung ihrer äußeren Erscheinung sind die Kinder meistens mit Neugierde und Vergnügen bei der Sache. Manchmal sind sie überrascht, wenn sie sich selbst anders eingeschätzt oder gesehen haben als ihre Nachbarn. Die Eigen- und Fremdwahrnehmung sind nicht selten unterschiedlich. Es tut ihnen gut, wenn andere etwas Spezifisches von ihrer Persönlichkeit erkennen und würdigen, sei es im Erscheinungsbild, sei es eine Fähigkeit oder ein Verhalten.

Bei diesem Projekt zur Einmaligkeit eines jeden Kindes ist es – wie oft in anderen Bereichen auch – sinnvoll, die einzelnen Fähigkeiten der Kinder zu berücksichtigen. Sie sollten z.B. Kinder mit Formulierungs- oder Schreibschwierigkeiten nicht mit komplexen Schreibaufgaben überfordern. Das würde die Erfahrung eher zunichtemachen.

Ich

Ich kann rennen
tanzen springen
kann ein Lied
mit sieben Strophen
singen

Ich kann weinen
und kann lachen
kann Handstand und
ein bisschen Salto
machen

Ich kann verstehen
was du meinst
kann dich trösten
wenn du
weinst

Ich kann dir
Pfannekuchen backen
und wenn du müde bist
kann kraul ich deinen
Nacken

Anne Steinwart

Wie wir miteinander reden und miteinander umgehen

Projekttag

Schwerpunkt: entspricht Phase 1/2 Grundregeln – Was ist passiert?

Alter: ab Ende Klasse 3

Dauer: 4 – 5 Stunden

Materialien: *für Angebot 1:* Kippbild „Eierkopf" (s. Kopiervorlage, S. 168), evtl. Hut; *für Angebot 2:* ein Satz Fragekarten pro Tischgruppe (s. Kopiervorlage, S. 169 f.), ausreichend Zeitmesser für eine Minute (Uhren mit Sekundenanzeige, Sanduhren ...); *für Angebot 3:* Kopien des Arbeitsblattes „Wörter und Sätze können weh tun" (s. Kopiervorlage, S. 171 f.); *für Angebot 4:* CD-Player, Musik; *für Angebot 5:* Geschichte „Warum ist streiten nicht gleich streiten?" (s. Kopiervorlage, S. 173 f.), evtl. in Kopie; *für Angebot 6:* Tisch und Stühle, Teller, Gläser, Besteck, Servietten, „Menü", evtl. Handtuch für den „Kellner"; *für Angebot 7:* Geschichte „Das Diamantarmband" (s. Kopiervorlage, S. 175); *für Angebot 8:* Bauklötze in unterschiedlichen Formen, mindestens 2 pro Kind, evtl. Unterlage für das Bauwerk; *für Angebot 9:* Kopien der Gedicht-Arbeitsblätter (s. Kopiervorlage, S. 176 f.), Zeitschriften, pro Kleingruppe einen großen Papierbogen

Organisationsform: in den einzelnen Angeboten angegeben

Geförderte Basiskompetenzen und Ziele

Wie eine Projektwoche ein herausragendes Ereignis ist, so kann auch ein eigens gestalteter Projekttag die Bedeutung eines Themas unterstreichen. Die Kinder beschäftigen sich durchgängig einen Schulvormittag mit dem Zusammenleben und dem Umgang miteinander, in Spielen, Geschichten und (Gruppen-)Gesprächen. Dadurch kann ihnen bewusst werden, wie **Sprache und Umgangston** auf die Gefühle, auf das soziale Klima **wirken** können.

allgemeine Ziele:

- stetige Verbesserung der Atmosphäre an der Schule
- positives, freundliches Umgehen miteinander

- Ernstnehmen der unterschiedlichen Vorerfahrungen der Kinder
- Sensibilisierung für verbale und nonverbale Kommunikation

spezielle Ziele:

- Freundlichkeit bzw. Unfreundlichkeit wahrnehmen lernen
- In der Gruppe nach vereinbarten Regeln zu persönlichen Fragen Stellung beziehen
- Sichtweisen, Erfahrungen, Vorlieben der anderen Gruppenmitglieder gelten lassen
- Gefühle wahrnehmen, akzeptieren und damit umgehen
- zwischen destruktivem und konstruktivem Streitgespräch unterscheiden lernen
- im Rollenspiel ausprobieren, wie ein freundlicher bzw. unfreundlicher Umgangston klingt
- ein erlebtes oder beobachtetes Rollenspiel auswerten und reflektieren
- Erfahrungen aus den Übungen auf Alltagsituationen übertragen können
- die gewonnenen Einsichten in Alltagssituationen umsetzen
- nonverbale Kommunikation in Gemeinschaft erproben
- Kennenlernen von Gedichten zum Thema

Gut zu wissen ...

Den Projekttag kündigen Sie am besten mit einer Elterninformation an, in der Sie noch einmal auf den gemeinsamen Erziehungsauftrag von Elternhaus und Schule hinweisen. Auf diese Weise bekommt das Thema ein zusätzliches Gewicht, auch über die Schule hinaus.
Planen Sie ausreichend Zeit für ein gemeinsames Frühstück und Pausen ein.
Die Bausteine dieses Projekttages können Sie auch in Einzelstunden aufgreifen oder, in Teilen zusammengefasst, an verschiedenen Tagen verwenden.

So geht's

1. Einstieg

Schreiben Sie vorab das Thema des Projekttages an die Tafel: „Wie wir miteinander reden – wie wir miteinander umgehen."
Bilden Sie mit den Kindern einen Sitzhalbkreis vor der Tafel, und singen Sie gemein-

sam ein der Klasse bekanntes Lied, das zum Thema passt. Hängen Sie dann das Kippbild, den „Eierkopf“ an die Tafel, und zwar so, dass er sein trauriges Gesicht zeigt (s. S. 168). Die Kinder stellen Überlegungen an, die an der Tafel oder auf Kärtchen festgehalten werden.

Impulse

- Beschreibt einmal, wie das Gesicht aussieht.
- Was könnte der Mann fühlen?
- Mit welchen Worten kann er ausdrücken, wie es ihm geht?
- Was könnte er für ein Problem haben?
- Was könntest du tun, um das Gesicht dieses Mannes „aufzuhellen“?

An dieser Stelle drehen Sie oder ein Kind das Kippbild auf den Kopf. Es erscheint das lachende Gesicht.
Nachdem die Kinder Ideen gesammelt haben und Sie alles notiert haben, können Sie ein Rollenspiel folgen lassen. Ein Kind erhält als „Eierkopfmann“ einen Hut. Alternativ kann es auch das Bild vor sich halten. Es erklärt, wie es ihm geht. Zurückhaltende Kinder können als Hilfe auch eine der zuvor notierten Überlegungen auswählen. Ein anderes Kind versucht, es zu verstehen und zu trösten.

Auswertung

Mögliche Fragen sind:

- An die Spieler: Wie ist es euch ergangen? Hatte das Tröster-Kind „Erfolg?“
- Wenn ja, warum? Wenn nein, warum nicht?
- An alle: Was habt ihr Zuschauer gesehen?

2. Fragespiel an Tischgruppen *(Idee nach Statz, 2001)*

Die Kinder sitzen in Tischgruppen zusammen und erhalten pro Tisch einen Stapel Fragekarten (s. S. 169 f.).

Regel

Das erste Kind nimmt vom Stoß mit Fragekarten die oberste und liest vor. Alle an der Tischgruppe antworten der Reihe nach. Das nächste Kind nimmt die zweite Fragekarte usw. Jedes Kind hat höchstens eine Minute Redezeit und darf nicht unterbrochen werden. Das Kind, das vorher die Frage beantwortet hat, ist Zeitnehmer.

Auswertung

Mögliche Fragen sind:

- Was habt ihr voneinander Neues erfahren?
- Konntet ihr die Regeln und die Reihenfolge einhalten?
- Kamen alle dran?

3. Arbeitsblatt: „Worte und Sätze können wehtun"

In Einzelarbeit bearbeiten die Kinder die beiden Arbeitsblätter „Wörter und Sätze können weh tun" (s. S. 171/172) zum Thema „verletzende Äußerungen". Je nach Leistungsstand können Sie die Anzahl der zu beantwortenden Arbeitsblätter oder Aufgaben differenzieren. Die Ergebnisse werden in Partnerarbeit besprochen und im Plenum zusammengefasst. Es kann gut sein, dass die Meinungen, was verletzend ist und was nicht, unterschiedlich sind, je nach Sprachgebrauch und Befindlichkeit. Diese Unterschiedlichkeit kann der Aufhänger sein, das Thema „Achtung vor den Gefühlen des anderen" zu besprechen bzw. zu vertiefen.

4. Bewegungsspiel „Stopptanzen"

Zu einer fröhlichen, flotten Musik tanzen die Kinder frei im Raum, ohne sich zu berühren. Sobald die Musik stoppt, versteinern alle. Wer sich zuletzt noch bewegt, scheidet für eine Runde aus. Dieses Kind kann eventuell den CD-Player bedienen. *Anmerkung:* Im Spiel lernen Kinder, ihren Raum zu nutzen und den der anderen zu achten.

5. Erzählung: „Warum ist streiten nicht gleich streiten?"

Bilden Sie einen Stuhlkreis, und lesen Sie die Geschichte „Warum ist streiten nicht gleich streiten?" vor (s. S. 173/174). Im Unterrichtsgespräch arbeiten die Kinder die Unterschiede in der Sprache heraus. Folgende Punkte sind dabei wichtig:

- die unterschiedlichen Ausdrucksweisen
- das fehlende Verständnis bei Axel und Jan
- das Aufeinander-Eingehen bei Lisa und Tom
- Axels und Jans Haltung: *„Ich habe Recht, und du liegst falsch!"*
- die Haltung von Lisa, Tom und Frau Maier, die eine andere Sicht gelten lässt, auch wenn man selber anders denkt

6. Rollenspiel

Vorschlag a): Streitgespräch
In leistungsstarken Klassen können Sie die Kinder die Streitgespräche aus der Geschichte „Warum ist streiten nicht gleich streiten?“ nachspielen lassen oder in Gruppen eigene Streitgespräche erfinden lassen.

Vorschlag b): „Im Restaurant“
Wenn genug Platz ist, können die Kinder im Kreis bleiben. In der Mitte wird ein „Restaurant“ aufgebaut und ein Tisch gedeckt.
Erläutern Sie dann, worum es geht: Die Kinder sollen eine Restaurant-Situation spielen, ein „Gast“ wird von einem „Kellner“ bedient. Dabei werden aber mindestens zwei verschiedene Szenarien ausprobiert:

- Der „Gast“ ist hungrig und schlecht gelaunt. Der „Kellner“ ist geduldig und freundlich.
- Der „Gast“ ist ungeduldig und beleidigend. Der „Kellner“ ist unfreundlich und abweisend.
- Der „Gast“ ist gut gelaunt und hat Zeit. Der „Kellner“ hat viel zu tun und ist ungeduldig.

Teilen Sie dann die Zuschauer-Kinder in drei Gruppen ein. Aufgaben für die Zuschauer sind:

- 1. Gruppe: *„Achtet darauf, wie der ‚Gast‘ mit dem ‚Kellner‘ spricht.“*
- 2. Gruppe: *„Achtet darauf, wie der ‚Kellner‘ mit dem ‚Gast‘ spricht.“*
- 3. Gruppe: *„Welche Gefühle bewirkt die Sprache?“*

Auswertung
Die Auswertung findet mit allen Kindern im Sitzkreis statt. Achten Sie darauf, dass die Kinder sich beschreibend, nicht wertend äußern! Mögliche Fragen:

- Wie ist es dir, Kellner, in der Rolle ergangen?
- Was hat Spaß gemacht? Was war anstrengend?
- Wie ist es dir, Gast, in der Rolle ergangen?
- Welche Worte und Sätze habt ihr, Zuschauer, gehört?
- Wie haben die Äußerungen auf den ‚Gast‘ und den ‚Kellner‘ gewirkt? Welche Gefühle könnten die beiden gehabt haben?

7. Freundlichkeit kann sich ausbreiten

Lesen Sie die Geschichte „Das Diamantarmband“ vor (s. S. 175), und lassen Sie die Kinder sich zunächst spontan äußern. Dann überlegen die Kinder zusammen, wie so etwas Ähnliches in ihrer Umgebung geschehen könnte, wie sie ihr Augenmerk auf die Freundlichkeit richten können. Sie können z.B. freundliche Worte wählen, ihre Anerkennung oder ihren Dank für etwas ausdrücken, jemandem eine Aufgabe abnehmen usw. Schlagen Sie ihnen vor, ein Freundlichkeits-Tagebuch zu führen. Darin notieren sie eine Woche lang jeden Abend, in welchen Situationen sie Anerkennung, Dank oder ein freundliches Wort erfahren oder selbst gegeben haben.

Anmerkungen zur Geschichte: Dieses Märchen scheint aus einer anderen Welt als unserer zu stammen. Ungewöhnlich und neu ist es, die Goldmünze nicht als Besitz zu behandeln, sondern sie als ein Geschenk weiterzugeben. Die Münze wird zu einem Symbol, das Wirkung zeigt: Es kann die Gefühle, die Einstellung der Menschen verändern, wenn sie sich auf eine Idee einlassen und sie weitertragen. Vielleicht ist diese Erzählung klischeehaft. Dennoch kann sie – wie alle Märchen – anregen, hinter die materielle Welt zu blicken auf das, wonach Menschen sich sehnen.

8. Gemeinschaftsarbeit „Bauwerk ohne Worte“

Diese Übung ist eine Weiterführung der IA-Spiels „Gemeinsam ein Schloss bauen“ (s. S. 139 ff.), allerdings wird nun mit der gesamten Gruppe ein Bauwerk errichtet. Bilden Sie einen Sitzkreis. In der Kreismitte liegt ein Brett oder Plakat, darum herum verstreut Holzbausteine. Jedes Kind legt nun der Reihe nach einen Baustein auf den Untergrund und baut so an einem Bauwerk mit. Dabei darf kein Wort gesprochen werden. Auch vorher gibt es keine Absprache über das Ziel, z.B. ob ein bestimmtes Gebäude, eine Landschaft o.Ä. entstehen soll.
Die einzige Anleitung heißt: *„Wir bauen jetzt gemeinsam etwas, von dem wir noch nicht wissen, was es wird. Jedes Kind baut mit einem neuen Baustein ohne Worte das Bauwerk weiter. Wenn alle Bausteine verbaut sind, werden wir sehen, was daraus geworden ist.“* Wichtig ist die Einhaltung der Regel: *„Ohne Worte!“*

Es wird solange weitergebaut, wie Steine da sind. Zum Schluss kann jedes Kind, das möchte, sagen, was es in diesem Gebilde sieht. Es wird nicht beurteilt, es gibt kein „falsch oder richtig“. Es ist schön, wenn das Gebilde noch einige Zeit in der Klasse stehenbleiben kann.

9. Gedichte umsetzen

Wenn diese Aufgabe nicht mehr an dem Projekttag durchgeführt werden kann, ist es kein Problem, sie auf den folgenden Tag zu verschieben.

Teilen Sie den Kindern die Arbeitsblätter „Schulhof-Geschimpfe" (s. S. 176) oder „Jeder ist anders" (s. S. 177/178) aus. Die Kinder bilden Paare oder Kleingruppen mit bis zu vier Kindern. Eventuell können Sie die Kinder auch selbst auswählen lassen. Auf dem Blatt „Schulhof-Geschimpfe" denken sich die Kinder statt der Beschimpfungen neue, freundliche Begriffe aus. Für die Aufgaben zu „Jeder ist anders" lesen die Kinder zunächst beide Gedichte. Sie erzählen sich gegenseitig, was jeder von ihnen gut tun kann, wo sie sich ähnlich oder unähnlich sind und was sie vielleicht nur gemeinsam tun können. Anschließend erstellen sie eine Collage aus Zeitschriftenillustrationen oder eigenen Bildern, in die sie auch Teile der Texte einarbeiten können. In der Mitte sollten die Dinge stehen, die sie (nur) gemeinsam tun können.

<u>Varianten</u>

Die Kinder überlegen sich, analog zum Gedicht „Du und ich" von Karlhans Frank, Fragen, die sie bei anderen interessieren. Sie suchen sich einen Partner, der ihre Fragen beantwortet. Zum Schluss werden alle Texte gemischt und einzeln vorgelesen. Können die anderen erraten, welches Kind hier geantwortet hat?

Leistungsschwache Kinder können auch eines der Gedichte lesen, dazu ein Bild malen oder es auf ein gestaltetes Schmuckblatt schreiben und ins Gedichte- und Geschichtenheft einkleben.

Eventuell können die Kinder sich als Hausaufgabe eines der drei Gedichte aussuchen und auf ein schön gestaltetes Blatt abschreiben.

„Eierkopf“

Karten für das „Fragespiel“ (1/2)

Was ist dein Lieblingstier? Warum?	Wer gehört alles zu deiner Familie?	Hast du ein Haustier? Erzähle etwas davon.
Wen hast du besonders lieb?	Bewunderst du jemanden? Bist du Fan von jemandem?	Was kannst du besonders gut?
Was ist dein Lieblings-getränk?	Hast du vor etwas Angst? Magst du davon erzählen?	Bist du in einem Sportverein?
______ ______ ______ ______	______ ______ ______ ______	______ ______ ______ ______

 ISBN 978-3-8346-0307-4

Karten für das „Fragespiel“ (2/2)

Wie fühlst du dich im Moment?	Was spielst du in der Pause gern?	Mit wem bist du gerne zusammen?
Mit wem kannst du gut zusammenarbeiten?	Was ist dein Lieblingsfach?	Wann warst du einmal sehr traurig? Magst du davon erzählen?
Wann hat dir einmal jemand geholfen?	Hast du ein Hobby? Welches?	Worüber hast du dich einmal besonders gefreut?
____ ____ ____ ____	____ ____ ____ ____	____ ____ ____ ____

Wörter und Sätze können weh tun (1/2)

Name: ______________________ Klasse: __________

Aufgaben:

1. Lies den Text und die Beispielsätze.
2. Kreuze die Sätze an, die nicht verletzen.
   Die Sätze, die nach deiner Meinung weh tun, streiche durch.

Jana soll nicht mitspielen

Marko spielt mit seinem Freund Ball. Jana will auch mitmachen. Marko will aber mit seinem Freund spielen. Marko und Jana fangen an, sich zu streiten. Jana stört die beiden Freunde beim Spiel, und sie schreit: *„Ich will aber mitspielen!“* Dabei packt sie Marko am Arm. Was kann Marko zu Jana sagen, ohne sie mit seinen Worten zu verletzen?

☐ Ich möchte mit meinem Freund jetzt allein spielen.

☐ Wenn du mich jetzt nicht sofort in Ruhe lässt, dann tret' ich dir eine rein!

☐ Verschwinde! Du nervst!

☐ Lass das bitte, es stört mich!

☐ Du bist eklig und gemein!

☐ Morgen können wir ja zu dritt spielen!

☐ Hau ab, du nervige Kuh!

☐ Was willst du eigentlich von mir?

☐ Ich finde dich zum Kotzen!

☐ Was hältst du davon, wenn ich mit dir in der nächsten Pause Ball spiele?

☐ Was willst du eigentlich von mir, du blöde Zicke?!

☐ Lass uns in Ruhe! Wir wollen jetzt alleine spielen!

Wörter und Sätze können weh tun (2/2)

(Idee nach Statz, 2001)

Name: ______________________ Klasse: __________

Aufgaben:

1. Lies die Texte in den Sprechblasen. Stell dir vor, die Kinder reden mit dir oder über dich.
2. Überlege dir für jede Sprechblase, wie du dich dann fühlst. Schreibe es auf.
3. Überlege dir, was du in der Situation tun könntest.

Was kann ich tun?

Bist du immer noch nicht fertig?

Ich fühle mich, ______________________

____

Ich kann ______________________

____

Du läufst ja wie eine lahme Ente!

Ich fühle mich, ______________________

____

Ich kann ______________________

____

Guck mal, … hat keine Hausaufgaben!

Ich fühle mich, ______________________

____

Ich kann ______________________

____

Wir wollen nicht, dass du mitspielst!

Ich fühle mich, ______________________

____

Ich kann ______________________

____

Warum ist streiten nicht gleich streiten? (1/2)

Zu Beginn der Deutschstunde schreibt Frau Baier das Thema an die Tafel: Streitgespräch.

„Im Streiten bin ich gut", ruft Jan sofort. „Da kriege ich eine Eins!"

„Na, dann komm doch gleich mal nach vorn und zeig uns, wie gut du streiten kannst", sagt Frau Baier. „Mit wem soll ich denn streiten?"

Frau Baier weiß, dass Jan Bayern-München-Fan ist. Also ruft sie den Werder-Bremen-Fan Axel nach vorn. Die beiden sollen ein Streitgespräch über ihre Lieblingsvereine führen.

„Bayern-München ist die beste Mannschaft in Deutschland", behauptet Jan.

„Quatsch", widerspricht Axel, „Werder-Bremen ist viel besser."

„Du hast doch keine Ahnung vom Fußball!"

„Mehr als du!"

„Pah!", Jan winkt ab. „Bayern ist schon zehnmal deutscher Meister gewesen."

„Und Werder schon zwanzigmal!"

Jan tippt sich an Stirn. „Du spinnst!"

„Werd bloß nicht frech, sonst …", Axel zeigt Jan eine Faust.

„Vor dir hab ich keine Angst", entgegnet Jan und nimmt beide Fäuste hoch.

„Stopp!", ruft Frau Baier dazwischen.

Tobias meldet sich. „Die haben sich ja nur gestritten!"

„Das sollten wir doch auch", meint Jan.

„Aber nicht so", sagt Frau Baier. „Ihr habt ja gar nicht über die Vereine geredet, sondern euch nur gegenseitig beschimpft."

Axel versteht nicht, was Frau Baier damit meint. „So wie wir streiten doch alle."

„Meinst du? Das wollen wir gleich mal sehen." Als nächstes kommen Lisa und Tom nach vorn. Sie sollen über Vampirgeschichten streiten.

„Ich finde Vampirgeschichten nicht gut", beginnt Jana, „weil sie einem Angst machen."

„Mir machen sie keine Angst", entgegnet Tom. „Ich mag es, wenn ich mich ein bisschen grusele. Das ist so schön spannend."

„Ja, schon", gibt Lisa zu, „aber ich habe zu Hause auch spannende Bücher ohne Vampire."

„Ich finde Bücher ohne Vampire und Monster nicht so spannend."

„Aber Vampire gibt's ja gar nicht", sagt Lisa.

„Na und?", fragt Tom. „Zwerge und Riesen, Zauberer und Hexen gibt es doch auch nicht. Und trotzdem

 ISBN 978-3-8346-0307-4

Warum ist streiten nicht gleich streiten? (2/2)

kommen sie in vielen Büchern vor. Und du hast bestimmt schon solche Geschichten gelesen und findest sie spannend."

„Ja, aber ich mag Vampirgeschichten trotzdem nicht."

„Du musst ja auch keine lesen", sagt Tom.

„Mach ich auch nicht."

„Die reden ja nur!", ruft Jan. „Die streiten doch überhaupt nicht."

„Das war sogar ein sehr gutes Streitgespräch", sagt Frau Baier. „Lisa und Tom sind völlig verschiedener Meinung und haben das einander auch deutlich gesagt. Aber sie haben sich nicht beschimpft, obwohl beide bei ihrer Meinung geblieben sind."

„Und das soll ein Streit sein?", fragt Axel verwundert.

Frau Baier nickt. „Wenn jemand nicht meiner Meinung ist, gibt es keinen Grund, ihn deswegen zu beschimpfen, zu beleidigen oder ihm gar zu drohen, wie ihr beide das vorhin getan habt. Wo viele Menschen zusammenleben, gibt es viele Meinungen. Das ist ganz normal. Natürlich kann man darüber streiten, welches die richtige Meinung ist, und jeder kann versuchen, andere von seiner Meinung zu überzeugen. Aber wenn man das nicht schafft, muss man eben mit unterschiedlichen Meinungen miteinander leben lernen."

Manfred Mai

Das Diamantarmband

Die alte Frau in dem großen Haus hätte sich eigentlich freuen können: Sie hatte Geld, ein schönes, großes Haus und reichlich zu essen. Aber ihr fehlte etwas. Sie wusste jedoch nicht, was. Denn allen anderen in der Stadt ging es genauso. Sie hatten schöne Häuser, aßen schmackhafte Dinge, und irgendetwas fehlte ihnen. Deshalb versuchten alle Bewohner der Stadt, noch mehr Geld und noch mehr Dinge anzuhäufen. Denn sie dachten: „Bald habe ich alles, was man sich wünschen kann. Dann fehlt mir nichts mehr." Weil sie so sehr damit beschäftigt waren, immer noch neuere, wertvollere und schönere Dinge aufzutreiben, rannten sie alle durch die Straßen. Und keiner hatte Zeit, um andere Menschen zu treffen und sich zu unterhalten. So kam es, dass sich die Menschen nicht einmal grüßten, wenn sie sich begegneten. Lächeln konnten sie schon lange nicht mehr. Die alte Frau konnte nicht mehr durch die Straßen rennen und blieb in ihrem Haus. Aber alle anderen, auch ihre Tochter, waren viel zu beschäftigt, um sie zu besuchen.

Eines Tages kam ein Fremder in die Stadt. Er kam von weit her und hatte nur sehr wenige Dinge bei sich. Aber er trug ein wundervolles Diamantarmband am linken Handgelenk. Er ging durch die Straßen der Stadt und wollte jemanden nach dem Weg in eine Unterkunft fragen. Alle rannten an ihm vorbei und beachteten ihn gar nicht. In einem großen Haus sah er Licht und klingelte. Die alte Frau öffnete die Tür, und er bat sie, ihm den Weg zu erklären. Sie freute sich über den Besuch, wies ihm den Weg und lächelte zum ersten Mal seit vielen Jahren. Als er sie lächeln sah, schenkte er ihr sein Diamantarmband – einfach so.

Da machte sich die alte Frau ganz langsam und mit einem Lächeln auf den Lippen auf zu ihrer Tochter. Sie schenkte ihr das Armband weiter – einfach so. Die Tochter legte es nicht zu ihren anderen schönen Dingen, sondern lächelte und schenkte es ihrer besten Freundin. So wurde das Armband in der ganzen Stadt immer weitergeschenkt und jeder, der es bekam, freute sich und schenkte es dem Nächsten. Die Leute wurden immer freundlicher zueinander, sie grüßten sich und redeten viel. Und der fremde Mann blieb schließlich in der Stadt und wurde von den Menschen gefeiert, denn er hatte ihnen das Lächeln und die Freude zurückgebracht.

Schulhof-Geschimpfe

 **Aufgaben:**

1. Bilde mit 2 bis 3 anderen Kindern eine Gruppe. Hört ihr in eurer Schule auch Tiernamen als Beleidigung? Schreibt sie ins Heft.
2. Welche Tiere gelten als schlau oder schön? Warum?
3. Sucht euch eine der Strophen 2 – 5 aus. Versucht jetzt, die Schimpfwörter durch nette Ausdrücke zu ersetzen. Die Zeilen müssen sich nicht reimen. Schreibt eure Strophe auf, und vergleicht sie mit denen der anderen Kinder.
4. Wie verändert sich die Stimmung des Gedichts, wenn andere Tiere vorkommen? Auf welchem Schulhof möchtet ihr lieber sein, auf dem alten oder auf dem neuen?

Der Sperling und die Schulhof-Kinder

Ein Sperling, der von ungefähr
Zu einem Schulhof kam,
Erstaunte über das, was er
Auf diesem Hof vernahm.

Ein Mädchen sprach zu Meiers Franz:
„Du alter Esel, du!“,
Da sprach der Franz: „Du dumme Gans,
bist eine blöde Kuh!“

Der Walter sprach zum dicken Klaus:
„Mach Platz, du fetter Ochs!“
Da rief der Klaus: „Du fade Laus,
Pass auf, dass ich nicht box!“

Zum Peter sprach Beate nun:
„Du Affe, geh hier weg!“
Da rief der Peter: „Dummes Huhn,
Ich weiche nicht vom Fleck!“

Der Sperling meint, er hör nicht recht.
Es tönte allenthalb:
„Du Schaf! Du Floh! Du blöder Hecht!
Du Hund! Du Schwein! Du Kalb!“

Der kleine Sperling staunte sehr.
Er sprach: „Es schien mir so,
Als ob ich auf dem Schulhof wär;
Doch bin ich wohl im Zoo!“

James Krüss

Jeder ist anders (1/2)

 **Du brauchst:**

- alte Zeitschriften
- Farbe und Papier
- Kleber

 **Aufgaben:**

1. Suche dir einen, zwei oder drei Partner. Lest beide Gedichte.
2. Erzählt euch gegenseitig, was jeder von euch gut kann. Worin seid ihr euch ähnlich? Worin seid ihr euch unähnlich? Fallen euch Dinge ein, die ihr nur gemeinsam tun könnt?
3. Klebt jetzt mit euren Ergebnissen eine Collage. In der Mitte sollen die Dinge stehen, die ihr gemeinsam tun könnt oder gemeinsam mögt. Am Rand kann jeder seine eigene Meinung hinkleben. Schneidet dazu Bilder aus Zeitschriften aus, oder malt selber welche. Ihr könnt auch Teile der Gedichte mit einkleben.

 ISBN 978-3-8346-0307-4

Jeder ist anders (2/2)

Wir

Ich bin ich und du bist du.
Wenn ich rede, hörst du zu.
Wenn du sprichst, dann bin ich still,
weil ich dich verstehen will.
Wenn du fällst, helf ich dir auf
und du fängst mich, wenn ich lauf.
Wenn du kickst, steh ich im Tor,
pfeif ich Angriff, schießt du vor.
Spielst du pong, dann spiel ich ping,
und du trommelst, wenn ich sing.
Allein kann keiner diese Sachen,
zusammen können wir viel machen.
Ich mit dir und du mit mir –
das sind wir.

Irmela Brender

Du und ich

Du bist anders als ich,
ich bin anders als Du.
Gehen wir auf-
einander zu,
schauen uns an,
erzählen uns dann,
was Du gut kannst,
was ich nicht kann,
was ich so treibe,
was Du so machst,
worüber Du weinst,
worüber Du lachst,
ob Du Angst spürst bei Nacht,
welche Sorgen ich trag,
welche Wünsche Du hast,
welche Farben ich mag,
was traurig mich stimmt,
was Freude mir bringt,
wie wer was bei Euch kocht,
wer was wie bei uns singt …
Und plötzlich erkennen wir
– waren wir blind? –
dass wir innen uns
äußerst ähnlich sind.

Karlhans Frank

Stundenbilder zum Erwerb von speziellen Fähigkeiten der Konfliktklärung

Zu den Fähigkeiten, die Kinder brauchen, um Konflikte selber zu klären, gehören das aktive Zuhören, das Bemühen um positive Lösungen sowie die Einigung mit einer Gruppe. Diese Fähigkeiten üben Sie mit den folgenden Angeboten.

Zuhören, gut und schlecht

Stundenbild 2 *(Idee nach Walker, 2001)*

Schwerpunkt: entspricht Phase 2: Was ist passiert?

Alter: ab Ende Klasse 2

Dauer: 1 Stunde

Materialien: keine

Organisationsform: in den einzelnen Angeboten angegeben

So geht's

1. Rollenspiel: „Schlechtes Zuhören"

Wählen Sie ein Kind aus, und setzen Sie sich ihm gegenüber auf einen Stuhl. Das Kind wird – ohne Benennung der Zielsetzung – aufgefordert, zu erzählen, was es gestern Nachmittag erlebt hat. Sie sollten allerdings das Stichwort „zuhören" erwähnen, z.B.: *„Du erzählst und ich höre dir zu."* Die anderen Kinder der Klasse sind Zuschauer. Sie haben die Aufgabe, zu beobachten und nachher zu berichten. Während des Erzählens demonstrieren Sie **schlechtes Zuhören**: Sie können zum Fenster hinausschauen, Ihren Pulli zurechtzupfen, aufstehen und etwas an Ihrem Schreibtisch erledigen, gähnen, auf die Uhr schauen usw.

Auswertung

Das Erzählkind wird gefragt, wie es ihm ergangen ist, ob es sich verstanden gefühlt hat. Die Beobachter berichten, was sie gesehen haben. Sie führen den Begriff „schlechtes Zuhören" ein und schreiben ihn an die Tafel. Entschuldigen Sie sich im Anschluss bei dem Kind, und versuchen Sie es besser im zweiten Rollenspiel.

2. Rollenspiel: „Gutes Zuhören“

Während das Kind erzählt, was es in den nächsten Tagen vorhat, demonstrieren Sie **gutes Zuhören**: Sie schauen das Kind aufmerksam an, bestätigen Ihr Verstehen durch Nicken oder durch Nachfragen, konzentrieren sich usw.

Auswertung

Das Erzählkind wird wieder gefragt, wie es ihm ergangen ist, ob es sich verstanden gefühlt hat. Fragen Sie das Erzählkind und die Beobachter, woran sie gemerkt haben, dass Sie nun gut zugehört haben. Der Begriff „gutes Zuhören“ wird an die Tafel geschrieben.
Sammeln Sie mit den Kindern die Kriterien für gutes Zuhören, und notieren Sie sie ebenfalls an der Tafel.

Beispiele:

- das Kind anschauen
- sich dem Partner zuwenden
- ruhig und aufmerksam sein
- mit der Sprache kurz auf den Inhalt eingehen, z.B. nachfragen
- nicht mit anderen Dingen beschäftigen oder herumschauen

Die Kriterien für gutes Zuhören können später in Plakatform an die Wand gehängt werden.

3. Partnerübung

Die Partner werden ausgelost, z.B. mit gezogenen Bildpaaren (wie Memory®-Karten). Die Kinder probieren nun beide Arten des Zuhörens selbst aus.
Erst zeigt einer der Zuhörer beide Zuhörarten. Danach ist Rollentausch.

Auswertung

Bilden Sie einen Stuhlkreis.
Mögliche Fragen sind:

- Wie ist es dir beim schlechten Zuhören und beim guten Zuhören ergangen, wenn du Erzähler warst?
- Wie ist es dir beim schlechten Zuhören und beim guten Zuhören ergangen, wenn du Zuhörer warst?

Erfahrungen aus der Praxis

Während des ersten Rollenspiels „Schlechtes Zuhören“ kann es sein, dass die Zuschauer das sehr lustig finden. Das ist bei Rollenspielen ab und zu der Fall. Dennoch – oder vielleicht gerade deswegen – bleibt es den Kindern in Erinnerung und kann dann später im Ernstfall schnell wachgerufen werden. Wichtig ist auch, dass Sie deutlich machen, dass es für die Zuschauer lustig aussehen kann, dass der Erzähler sich aber nicht ernst genommen fühlt, traurig oder ärgerlich werden kann. Die Lacher, die sich kaum noch beruhigen können, können Sie fragen: *„Wenn du jemandem etwas erzählen möchtest, hättest du dann lieber einen schlechten (belustigten) oder einen guten Zuhörer?“* Eventuell können Sie sie so zum Nachdenken anregen.
Vielleicht kommt auch schon bei der Auswertung heraus, dass gutes Zuhören nicht so leicht ist und sogar anstrengend sein kann, vor allem wenn es über einen längeren Zeitraum geht.

Mit dem Hinweis auf das unterschiedliche Erleben in der jeweiligen Rolle, durch das Ausprobieren von beiden Rollen wird die Fähigkeit zum Perspektivwechsel angebahnt. Dieser ist für die konstruktive Konfliktbearbeitung und die Mediation entscheidend.

Eine gute Zuhörerin ist aufmerksam, zugewandt, mitfühlend und kritisch.

Wenn ich mich schlecht fühle

Stundenbild 3

Schwerpunkt: entspricht Phase 3 – Was steckt dahinter?

Alter: ab Ende Klasse 2

Dauer: 1 Stunde

Materialien: *für Angebot 2:* Kopien des Gedichts „Sabine“ (s. Kopiervorlage, S. 185); *für Angebot 3:* Kopien eines oder mehrerer der Arbeitsblätter „Was kann ich tun, wenn ...?“ (s. Kopiervorlage, S. 186/187)

Organisationsform: in den einzelnen Angeboten angegeben

Geförderte Basiskompetenzen und Ziele

Gefühle zu erkennen und zu benennen, haben viele Kinder (und auch Erwachsene) nicht gelernt. Es ist unüblich, über Gefühle zu sprechen. Bei Konflikten geht es aber immer wieder um Verletzungen von Gefühlen. Enttäuschung, Ärger, Wut können sich leicht zu Hass steigern, was wiederum zu aggressiven, verletzenden Handlungen führen kann. Oder aber die negativen Gefühle sind nach innen gerichtet, sodass Kinder sich zurückziehen, keine Kontakte mehr aufnehmen oder zulassen und von starken Selbstzweifeln geplagt werden können.
Da Gefühle gerade in der Konfliktbearbeitung eine große Rolle spielen und ein guter Umgang mit Gefühlen präventiv wirkt, soll hier ein kurzes Beispiel zur Vertiefung der Erfahrungen aus den IA-Spielen vorgestellt werden.

So geht's

1. Gefühle ohne Worte

Sie oder ein Kind stellen mimisch oder in einer kurzen pantomimischen Szene ein Gefühl dar (z.B. Trauer). Die Kinder sollen erraten, um welches Gefühl es sich handelt. Dabei werden alle passenden Nennungen zugelassen, auch wenn sie nicht ganz präzise sind. Dadurch wird eine Vielfalt von verbalen Ausdrucksmöglichkeiten geübt: Traurig, enttäuscht, unsicher, verletzt, verbittert usw. sind Begriffe, die fallen könnten. Je nach Vorerfahrungen kann zu diesem Zeitpunkt oder später auf die Nuancen eingegangen werden. Die Begriffe können an der Tafel oder auf einem Plakat festgehalten werden. Ein Kind übernimmt das Rollenspiel mit einem neuen Gefühl. Entweder denkt es sich selbst ein Gefühl aus, oder es bekommt eines ins Ohr geflüstert. Die Klasse errät wieder usw.

2. Gedicht: „Sabine"

Im Stuhlkreis wird das Gedicht „Sabine" (s. S. 185) von einem Kind oder von Ihnen vorgelesen und in einem Unterrichtsgespräch erörtert. Bei Ihren Impulsen sollten Sie darauf achten, zunächst eng am Text und bei Sabine zu bleiben und dann erst zu eigenen Erfahrungen der Kinder überzugehen. Anregungen für Fragen:

- Warum, meinst du, sagt Sabine nichts, wenn sie Angst hat/traurig ist ...?
- Was könnte Sabine tun, wenn sie Angst hat/traurig ist ...?
- Was tust du, wenn du wütend/böse bist?
- Wie geht es dann weiter, wenn du z.B. jemanden schlägst? Was hilft nicht?
- Was verletzt? Was hilft? Was tut dir gut und verletzt niemanden?

3. „Was kann ich tun, wenn ...?

In Einzelarbeit bearbeiten die Kinder nun eines oder mehrere der Arbeitsblätter „Was kann ich tun, wenn ...?" (s. S. 186/187). Sie schreiben verschiedene Möglichkeiten der Reaktion auf Wut- und Enttäuschungsgefühle auf. Dies können eigene Überlegungen sein oder solche, die im Stuhlkreis erörtert wurden. Alternativ können die Kinder die Situation auch malen.

Differenzierung

Wenn Kinder schnell arbeiten, können sie ein weiteres Gefühl und den Umgang damit auf der Rückseite des Arbeitsblattes beschreiben oder eine Situation dazu malen.

Anmerkungen: Gerade das Thema „Gefühle" erfordert einen sensiblen Umgang durch die Lehrerin. Die verschiedenen Verhaltensweisen, die die Kinder erzählen, müssen respektiert, nicht gewertet werden. Es geht nicht um richtig oder falsch, gut oder böse. Die Fragen *„Was hilft?"* und *„Welche Folgen hat ein Verhalten?"* sind nützlicher.

Auch wenn Sie eigene Beispiele aus Ihrem Leben nennen, ist das für die Kinder hilfreich. Wenn die Kinder hören, wie sich andere Menschen in einer bestimmten Gefühlslage sinnvoll verhalten können, erfahren sie eine Erweiterung der eigenen Möglichkeiten. Daher finden sich auch auf den Arbeitsblättern ergänzende alternative Verhaltensweisen.

Weiterführende Literatur und Arbeitsmaterialien

→ Ortrud Hagedorn: **Konfliktlotsen.** Klett Verlag, 2000.

→ Marina Götzinger; Dieter Kirsch: **Grundschulkinder werden Streitschlichter.** Ein Ausbildungsprogramm mit vielen Kopiervorlagen. Verlag an der Ruhr, 2004.

→ Bundeszentrale für Gesundheitliche Aufklärung: **Achtsamkeit und Anerkennung.** Materialien zur Förderung des sozialen Verhaltens in der Grundschule. 2002.

Sabine

Wenn Sabine Hunger hat, dann sagt sie:
Ich habe Hunger.
Wenn Sabine Durst hat, dann sagt sie:
Ich habe Durst.
Wenn Sabine Bauchweh hat, dann sagt sie:
Ich habe Bauchweh.
Dann bekommt sie zu essen,
zu trinken und auch
eine Wärmflasche auf den Bauch.
Und wenn Sabine Angst hat,
dann sagt sie nichts.
Und wenn Sabine traurig ist,
dann sagt sie nichts.
Und wenn Sabine böse ist,
dann sagt sie nichts.
Niemand weiß,
warum Sabine Angst hat.
Niemand weiß,
warum Sabine traurig ist.
Niemand weiß,
warum Sabine böse ist.
Niemand kann Sabine verstehen
und niemand kann Sabine helfen,
weil Sabine
nicht über Sabine spricht.

Marianne Kreft

Was kann ich tun, wenn …? (1/2)

Name: ____________________ Klasse: __________

… ich wütend bin?

Aufgabe:
Schreibe unten auf, was dir dann gut tut und niemand anderen verletzt. Du kannst auch auf der Rückseite des Blattes ein Bild malen.

____

____

____

____

____

____

Ich spiele Fußball.

Ich setze mich in eine Ecke und denke nach.

Ich zähle langsam bis 20.

Ich trete gegen eine Wand.

Ich schlage auf ein Kissen.

Ich schreibe einen Wut-brief.

Ich zerknülle Papier und werfe es auf den Boden.

Ich erzähle einer Freundin oder einem Freund von meinem Ärger.

Was kann ich tun, wenn ...? (2/2)

Name: ______________________________ Klasse: __________

... ich enttäuscht bin?

Aufgabe:
Schreibe wieder unten auf, was dir dann gut tut und niemand anderen verletzt. Du kannst auch auf der Rückseite des Blattes ein Bild malen.

____

____

____

____

____

____

Ich spiele etwas, um auf andere Gedanken zu kommen.

Ich verkrieche mich.

Ich motze vor mich hin.

Ich rede mit einer Freundin oder einem Freund.

Ich sage, warum ich enttäuscht bin.

Ich schreibe meine Enttäuschung auf.

 ISBN 978-3-8346-0307-4

Wenn zwei sich streiten, freuen sich beide (später) – Einführung in mediatives Denken

Stundenbild 4

 **Schwerpunkt:** Entspricht Phase 4 – Problemlösung, Win-win-Lösungen

 **Alter:** ab Ende Klasse 2

 **Dauer:** ca. 2 Stunden

 **Materialien:** *für Angebot 2:* Folie oder möglichst große Kopie des Comics vom Arbeitsblatt „Wenn zwei sich streiten ..." (s. Vorlage S. 191); *für Angebot 3:* Kopie des Arbeitsblattes „Wenn zwei sich streiten ..." für jedes Kind

 **Organisationsform:** in den einzelnen Angeboten angegeben

So geht's

1. Einführung mit zwei Spielen

Führen Sie mit den Kindern zwei kurze Bewegungsspiele durch, eins mit Verlierer und Gewinner, eins ohne Verlierer mit Gewinn für die Klassengemeinschaft.
Als Gewinnspiel eignet sich z.B. **„Aus dem Stand bringen"**: Die Kinder stehen sich paarweise auf Armeslänge gegenüber. Sie legen ihre Handflächen gegeneinander und versuchen, auf ein Zeichen hin sich gegenseitig aus dem Stand zu bringen. Dabei ist nur Schieben, Druck und Gegendruck erlaubt, kein Zerren, Schlagen o.Ä. Wer als erster seinen Gegner aus dem Gleichgewicht bringt, hat gewonnen.
Auch Ringen nach Regeln eignet sich.
Als kooperatives Spiel können Sie bespielsweise **„Gordischer Knoten"** auswählen: Alle Spieler stehen im Kreis, schließen die Augen, strecken ihre rechte Hand aus und fassen die rechte Hand eines anderen. Daraufhin strecken sie ihre linke Hand aus und greifen eine andere linke Hand. Nun öffnen sie die Augen und versuchen, das entstandene Wirrwarr wieder zu einem Kreis aufzulösen, ohne die Hände loszulassen.

<u>Auswertung der beiden Spiele im Sitzkreis</u>

Fragen zur Anregung:

- Welche Eindrücke hattest du beim ersten Spiel?
- Wie fühlt sich der Gewinner?

- Wie fühlt sich der Verlierer?
- Wie war es beim zweiten Spiel?
- Was ist der Unterschied zwischen den beiden Spielen?
- Welche Auswirkungen kann das auf die Kinder haben?
- Wie geht es jemandem, der beim Spiel oft verliert?
- Wie kann es jemandem gehen, der im Streit oft verliert?

Anmerkungen: Spiele, in denen es um Konkurrenz geht und ein Gewinner ermittelt wird, gehören zur Alltagserfahrung. Sportliche Wettkämpfe haben ihren Sinn, ihre Berechtigung, ihren Platz und sollen auf keinen Fall schlechtgeredet werden. Sie haben eine andere Aufgabe. Erst wenn das Prinzip der Gewinnspiele (Win-lose-Situation) klar ist, kann auch das andere Prinzip der Win-win-Lösungen als etwas anderes, aber ebenso Klares begriffen werden. Für das Ziel der Befähigung zur Konfliktbearbeitung ist diese Unterscheidung wichtig.

2. Wenn zwei sich streiten ... *(Idee nach Walker, 2001)*
Versammeln Sie die Kinder im Halbkreis um die Tafel. Das Bild „Wenn zwei sich streiten ..." (s. S. 191), das nur die ersten Sequenzen der Gesamtdarstellung zeigt, wird an die Tafel gehängt oder mit Overheadprojektor an die Wand projiziert.
Die Kinder beschreiben, was sie sehen, nichts wird kommentiert. Sie können aber das Gespräch eventuell durch folgende Impulse lenken:

- Was ist das Problem? (möglichst genau benennen, dass beide einen Knochen möchten, welche Schwierigkeiten dabei auftreten und wodurch)
- Was ist das Ziel jedes einzelnen Hundes?
- Wer gewinnt? Wer verliert?
- Wie fühlt sich der Gewinner? Wie der Verlierer?
- Wie könnte es dann mit den beiden Hunden weitergehen?
- Wie könnte das Problem so gelöst werden, dass beide Hunde gewinnen?

Sammeln Sie abschließend verschiedene Lösungsvorschläge der Kinder – achten Sie aber darauf, dass diese noch nicht gewertet werden!
Erst ganz am Schluss überprüfen die Kinder die verschiedenen Lösungsvorschläge auf ihre Brauchbarkeit. Dabei sollten sie Vor- und Nachteile, die Durchführbarkeit, Fairness und die Lösung des Problems bedenken.

3. Eine Lösung für den Streit finden

Die Kinder erhalten das Arbeitsblatt „Wenn zwei sich streiten ..." (s. S. 191). Sie malen oder schreiben auf, wie sie sich die Fortsetzung vorstellen. Die beiden Hunde sollen ihr Problem so lösen, dass beide gewinnen.
Eventuell kann am Ende der vollständige Comic der Hunde mit allen Sequenzen gezeigt werden („Wenn zwei sich streiten, freuen sich beide", s. S. 192). Weisen Sie darauf hin, dass das Ende des Streits, so wie es hier gezeichnet ist, nicht der Weisheit letzter Schluss ist. Die Kinder sollen dies nicht als Abwertung ihrer Lösungen erfahren, sondern als eine Idee unter anderen kennenlernen, die sich eventuell von denen der Klasse unterscheidet.

<u>Variante für ältere Kinder</u>

Nach kurzer gemeinsamer Besprechung der gekürzten Bildergeschichte finden die Kinder in Partner- oder Gruppenarbeit mögliche Win-win-Lösungen. Diese halten sie auf einem DIN-A3-Blatt in einer Bilderfolge fest. Die unterschiedlichen Lösungen werden im Plenum vorgestellt und die Bilder später in der Klasse aufgehängt. Die Vorstellung kann eventuell auch als Rollenspiel stattfinden.

In einer folgenden Stunde kann die Bildergeschichte noch einmal aufgegriffen werden. Dabei kann an eigene Streiterfahrungen der Kinder angeknüpft werden.

Erfahrungen aus der Praxis

Bei der noch nicht bewertenden Suche nach Lösungen können Kinder auf die unterschiedlichsten Ideen kommen. Es kann durchaus vorkommen, dass ein Kind sagt: *„Wenn keiner nachgibt, zerren sie solange, bis beide erschöpft tot zusammenbrechen."* Das ist dann ein günstiger Ausgangspunkt, sich um andere Lösungen zu bemühen. Mögliche Nennungen der Kinder sind aber auch: *„Der Stärkere hat eben Glück, für den Schwächeren bleibt vielleicht noch ein Rest"* oder *„Wer zuerst kommt, mahlt zuerst."* Andere Kinder denken schon weiter: *„Die könnten doch einen Erwachsenen, der gerade vorbeikommt, fragen, ob er den Strick durchschneidet."* Hier ist schon die Hilfe durch einen unparteiischen Dritten angedeutet.

Wenn Kinder das Prinzip der Win-win-Lösungen als Lösungen, bei denen keiner verliert und alle gewinnen, verstanden haben und wenn sie erfahren haben, wie sich diese Lösungen anfühlen, haben sie eine gute Voraussetzung erworben, um konstruktiv Konflikte zu bearbeiten.

Wenn zwei sich streiten …

Aufgabe:
Die beiden Hunde sollen ihr Problem so lösen, dass beide gewinnen! Schreibe oder male in dem freien Feld weiter.

 ISBN 978-3-8346-0307-4

Wenn zwei sich streiten ... freuen sich beide

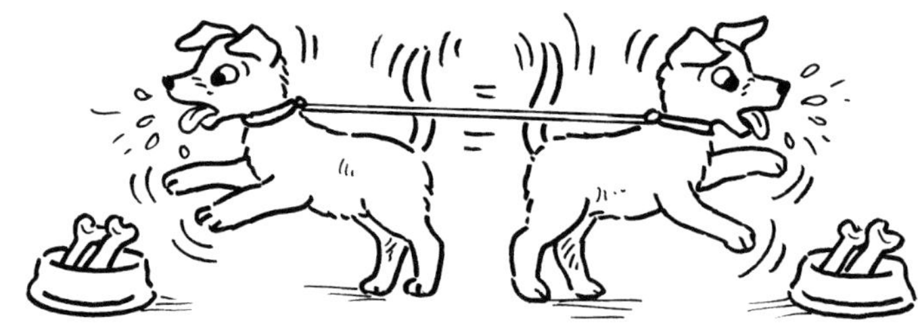

© Verlag an der Ruhr • 45422 Mülheim an der Ruhr • www.verlagruhr.de • ISBN 978-3-8346-0307-4

Miteinander reden und sich einigen

Stundenbild 5 *(Idee nach Walker, 2001)*

 **Schwerpunkt:** entspricht Phase 4/5 – Problemlösung/Vereinbarung, Konsensfindung mit Sprache

 **Alter:** ab Ende Klasse 2

 **Dauer:** 1 Stunde

 **Materialien:** für jede Gruppe eine Kopie des Arbeitsblattes „Sich einigen" (s. Kopiervorlage, S. 195)

 **Organisationsform:** in den einzelnen Angeboten angegeben

Geförderte Basiskompetenzen und Ziele

Bei den folgenden Übungen stehen nicht die Inhalte der Entscheidungen im Vordergrund. Es geht hier um den Gruppenprozess um das Zustandekommen einer Entscheidung durch eine **verbale Auseinandersetzung**.

So geht's

Voraussetzung für diese Aufgabe ist, dass die Kinder mit Gruppenarbeit vertraut sind und dass diese weitgehend funktioniert. Um die Kinder zur Zusammenarbeit zu motivieren, ist es gut, wenn die gestellten Aufgaben und Fragen aus ihrem Erfahrungsbereich stammen.
Teilen Sie die Klasse in Gruppen von drei bis fünf Kindern auf. Jede Gruppe bekommt ein Arbeitsblatt und soll sich innerhalb von fünf Minuten einigen und entscheiden, wie sie sich in der Situation verhalten wurde. Anschließend teilen die Gruppen kurz ihre Ergebnisse im Plenum mit und tragen ihre inhaltlichen Argumente in Stichpunkten vor. Anschließend können Sie die Aufgabe mit einer anderen Problemstellung wiederholen. Anregungen dazu finden Sie unten.

Weitere Problemstellungen für die Entscheidungsfindung:
Ihr fahrt mit der Klasse in die Jugendherberge. Diese Dinge wollt ihr mitnehmen: Fußball, Spielesammlung, einen Kasten Wasser, Süßigkeiten für alle, das Schwung-

tuch, euer Klassentagebuch, euer Klassentier, eine Gitarre. Aber der Bus ist schon ziemlich voll, und es passen nur noch drei Teile hinein.

Ihr macht eine lange Waldwanderung. Die Wasserflasche, Geld und die Zugfahrkarte sind schon im Rucksack verstaut. Diese Dinge möchtet ihr zusätzlich noch einpacken: MP3-Player, Wanderkarte, Verpflegung, eine Picknickdecke, Kompass, eine Regenjacke, ein Tierbestimmungsbuch, ein Fernglas. Es passen nur noch drei Dinge in den Rucksack. Für welche entscheidet ihr euch.

Fragen zur Auswertung im Stuhlkreis:

- Hattet ihr Schwierigkeiten, euch auf eine Lösung zu einigen?
- Hat sich jemand aus der Gruppe stark „vorgedrängelt“ und wollte bestimmen?
- Hat jemand nachgegeben? Warum?
- Habt ihr gleichberechtigt eine Entscheidung gefunden?
- Seid ihr jetzt zufrieden mit eurer Lösung?

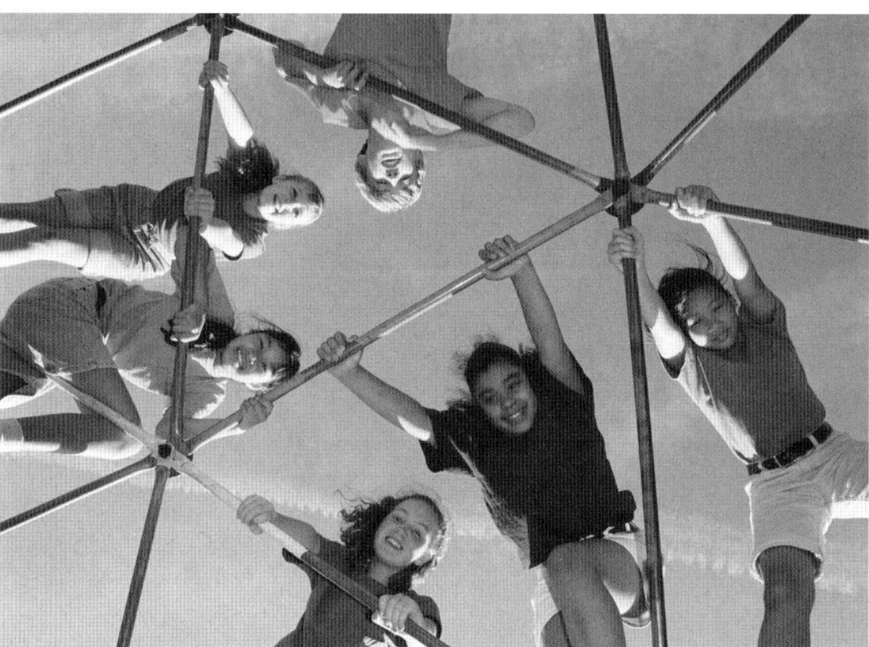

Konfliktfähige Kinder sind auch „gruppenfähige“ Kinder.

Sich einigen

 **Aufgaben:**

1. Schneidet die Wortkarten aus.
2. Ihr seid zu einem Kinderfest eingeladen. Ihr möchtet gerne 7 Dinge dorthin mitnehmen, könnt aber nur 3 davon einpacken. Einigt euch jetzt in der Gruppe, welche 3 Dinge ihr mitnehmen wollt. Die Karten könnt ihr nach ihrer Wichtigkeit sortieren.
3. Beachtet dabei die Regeln:
   - ausreden lassen
   - gut zuhören
   - die Meinung der anderen gelten lassen, nicht beschimpfen
4. Bestimmt ein Kind aus eurer Gruppe, das den anderen Gruppen euer Ergebnis vorstellt. Es erzählt, welche Dinge ihr ausgewählt habt, warum es diese Dinge sind und wie ihr euch geeinigt habt.

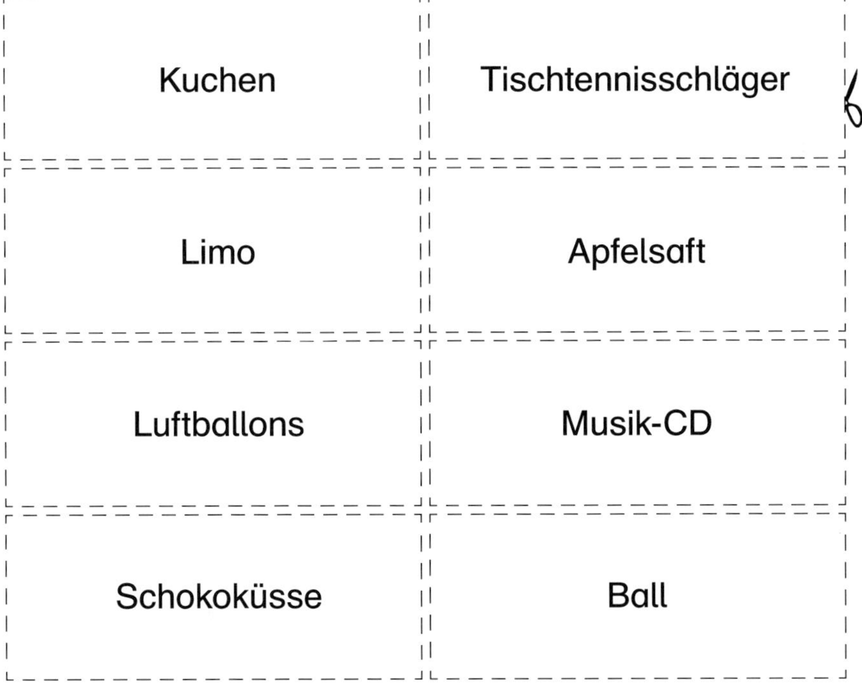

Bernadette Grix

Konfliktlösung mit Hilfe neutraler Dritter

Problemlösungsgespräch

Stundenbild 6 *(Idee nach Hoffmann u.a., 2001)*

 **Schwerpunkt:** entspricht Phase 4/5 – Problemlösung/Vereinbarung

 **Alter:** ab Klasse 3

 **Dauer:** ca. 1 Stunde, danach nach Bedarf, möglichst bei aktuellen Anlässen

 **Materialien:** große Kopien der einzelnen Seiten aus dem Faltbuch „Ein Problem klären" (s. Kopiervorlage, S. 200), für die Kinder jeweils eine Kopie des Faltbuchs, für je 4 – 6 Kinder eine Faltanleitung (s. Kopiervorlage, S. 199)

 **Organisationsform:** Sitzhalbkreis, dann Partnerarbeit

Geförderte Basiskompetenzen und Ziele

Ein Problemlösungsgespräch führen zu lernen, eignet sich gut als **Hinführung und Einübung zur konstruktiven Streitschlichtung**. Verglichen mit dem Verfahren der Mediation wird die Entsprechung deutlich.

So geht's

Kopieren Sie die einzelnen kleinen Bilder im Faltbuch auf DIN-A4-Größe, und hängen Sie sie an die Wand. Besprechen Sie anhand der Bilder die Schritte des Problemlösungsgesprächs.

1. + 2. Ansprechen des Gegenübers und Klärung der Regeln

3. Ausdrücken des Problems und der eigenen Gefühle durch Ich-Botschaften, dem Gegenüber Gelegenheit zur Stellungnahme einräumen

4. Die eigenen Wünsche an das Verhalten des anderen äußern und seine Rückmeldung einholen

5. Abschluss mit einer Einigung oder Geste der Versöhnung

Nach der Einführung können Sie mit den Kindern Streitbeispiele aufgreifen (s. etwa S. 223). Die Kinder versuchen zu zweit oder in Kleingruppen, mit Hilfe der Schritte ein Problemlösungsgespräch zu führen.

Im Anschluss stellen die Kinder ein eigenes Faltbuch her (s. S. 199/200). Sie stecken es ins „Hausaufgabenheftfach“ in ihrem Mäppchen. Bei Bedarf kann es dann schnell herausgenommen werden, und sie können anhand des Faltbuchs lernen, selbstständig ihr Problem zu besprechen. Einige lernen es – wie auch im „normalen“ Unterricht – schnell, andere brauchen längere Zeit Unterstützung.

Das Problemlösungsgespräch	Schritte in der Mediation
A. Regeln **1.** Ich höre zu, wenn mein Gegenüber spricht. **2.** Ich verwende Ich-Sätze, statt Vorwürfe zu machen.	**Phase 1: Regeln erklären/ Zustimmung einholen** **1.** ausreden lassen **2.** gut zuhören **3.** freundlich sprechen
B. „Ich habe ein Problem.“ „Ich möchte mit dir sprechen. Wann hast du Zeit?“	**Phase 2: Standpunkte darlegen, Problem benennen** „Was ist passiert? Worum geht es?“
C. „Ich fühle mich ...“ „Ich fühle mich ärgerlich/traurig/..., wenn du ... Was möchtest du dazu sagen?“	**Phase 2/3: Standpunkte/ Konflikterhellung/Hintergründe** „Wie hast du dich dabei gefühlt? Was ist der Grund?“
D. „Ich wünsche mir ...“ „Ich wünsche mir von dir, ... Ist das für dich in Ordnung?“	**Phase 4: Lösungen suchen/ verhandeln** „Was wünschst du dir? Was gibst du?“
E. Einigung/Geste der Versöhnung	**Phase 5: Vereinbarung und Abschluss**

Vergleich zwischen Problemlösungsgespräch und Mediationsschritten

Erfahrungen aus der Praxis

Nachdem das Problemlösungsgespräch „eingeführt“ war, hatten einige Kinder großes Interesse daran, ihre Probleme eigenständig zu lösen. Sie fragten z.B. nach der Pause, ob sie ein Problemgespräch draußen führen können, schnappten ihr Büchlein und verschwanden vor der Tür. Nach kurzer Zeit kamen sie herein und hatten sich geeinigt. Eine Mutter erzählte, ihre Tochter habe während eines Streits mit ihr das Buch geholt und ein Problemlösungsgespräch mit ihr geführt – erfolgreich.

Weiterführende Literatur

➔ Günther Braun, Edith Dietzler-Isenberg, Meike Nottbohm, Ulla Püttmann, Kathleen Schmiegel, Andreas Würbel: **Kinder lösen Konflikte selbst!** Mediation in der Grundschule. Thomas-Morus-Akademie Bensberg, 2005. In diesem Buch finden Sie als Anregung ein „Hosentaschenbuch“, das sehr ausführlich in 13 Schritten eine genaue Anleitung zur konstruktiven Konfliktlösung im Sinn einer Mediation beinhaltet.

➔ Kirsten Hoffmann, Veronika von Lilienfeld-Toal, Kerstin Metz, Katja Kordelle-Elfner: **Stopp – Kinder gehen gewaltfrei mit Konflikten um.** Persen Verlag, 2001.

Anleitung für das Faltbuch

So faltest du dein Minibuch:

1. Schneide die Vorlage aus. Lege das Blatt quer, und falte es in der Mitte.

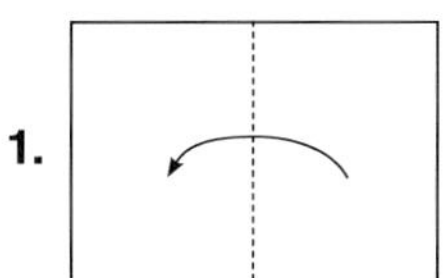

2. Falte es noch einmal, wie gezeigt. Klappe es dann wieder auf.

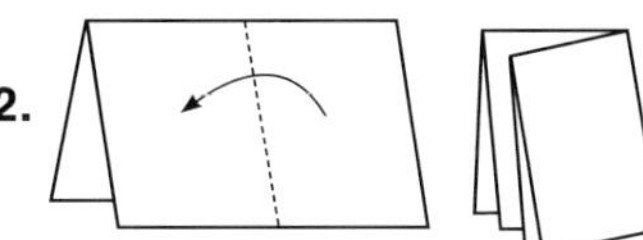

3. Falte die Oberkante auf die Unterkante. Mache die Faltung wieder rückgängig.

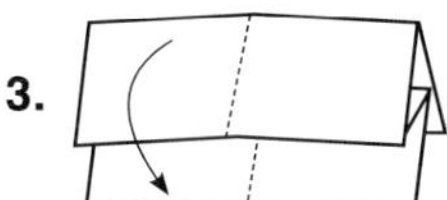

4. Schneide die Falte an der dick gestrichelten Linie ein.

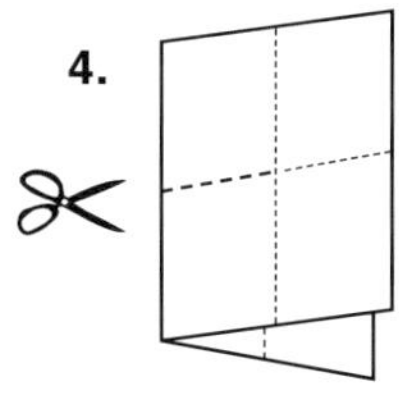

5. Falte das Blatt nun wieder ganz auf. Knicke es, wie gezeigt. Die bedruckte Seite muss dabei außen liegen.

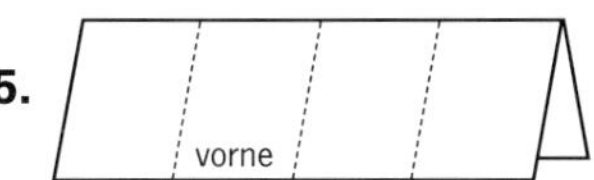

6. Schiebe den linken und den rechten Seitenrand gegeneinander, bis die Oberkanten ein Kreuz bilden.
7. Nimm zwei nebeneinanderliegende Seiten, und falte sie so um, dass die anderen innen liegen. Das Titelblatt soll jetzt vorne sein.

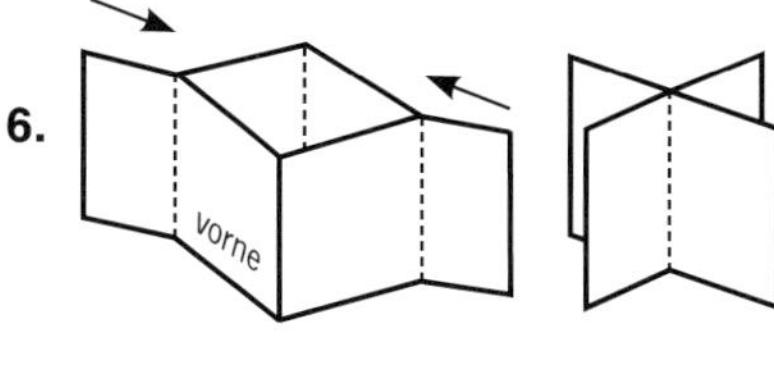

© Verlag an der Ruhr • 45422 Mülheim an der Ruhr • **www.verlagruhr.de** • ISBN 978-3-8346-0307-4

Faltbuch Problemlösungsgespräch

Friedensbrücke

Stundenbild 7

Schwerpunkt: entspricht Phase 4 – Problemlösung

Alter: ab Klasse 3

Dauer: ca. 3 Stunden

Materialien: *für Angebot 1:* evtl. Fotos oder Zeichnungen von Brücken; *für Angebot 2:* so viele Steine, wie Kinder in der Klasse sind; Namensschilder für Rollenspiel (Peter, Max), jeweils 3-mal; Notizzettel und Stift für jedes Kind; Geschichte „Die Brücke" (s. Kopiervorlage, S. 206/207); *für Angebot 3:* 1 bzw. 2 DIN-A3-Blätter oder Zeitungsseiten pro Kind, ausreichend Platz (Turnhalle, Flur, Schulhof); *für Angebot 4:* Kopie der „Friedensbrücke" (s. Kopiervorlage, S. 208/209), Figuren (z.B. große Holz-Spielfiguren)

Organisationsform: in den einzelnen Angeboten angegeben

So geht's

1. Was Brücken alles können

Machen Sie mit den Kindern ein Brainstorming zum Wort „Brücke". Eventuell unterstützen Sie die Ideensammlung auch durch Fotos von Brücken. Sammeln und notieren Sie, was den Kindern einfällt.

Beispiele:

- Brücken verbinden Flussufer.
- Es können Autos über Flüsse fahren.
- Es gibt Eisenbahnbrücken.
- Sie lassen Menschen aufeinander zugehen.
- Brücken machen schwierige Übergänge möglich.
- Durch Brücken kann man auf neues Land gelangen.
- Hängebrücken überqueren tiefe Schluchten.
- „Eselsbrücke" als Gedächtnisstütze.
- Wenn eine Brücke nicht mehr trägt, wird das Zusammenkommen schwierig.

2. Geschichte: „Die Brücke"

Bilden Sie einen Stuhlkreis, und **lesen Sie die Geschichte bis zum ersten Stopp** vor. Hier stellen die Kinder Vermutungen an, wie es weitergehen könnte. Kommentieren Sie die Äußerungen nicht. Anschließend bestimmen Sie drei Paare, die vor die Tür gehen und zu den unterschiedlichen Vermutungen jeweils eine **kurze Szene** proben. Sie erhalten dazu Rollenkarten für die Figuren Max und Peter. Währenddessen nimmt jedes Kind im Kreis einen Stein in die Hand. Die Kinder **erfühlen die Eigenschaften** des zentralen Symbols der Geschichte (z.B. glatt, spitz, rund, kalt ...). Wenn Kinder mit den Steinen herumspielen, geben Sie den Hinweis: *„Sollte ein Stein herunterfallen, bleibt er einfach liegen."*
Die Paare kommen nacheinander herein und spielen ihre Szene vor. Erst nach der letzten Szene äußern sich die Kinder zum Spiel.

Mögliche Impulse:

- Wie ist es euch Spielern ergangen?
- Wie konntet ihr in die Rollen (Max und Peter) finden?
- Was ist den Zuschauern aufgefallen?
- Welche Unterschiede gab es bei den drei Paaren?
- Wie mag es den beiden (Max und Peter) bei den verschiedenen Fortführungen gehen?

Nun werden die Spieler aus ihrer Rolle entlassen (z.B. durch Abschütteln mit den Armen, durch Abgeben der Rollennamensschilder). Sie **lesen die Geschichte weiter bis zum zweiten Stopp**. Dies können Sie etwa mit folgenden Worten einleiten: *„Jetzt haben wir gerade die Ideen von Kindern aus unserer Klasse beim Spielen gesehen. Nun will ich euch vorlesen, wie es in der Geschichte von Max und Peter weitergeht."*

© S. Hofschlaeger/pixelio

Die Kinder stellen erneut **Vermutungen** an, wie es weitergehen könnte. Wieder sollten Sie alle Möglichkeiten zulassen. Lesen Sie dann die Geschichte **bis zum dritten Stopp**. Alle Kinder **schreiben nun einen Satz** auf, den Max ihrer Meinung nach sagt. Diese Sätze werden kommentarlos vorgelesen. Abschließend lesen Sie den Schlusssatz der Geschichte vor.

Anmerkung: Wenn Kinder noch nicht im Rollenspiel geübt sind, kann es durch das Spiel und die Anleitung zu unruhig werden, und der rote Faden der Geschichte könnte verloren gehen. In diesem Fall ist es einfacher, die Geschichte nur vorzulesen und bei den Stopp-Stellen im Gespräch die Möglichkeiten durchzuspielen. Die Fühlübung mit den Steinen können Sie dann vor oder nach der Geschichte machen.

3. Insel-Brückenspiel

Für das Spiel benötigen Sie ausreichend Platz, z.B. auf dem Flur, in der Pausenhalle oder auf dem Schulhof.

<u>Variante A:</u>

12 (2 x 6) Kinder spielen gleichzeitig, die anderen schauen zu. Jeder Spieler erhält dann ein DIN-A3-Blatt.

Je sechs Kinder befinden sich auf einer „Insel". Diese deuten Sie mit einem Kreidekreis um die Kindergruppe an. Die beiden „Inseln" liegen ca. 6 m voneinander entfernt. Die „Inselbewohner" versuchen nun, sich mit Hilfe der DIN-A3-Blätter als „Brückenpfeiler" oder „Steine" eine „Brücke" von einer „Insel" zur anderen zu bauen. Das erste Kind legt sein Blatt vor sich und stellt sich darauf. Es leiht sich nun vom nächsten Kind dessen Blatt und legt es vor sich ins „Meer". Jetzt sind schon zwei „Brückenpfeiler" im Wasser, auf denen Kinder in die Richtung der anderen „Inseln" gehen können, ohne „nasse Füße" zu bekommen.

Das zweite Kind stellt sich nun auf das erste Blatt und leiht sich vom dritten Kind wieder ein DIN-A3-Blatt, gibt es weiter nach vorne und so weiter. Bald ist die „Brücke" fertig, und nacheinander können alle Kinder darüber zur anderen „Insel" gehen.

Die Kinder auf der zweiten „Insel" können entweder eine parallele „Brücke" bauen oder warten, bis die „Brücke" schon gebaut ist.

<u>Variante B:</u>

Alle Kinder spielen mit. Dann bekommt jedes Kind zwei DIN-A3-Blätter.

Im Raum verteilt steht jedes Kind auf einer „Insel" (ein DIN-A3-Blatt). Wenn Kinder sich nun besuchen wollen, nehmen sie ihr zweites Blatt als „Brücke". Darauf können sie treten, „ohne nasse Füße zu bekommen“. Wenn die Abstände zwischen den „Inseln“ groß sind, müssen die Kinder zusammenarbeiten, d.h. ihre „Brücken“ geschickt hintereinanderlegen und sie von anderen mitbenutzen lassen, damit sie eine „Insel“ erreichen. Dann können sie auf den „Brücken“ und „Inseln“ hin- und herwandern.

Nach dem Spiel kann die Auswertung entweder im Stehen auf den „Inseln“ erfolgen, wenn die Kinder so ruhig werden können, dass sie sich zuhören und verstehen. Ansonsten sammeln sich alle im Sitzkreis.

Mögliche Fragen:

- Wie ist das Spiel gewesen?
- Was hat Spaß gemacht?
- Was war schwierig?
- Ist es gelungen, jede „Insel“ zu besuchen?
- Wenn ja, warum? Wenn nein, warum nicht?
- Wie konntet ihr euch über die Reihenfolge verständigen?
- Wie war das, wenn jemand „nasse Füße“ bekommen hat?

4. Friedensbrücke *(Idee nach Jefferys-Duden, 1999)*

Die Überleitung zu diesem Angebot können Sie etwa so gestalten: *„Ihr habt jetzt das Insel-Brückenspiel erlebt. Vorher habe ich euch eine Brückengeschichte mit einer ganz besonderen Brücke vorgelesen, die Max und Peter gebaut haben. Als Nächstes stelle ich euch die so genannte Friedensbrücke vor. Wenn ihr auf dieser Brücke nach bestimmten Regeln geht, könnt ihr nach einem Streit wieder miteinander Frieden schließen.“*

Das Blatt mit der Friedensbrücke (s. S. 208) wird in die Kreismitte gelegt. Am besten spielen Sie die Schritte auf der Friedensbrücke gemeinsam mit den Kindern durch. Einführen können Sie dies folgendermaßen: *„Peter und Max sind in der Geschichte aufeinander zugegangen. Wir wissen nicht, ob Peter das Angebot von Max angenommen hat. Max hatte ihm ja vorgeschlagen, seine Schildkröte anzusehen. Aber wir können jetzt mal mit diesen Schritten auf der Friedensbrücke ein Gespräch ausprobieren, das die beiden im Anschluss an ihren Streit führen können. Dafür bekommen sie die Unterstützung einer dritten Person, die vermitteln hilft. Diese dritte Person spiele ich jetzt. Wer möchte in die Rolle von Max und wer in die von Peter schlüpfen und ihnen seine Stimme ausleihen?“*

Am Beispiel von Max und Peter, die mit Figuren dargestellt werden, werden nun die einzelnen Schritte erklärt: 1. Regeln, 2. Standpunkte, 3. Lösungsvorschläge, 4. Vereinbarung.
Fordern Sie die Kinder auf, sich in die Rolle von Max und Peter hineinzudenken und an ihrer Stelle zu sprechen. Nach jedem Schritt, den die Kinder verbal gegangen sind, gehen die Figuren auch einen Schritt aufeinander zu, bis sie in der Mitte bei der Vereinbarung angekommen sind.

Mögliche Fragen zur Auswertung:

- Wie konntest du dich in die Rolle von Max oder Peter einfühlen?
- Was hat gut geklappt?
- Was ist dir schwer gefallen?
- Was haben die anderen Kinder gesehen oder gehört?
- Eventuell: Warum sind die Figuren nicht bis zum letzten Schritt (Vereinbarung) gekommen?
- Was hätten sie gebraucht?

Sollte es zu keiner Vereinbarung gekommen sein, wird das Angebot aufrechterhalten, zu einem neuen Zeitpunkt über die Friedensbrücke zu gehen.

Anmerkung zur Friedensbrücke (Jefferys-Duden): Der Verlauf der Streitschlichtung ist hier auf vier Schritte beschränkt. Das bedeutet, dass die Phasen 2 und 3 eines Mediationsablaufs für die Kinder zur Phase 2 zusammengefasst sind. Die Konflikterhellung ist oft nicht so ausführlich zu behandeln.

5. Stundenabschluss

Die Friedensbrücke mit den einzelnen Schritten wird in der Klasse an einem bestimmten Platz deponiert. Bei einem Streit können nun die Kinder die Versöhnung mit Hilfe der Friedensbrücke und der Pädagogin versuchen.

Erfahrungen aus der Praxis

Wenn Kinder diesen Weg auf der Friedensbrücke einige Male gegangen sind und damit gute Erfahrungen gemacht haben, wollen und können einige von ihnen diese Art der Streitschlichtung bald alleine bewältigen. Sie holen sich nur noch die „Brücke“. Es genügt oft eine kurze Nachfrage: *„Habt ihr euch geeinigt? Bist du zufrieden mit der Lösung? Und du auch?“*

Die Brücke (1/2)

Max und Peter waren Schüler der dritten Klasse. Sie wohnten einander gegenüber in derselben Straße einer kleinen Stadt. Früher waren sie dicke Freunde gewesen: Dann war es aus einem unerfindlichen Grunde zu Streit gekommen, und sie hatten begonnen, einander wie böse Feinde zu hassen.

Lief Max aus dem Tor seines Hofes, so schrie er über die Straße: „He, du Dummkopf!“ Und er zeigte dem früheren Freund die Faust.

Und Peter gab zurück: „Wie viele solche Mistkäfer, wie du einer bist, gehen wohl auf ein Kilo?“ Dabei drohte auch er mit der Faust.

Ihre Schulkameraden versuchten mehrmals, die beiden zu versöhnen, aber alle Mühe war umsonst: Sie waren richtige Starrköpfe. Schließlich fingen sie an, einander mit Schmutzklumpen zu bewerfen.

Einmal regnete es besonders stark. Dann verzogen sich die Wolken, und die Sonne zeigte sich wieder, aber die Straße stand unter Wasser. Wer sie überqueren wollte, tastete mit dem Fuß ängstlich nach der Tiefe des Wassers und wich wieder zurück.

Max trat aus dem Haus, blieb beim Hoftor stehen und schaute mit Vergnügen um sich: Alles war so sauber und frisch nach dem Regen und glänzte in der Sonne. Plötzlich aber verfinsterte sich sein Gesicht. Er sah seinen Feind Peter am jenseitigen Hoftor stehen. Und er sah auch, dass Peter einen großen Stein in der Hand hielt.

So, so, dachte sich Max, du willst also einen Stein nach mir werfen. Nun gut, das kann ich auch!

Er lief in den Hof zurück, suchte und fand einen Ziegel und lief wieder auf die Straße, zur Abwehr bereit.

Doch Peter warf den Stein nicht nach dem Feind. Er kauerte sich an den Straßenrand und legte ihn behutsam ins Wasser. Dann prüfte er mit dem Fuß, ob der Stein nicht wackle, und verschwand wieder. Der Stein sah wie eine kleine Insel aus.

Ach so, sagte sich Max. Das kann ich auch. Und er legte seinen Ziegel ebenfalls ins Wasser.

Die Brücke (2/2)

Peter schleppte schon einen zweiten Stein herbei. Vorsichtig trat er auf den ersten und senkte den zweiten ins Wasser, in einer Linie mit dem Ziegel seines Feindes. Dann holte Max drei Ziegelsteine auf einmal.

So bauten sie einen Übergang über die Straße. Leute standen zu beiden Seiten: sie schauten den Knaben zu und warteten. Schließlich blieb nur ein Schritt zwischen dem letzten Ziegel und dem letzten Stein.

Die Jungen standen einander gegenüber. Seit langer Zeit blickten sie sich zum erstenmal wieder in die Augen, und Max sagte:

„Ich habe eine Schildkröte. Sie lebt bei uns im Hof. Willst du sie sehen?"

Natalie Oettli

In: Peter Musall (Hrsg.): Ich will dir vom Frieden erzählen.

Die Friedensbrücke – Schritte aufeinander zugehen (1/2)

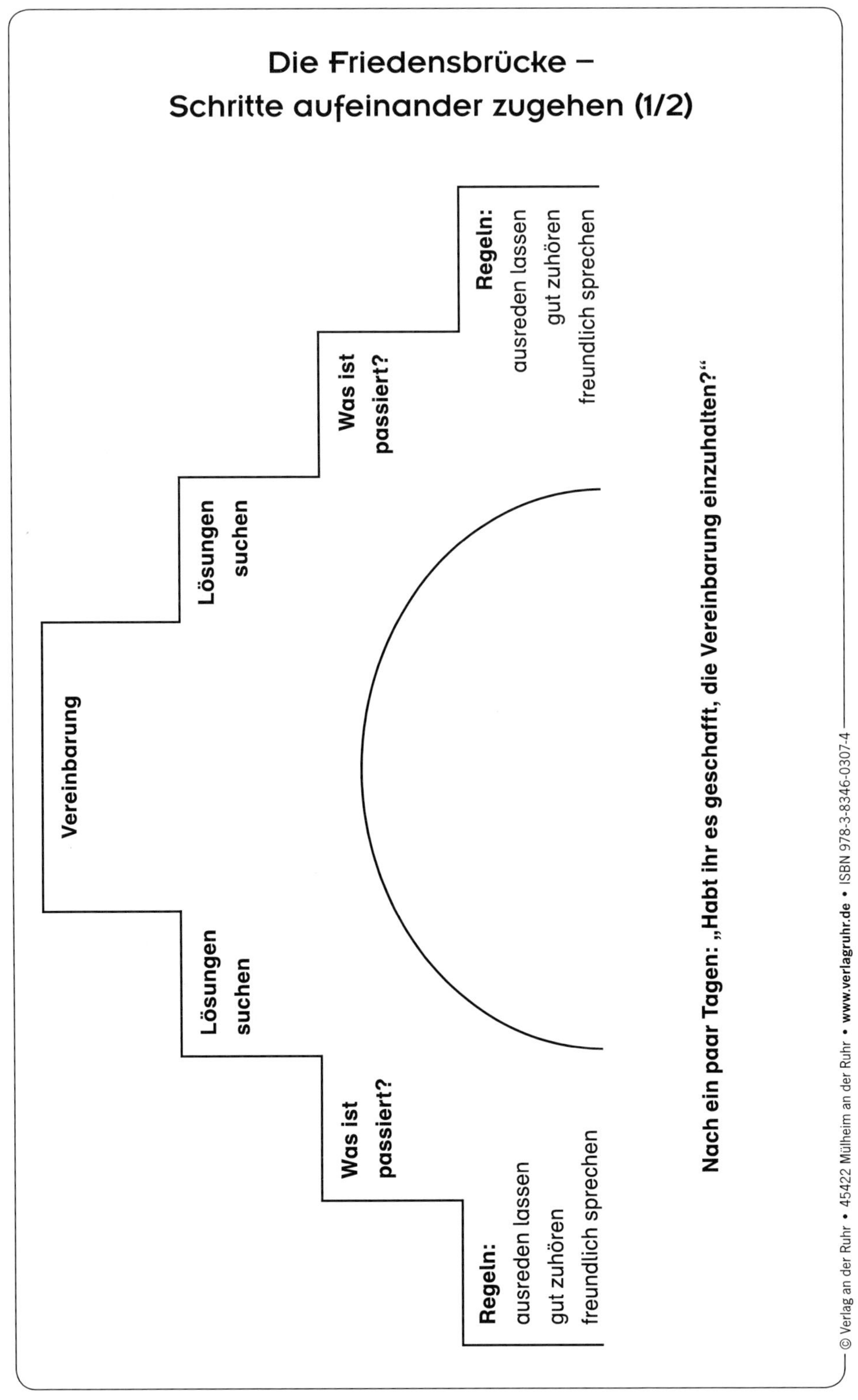

Die Friedensbrücke – Schritte aufeinander zugehen (2/2)

Regeln

→ ausreden lassen

→ zuhören

→ freundlich reden

→ Sind die Regeln für dich okay?

Was ist passiert?

→ Jeder berichtet aus seiner Sicht.

→ Wie hast du dich gefühlt?

Lösungen

→ Was wünschst du dir?

→ Was ist dein Beitrag?

Vereinbarung

 ISBN 978-3-8346-0307-4

Petra Gilbert-Scherer, Renate Scheffler-Konrat

Das Schüler-Streitschlichter-Training in der Grundschule

Projekt

 **Schwerpunkt:** alle Bereiche der Konfliktbearbeitung

 **Alter:** ab Ende Klasse 3

 **Dauer:** eine Woche lang täglich

 **Materialien:** *allgemein:* Fotoapparat zur Dokumentation der Arbeit, Blanko-Plakate, Karteikarten, CD-Player mit Musik; *für Thema 1:* Szenen zum Vorlesen (s. Kopiervorlage, S. 223), Kreppband o. Ä., Konflikt-ABC (s. Kopiervorlage, S. 224/225),; *für Thema 2:* vorab erstellte Rollenkarten, Lied: „If you're happy"; *für Thema 4:* Comic „Wenn zwei sich streiten … (s. Kopiervorlage, S. 191); *für Thema 5:* Kopien der Abbildungen zu den Mediationsphasen, in klein für die Kinder, in DIN-A3-Größe für das Plenum (s. Kopiervorlage, S. 226), „Spickkärtchen" zu den Aufgaben der Mediatorin (s. Kopiervorlage, S. 227), vorab erstellte Rollenkarten, Urkundenkopien für jedes Kind (s. Kopiervorlage, S. 228)

 **Organisationsform:** in den einzelnen Angeboten angegeben

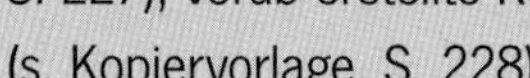

Allgemeine Rahmenbedingungen

Das Training ist für Gruppen konzipiert, die mindestens schon ein Jahr lang regelmäßig **Erfahrungen mit Interaktions- und Rollenspielen** haben. Auch Sie sollten entsprechende Erfahrungen mitbringen. Nach dem Training setzen die Kinder das Gelernte **zunächst in ihrer eigenen Klasse** praktisch um; sie brauchen allerdings weiterhin Unterstützung und Begleitung durch Erwachsene. Eventuell können die „Streitschlichter" auch außerhalb ihrer Klasse eingesetzt werden. In diesem Fall muss der Einsatz aber klar definiert und eingegrenzt werden und sollte nur an Schulen stattfinden, die ein Programm zur Gewaltprävention und zur Entwicklung von konstruktiver Konfliktbearbeitung durchführen.

Das Trainingsprogramm wird hier kurz vorgestellt, um die **Vorgehensweise**, die **Themenauswahl** und die **wichtigen Punkte** zu verdeutlichen.

Das Programm ist für **fünf Tage** ausgelegt, pro Tag sollten Sie etwa vier Zeitstunden inkl. zwei Pausen einplanen. Die Zeiteinteilung und die Themenbehandlung sollten variabel gestaltet werden, je nachdem, wie weit die Gruppe schon für das Thema sensibilisiert ist. Wenn möglich, ist es sinnvoll, die **Räumlichkeiten** außerhalb der Schule zu wählen, um zum Schulalltag etwas Abstand zu halten. Ideal sind ein großer und zwei kleine Räume. Wir führen das Training mit mindestens drei Personen durch, damit die Kinder vor allem während der Mediations-Trainingsphasen intensiv betreut werden können. Als **Begleitpersonal** eignen sich neben Kolleginnen auch Eltern oder Pädagogen aus anderen Einrichtungen, die in Grundsätzen mit dem Programm vertraut sind.

Besonders zu beachten ist, dass **Lernen mit allen Sinnen** oberstes Gebot ist. Bei allen Übungen besitzt das spielerische, altersgemäße Lernen absoluten Vorrang. Die einzelnen Abschnitte sollten Sie immer wieder durch Entspannungs- und Auflockerungsübungen unterbrechen (s. Literaturtipps, S. 237). Die Übungen zu jedem Thema sollten einen guten Transfer zum Alltagserleben der Kinder ermöglichen. Viele Arbeiten finden in Kleingruppenarbeit mit einer erwachsenen Bezugsperson statt.

Der **Aufbau** des Streitschlichter-Trainings ist so gestaltet, dass nach der Einstimmung auf das Thema einzelne Fähigkeiten und Fertigkeiten gezielt geübt werden, die für eine konstruktive Konfliktbearbeitung im Sinne der Mediation erforderlich sind, bevor die Kinder mit dem ritualisierten Verfahren vertraut gemacht werden.

Nach jeder Übung erfolgt eine **Auswertungsrunde**. Dazu setzen sich die Kinder in den Kreis und erzählen, wie es ihnen ergangen ist und was sie erfahren haben (s. auch S. 92 f.). Dies ist wichtiger Bestandteil des Trainings und sorgt neben einer Zusammenfassung dafür, dass die Kinder nicht nur ihre eigenen Erfahrungen, sondern auch die Erfahrungen und Einstellungen der anderen Kinder kennenlernen.

Das **Klima in der Gruppe** soll während der Woche so gestaltet werden, dass

- jedes Gruppenmitglied einbezogen wird,
- keine Wertung der Aussagen und Personen stattfindet, weder von den Kindern noch von den Erwachsenen,
- zurückhaltende und/oder schüchterne Kinder zu Beiträgen ermutigt werden,
- sehr aktive und/oder fordernde Kinder durch gezielte Hilfestellung zur Zurücknahme angeregt werden,
- entstehende Konflikte direkt im Sinne der Mediation aufgegriffen und bearbeitet werden.

Die besondere Bedeutung von Rollenspielen

Ein wichtiges Medium zum Erlernen der entsprechenden Haltung und der Vorgehensweise in der Streitschlichtung ist das Rollenspiel. Es ist notwendig, dass die Kinder und die Übungsleiterinnen vor dem Training **mit dieser Methode bereits vertraut** sind. Besonders sollten Sie darauf achten, dass die Kinder in die jeweiligen Rollen bewusst hinein- und ebenso wieder herausschlüpfen. Es darf nicht sein, dass die Rollenspieler nach der Übung noch mit ihrer Rolle identifiziert und eventuell gehänselt werden. Eine entsprechende Regel sollten Sie mit den Kindern vereinbaren.

In allen Phasen der Mediation ist es wichtig, dass im Rollenspiel die Konfliktparteien immer wieder ermutigt werden, sich an der Gestaltung des Prozesses zu beteiligen. Nicht der reibungslose Ablauf oder die „gute“ Lösung ist bei dem Rollenspiel im Streitschlichter-Training das Entscheidende, sondern die Erfahrung, Verantwortung für den Verlauf des Konflikts übernehmen und ihn beeinflussen zu können. Es stärkt das Selbstbewusstsein, schärft die Sinne für den künftigen Umgang mit Konflikten und fördert somit die Konfliktfähigkeit.

So geht's:
Durchführung des Streitschlichter-Trainings

Das Training ist nach Themen eingeteilt, der Ablauf ist an jedem Tag ähnlich:

- Begrüßung/Aufwärmübung
- Themenprogramm mit Pausen
- zwischendurch Auflockerungsspiele und Entspannungsübungen
- Abschlussspiel bzw. Feedback: *„Wie war der Tag für euch heute?“*

Für manche Themen brauchen Sie mit der einen Gruppe länger, mit der anderen geht es schneller, sodass die einzelnen Sequenzen zeitlich nicht so starr gehandhabt werden. Die Ergebnisse des jeweiligen Tages werden fortlaufend in einer Wandzeitung notiert und im Raum aufgehängt.

Sinnvoll ist an jedem Tag eine kleine Hausaufgabe – hierfür können Sie ein Arbeitsblatt mit drei bis vier Fragen vorbereiten, die noch einmal die wichtigsten Ergebnisse und den Sinn der Übungen thematisieren.

1. Thema: Was ist ein Konflikt? (ca. 1 Tag)

Aufwärmübung: Sich aufeinander einlassen
Die Kinder bilden einen Kreis, treten einzeln vor und sagen, was sie bei dem Training in dieser Woche erfahren und lernen wollen. Wer der gleichen Meinung ist, stellt sich dazu.

Den Rahmen klären
Erläutern Sie den Kindern kurz den organisatorischen und inhaltlichen **Ablauf** der Woche. Treffen Sie mit ihnen eine **Regelvereinbarung** für die fünf Tage. Die Regeln werden schriftlich festgehalten und im Raum aufgehängt. Für die folgenden Gruppenarbeiten führen Sie mit den Kindern ein **Spiel zur Gruppenbildung** durch.
Es sollten sich Gruppen von etwa fünf bis sechs Kindern zusammenfinden.
Hierzu können Sie z.B. **„Shakehands"** spielen. Verteilen Sie Zettel mit den Zahlen 1, 2, 3 usw., je nachdem, wie viele Gruppen Sie erhalten wollen. Die Kinder lesen ihren Zettel, verraten aber die Zahl nicht. Sie gehen dann durch den Raum und schütteln wortlos die Hände der anderen, und zwar so oft, wie auf ihrem Zettel steht. Kinder, die sich gefunden haben, schütteln gemeinsam weiter die Hände der anderen, bis die Gruppe komplett ist.

Meinungsbarometer: Wann kommt es zum Streit? *(Idee nach Faller, 1996)*
Ziel dieser Übung ist, die Erkenntnis zu gewinnen, dass der Zugang und die Bewertung von Konflikten bei jedem anders sind.
Lesen Sie nacheinander kurze Szenen vor (s. S. 223). Die Kinder sollen jeweils für sich überlegen, ob es nach dieser Situation wohl zu einem Streit kommt. Teilen Sie den Raum in eine Ja- und eine Nein-Hälfte. Je nach ihrer Meinung stellen sich die Kinder in der entsprechenden Hälfte des Raumes auf. Je nachdem, wie klar die Situation für sie ist, stellen sie sich mehr oder weniger nah an der Trennungslinie auf. Ihre Position sollten Sie jeweils einige Kinder erklären lassen, gewertet wird die Wahl aber nicht.

Konflikt-ABC *(Idee nach Faller, 1996)*
Ziel der Übung ist, herauszufinden, was die Kinder unter den Begriffen Konflikt, Streit oder Ärger verstehen. Die Gruppen aus dem vorigen Angebot bleiben bestehen. Jede erhält eines der Arbeitsblätter zum Konflikt-ABC (s. S. 224/225) und arbeitet gemeinsam daran. Am Ende werden die Arbeiten an der Tafel gesammelt und gemeinsam angeschaut.

<u>Erstellen einer Problemlandkarte</u> *(Idee nach Faller, 1996)*
Ziel ist hier, zu erkennen, welche Konflikte uns beschäftigen oder stören. Das Ergebnis spiegelt Konflikte dieser Klasse/Gruppe und dient als Grundlage für die Rollenspiele.
Auf Karteikarten sammelt jedes Kind **in Einzelarbeit Konfliktfälle**, die ihm einfallen. Jedes Beispiel wird auf eine separate Karte geschrieben.

- in der Klasse
- in der Pause
- auf dem Schulweg
- zu Hause

Die Kinder sollen aufschreiben, **was passiert ist** und **wer beteiligt war**. Hier muss es möglich sein, angstfrei Namen zu nennen. Sprechen Sie dieses Problem an! Dann sammeln sich alle im Sitzkreis. Sie können für diesen Schritt die Gruppe aber auch aufteilen, sodass bei jeder Teilgruppe ein Erwachsener ist. Jedes Kind **zeigt nun seine Kärtchen** und kann sich dazu äußern. Die Karten werden auf ein vorbereitetes Plakat gelegt. Gleiche oder ähnliche Konfliktfälle werden zusammengelegt. Dann werden die Karten aufgeklebt.

Auswertung
Welche Konflikte stecken in den Beispielen? Schreiben Sie Oberthemen auf, die in den genannten Konflikten auftreten, z.B. „sich gegenseitig mit dem Namen ärgern“. Anschließend erhalten die Kinder Klebepunkte; zwei Punkte für jeden, eventuell bekommen Jungen und Mädchen farblich unterschiedene Punkte. Zu der Frage *„Welcher Konflikt verletzt mich am meisten?“* bepunkten sie nun die einzelnen Konfliktfälle. Das Ergebnis wird gemeinsam angeschaut und besprochen.

© schubalu/pixelio

2. Thema: Streit und Gefühle (ca. 1 Tag)

Ein ganz normaler Streit

Bereiten Sie mit einer Kollegin eine **kurze, typische Streitszene** aus dem Erfahrungsbereich der Kinder vor, z.B. jemand hat über den anderen etwas Schlechtes erzählt, der stellt ihn zur Rede usw. Spielen Sie sie im Plenum vor. Die Aufgabe der Gruppe ist, zu **beobachten und wichtige Geschehnisse** aufzuspüren.

Auswertung

- Was passiert da?
- Wer war beteiligt?
- Was könnte dahinter stecken?
- Wie haben sich die Konfliktbeteiligten gefühlt?
- Was tun die Personen, wenn sie sauer/wütend sind?
  Wie zeigen sie es mit Worten? Wie zeigen sie es mit ihrem Körper?

Streit-Rollenspiele

Wählen Sie zuvor mehrere **Themen aus der Problemlandkarte** aus, und erstellen Sie zu jeder Position Rollenkärtchen. Vor dem Spiel stimmen Sie die Kinder auf das Rollenspiel ein und erinnern an die Regeln. Die Rollenspiele finden **in Gruppen** statt. Dabei muss gewährleistet sein, dass alle Gruppen von einem Erwachsenen betreut werden. Spieler und Beobachter können sich abwechseln. Insgesamt wird etwa 15 bis 20 Minuten gespielt. Kurzes Vorspielen aller Gruppen im **Plenum**.

Auswertungsfragen

- Wie war die Gruppenarbeit?
- Was macht den einzelnen Streit schlimm?
- Welche Gefühle spielen bei einem Streit eine große Rolle? (Hier können Sie an die Beobachtungen aus dem Erwachsenenspiel, an die Rollenspiele und an Alltagserfahrungen anknüpfen.)

Wut im Bauch

Befragen Sie die Kinder mit Rückblick auf die Rollenspiele und die eigenen Erfahrungen im **Plenum**: *„Was tue ich, wenn ich wütend bin?"* Sammeln Sie die genannten Beispiele auf Plakaten. Häufige Nennungen sind beispielsweise: auf ein Kissen schlagen, etwas kaputt machen, weinen. Wichtig ist, die Äußerungen unkommentiert stehen zu lassen.

Gesprächsrunde mit Fragen wie:

- Wo fühle ich die Wut? Was kann passieren, wenn ich sie schlucke? („Wutexplosion“, Bauchschmerzen ...)
- Wann muss ich meine Wut stoppen? (Wenn andere verletzt werden, wenn ich Dinge tue, die alles noch schlimmer machen ...)
- Wie kann ich meine Wut so loswerden, dass nichts kaputtgeht, dass niemand verletzt wird? (An dieser Stelle findet nun eine Bewertung der Sammlung von der Tafel statt.)
- Was hilft mir persönlich, um mich erst mal wieder zu beruhigen?

Sammeln Sie nun weitere Beispiele, und schreiben Sie sie auf ein Plakat. Die Sammlung kann auch als Hausaufgabe gestellt werden. Hängen Sie das Plakat zur Erinnerung in die Klasse.

Wut rauslassen *(Idee nach Krowatscheck, 1999)*
Führen Sie mit den Kindern die Übung „Zeitungskampf“ durch (Kurzbeschreibung s. S. 136).

Abschlusslied
Singen Sie mit den Kindern das **Lied** „If you're happy“. Noten und Text dazu finden Sie online unter: www.labbe.de/liederbaum/index.asp?themaid=22&titelid=506
Anhören können Sie es unter: http://kids.niehs.nih.gov/lyrics/happyand.htm
Alternativ können Sie auch die deutsche Übersetzung von Gerhard Schöne singen: „Wenn du glücklich bist“. Abgedruckt ist dieses Lied z.B. in: Susanne Brand u.a.: Papageno. 100 Lieder zum Singen, Spielen und Tanzen in der Grundschule. Cornelsen Verlag, 2007.

3. Thema: Kommunikationsfähigkeit trainieren (ca. 1/2 Tag)

Aufwärmübung: Auf 20 zählen *(Idee nach Faller, 1996)*
Alle Kinder sitzen im Kreis. Ein Kind wird bestimmt, das immer die erste Zahl nennt. Dann schließen alle die Augen, und das Kind nennt die Eins. Ziel ist, **nacheinander bis 20 zu zählen, ohne dass Kinder gleichzeitig sprechen**. Der direkte Nachbar eines Kindes, das gerade eine Zahl genannt hat, darf dabei nicht die nächste Zahl sagen. Wenn mehrere Kinder gleichzeitig eine Zahl nennen, fängt das erste Kind wieder an.

Varianten

Wenn das Spiel mit geschlossenen Augen zu schwer ist, können die Kinder mit Augenkontakt ein anderes Kind auffordern, die nächste Zahl zu nennen. Sie können auch reine Jungen- und reine Mädchen-Runden durchführen.

Auswertung

- Was hat das mit Streitschlichten zu tun?
- Was kann man davon brauchen? (Sich zurücknehmen, auf die anderen achten, sich untereinander verständigen ...)

Aktives Zuhören

Wie bei der Übung „Zuhören, gut und schlecht" (s. S. 179 ff.) geht es hier darum, den Kindern zu verdeutlichen, dass gutes Zuhören für die Verständigung wichtig ist und Übung braucht. Aktives Zuhören können die Kinder zum einen zeigen durch **Hinwendung** zum anderen Kind, durch Blickkontakt, Mimik, Nicken. Die zweite wichtige Fähigkeit beim Zuhören ist das **Spiegeln**. Üben Sie dies gesondert mit den Kindern. Beim Spiegeln geben die Kinder dem Gesprächspartner verbal das Erzählte zurück. Dies vermittelt dem Erzähler Wertschätzung und dient auch dazu, vielleicht unklare Punkte herauszuarbeiten. Dabei sollten sie beachten, dass sie

- die Inhalte mit eigenen Worten zusammenfassen (*„Habe ich Dich richtig verstanden, dass ...?"*),
- wenn möglich, auch die zu Grunde liegenden Gefühle in Worte fassen (*„Habe ich dich richtig verstanden, dass du dich dabei ... gefühlt hast?"*),
- keine eigenen Wertungen anbringen.

Dazu üben die Kinder zu zweit das Spiegeln **mit dem Partner** im Wechsel. Geben Sie ihnen hier zwei Themen zur Auswahl, z.B. erzählen, was man einmal an einem Geburtstag oder was man mit einem Tier erlebt hat.
Die **Auswertung** findet in einer **Blitzrunde** statt mit der Frage: *„Wie ist es euch ergangen?"*

Nicht verletzende Ärgermitteilung

Ziel ist hier, Ärger anders als mit Beschimpfungen auszudrücken, diese umzuformulieren und Ich-Botschaften zu übermitteln. Führen Sie noch einmal ein **Erwachsenen-Rollenspiel** im Plenum vor. Achten Sie darauf, dass hier böse Worte fallen, dass pauschale Aussagen über den anderen gemacht werden und dass eine deutliche Körpersprache sichtbar wird.

Auswertungsfragen

- Welche **Aussagen** haben die Situation zum bösen Streit gemacht?
- Wer möchte die Konfliktparteien aus dem Erwachsenen-Rollenspiel mal so spielen, dass der Streit **anders** ausgeht?
- Wie haben die Spieler eine Veränderung oder eine Entspannung der Situation erreicht?

Lassen Sie mehrere Kinderpaare die Situation variiert durchspielen, etwa fünf Durchgänge, aber nur so lange, bis die Kinder ermüden.

Nonverbale Kommunikation

Diese Übung schließt an das Erwachsenen-Rollenspiel an. Sammeln Sie im Sitzkreis zunächst Meinungen zu der Frage: *„Welche Körperhaltungen oder Gebärden haben den Streit im Erwachsenen-Rollenspiel verschlimmert?“*
Im Anschluss findet eine **Blitzrunde ohne Worte** statt, in der jedes Kind eine provokative oder verletzende Gebärde ausführt („Stinkefinger“, Faust ballen usw.).

Auswertungsfragen

- Habt ihr das schon einmal erlebt?
- Wie ist es euch dabei ergangen?

4. Thema: Sich einigen und gute Lösungen finden (ca. 1/2 Tag)

Der Hunde-Streit

Zu diesem Thema können Sie das **Stundenbild** zu **„Wenn zwei sich streiten ...“** nutzen (s. S. 188 ff.). Wenn Sie mit den Kindern die möglichen Ausgänge der Hunde-Situation besprechen, führen Sie die folgenden **Begriffe und ihre Bedeutung** ein:

- Lose-lose
- Win-lose
- Win-win

Variante

Im Unterschied zu der auf der Seite 189 vorgeschlagenen Organisationsform können Sie die Kinder hier auch in **Gruppenarbeit** oder eventuell **schriftlich in Einzelarbeit** arbeiten lassen.

5. Thema: Was ist Mediation, und wie können wir sie bei uns einsetzen?

(ca. 2 Tage)

Einstimmung: Zwischenbilanz

Sammeln Sie mit den Kindern die wichtigsten **Ergebnisse** der bisherigen Stunden im Hinblick auf das Mediationsverfahren. Dazu gehen alle im Raum herum und schauen die bisherigen Ergebnisse auf den Wandzeitungen an, „fotografieren" sie mit den Augen.

Blitzrunde

- „Welche Fähigkeiten haben wir bisher in dieser Woche trainiert, die für eine Streitschlichtung hilfreich sein könnten?"

Das Mediationsverfahren kennenlernen

In **Einzel- oder Partnerarbeit** erhalten die Kinder das Arbeitsblatt (s. S. 226) mit ungeordneten Bildern der **fünf Mediationsphasen**. Sie schneiden die Bilder aus und versuchen, eine mögliche Reihenfolge bei der Streitschlichtung zu legen. Zu jedem der Bilder schreiben sie einen Satz auf.
Im **Plenum** werden die Ergebnisse gemeinsam angeschaut. Anschließend legen Sie die fünf Phasen, **auf große Blätter kopiert** (DIN A3), in der richtigen Reihenfolge auf den Boden in der Kreismitte. Gemeinsam mit den Kindern werden sie besprochen, und dabei werden auch die Begriffe „Mediatorin" und „Mediation" eingeführt.

Streitschlichtung im Rollenspiel kennenlernen

Zunächst sollten die Kinder erfahren, wie eine Streitschlichtung musterhaft ablaufen kann. Die **Erwachsenen** bereiten dazu wieder ein **Rollenspiel** vor, das an die Situation der Klasse bzw. Gruppe angepasst ist. Nacheinander spielen sie die fünf Mediationsphasen vor.

Hinweis: Es ist sinnvoll, die Phasen 2 und 3 und die Phasen 4 und 5 zusammenzufassen.

Die Klasse hat die **Aufgabe**, das Rollenspiel unter folgenden Gesichtspunkten zu **beobachten**:

- Was brauchen die Konfliktparteien, um den Streit zu klären?
- Was kann und muss die Mediatorin dafür tun?

Auswertung des Beispiels

Während der Diskussion werden hilfreiche Fragen oder Aussagen notiert, mit denen die Mediatorin die Konfliktpartner unterstützen kann, sodass sie die **Ziele der entsprechenden Phase** erreichen. Diese Formulierungen werden als Hilfen für spätere Fälle auf dem Plakat festgehalten. Die Gruppen erhalten außerdem „Spickkärtchen" zu den fünf Phasen mit der jeweiligen Aufgabe der Mediatorin (s. S. 227). Diese können die Kinder benutzen, wenn sie bei der eigenen Formulierung der Fragen unsicher sind.

Streitschlichtung im Rollenspiel erproben

In **Kleingruppen** führen die Kindern nun **Rollenspiele zu den Mediationsphasen** selbst durch. Die Gruppen gehen dazu in getrennte Räume, sie müssen durch die Erwachsenen begleitet werden. Die Rollen werden mit **Rollenkärtchen** bestimmt, die Sie vorab **aus den Konflikten der Problemlandkarte** entwickelt haben.
Es ist ratsam, auf eine ausgewogene Gruppenmischung zu achten, also Jungen und Mädchen, lebhafte und ruhige Kinder usw. miteinander arbeiten zu lassen. Jede Gruppe erhält eine Spielsituation mit einem Konflikt, für den sie im Laufe des Streitschlichtungs-Rollenspiels eine **Win-win-Lösung** entwickeln soll. Alle bleiben deshalb bis zum Ende der Mediation in der gleichen Gruppe. Die Rollenspiele werden **phasenweise** entwickelt. Nach jeder Spielphase gehen alle ins **Plenum zum Vorspielen**. Wenn das Rollenspiel dann für die folgenden Phasen wieder aufgenommen wird, wird immer wieder bei Phase 1 begonnen, und die anderen Phasen werden jeweils weiterentwickelt.

Um den Prozess zeitlich etwas abzukürzen, ist folgende Vorgehensweise sinnvoll: **Phase 1** spielt **jede** Gruppe vor, **Phase 2/3** und **Phase 4/5** spielt jeweils nur **die Hälfte der Gruppen** im Wechsel vor.
Innerhalb der Gruppe sollte häufiger ein **Rollentausch** stattfinden, z.B. nach jedem Vorspielen. Jedes Kind soll im Laufe der Konfliktschlichtung jede Rolle einmal gespielt haben. Die Auswertung findet bei den Rollenspielen innerhalb der Gruppe statt.

Auswertungsfragen

- Wie ist es in der Mediatorenrolle? Was ist leicht, was ist schwer?
- Wie fühlt es sich für die Konfliktparteien an?
- War das Verfahren für sie in Ordnung?
- Gibt es eine Win-win-Lösung?

Hierbei sind der Prozess und das Einfühlen in die Haltung/Rolle wichtiger als das Ergebnis.

Hinweis: Die Phase 3 „Was steckt dahinter?" kann von Kindern dieses Alters noch nicht in der Ausführlichkeit bearbeitet werden wie von Jugendlichen oder Erwachsenen.

Ausblick: Wie können wir in Zukunft das Streitschlichter-Programm für uns benutzen?

Hängen Sie wichtige Ergebnisse aus dem Streitschlichter-Training in der Klasse auf – ebenso die Formulierungshilfen. Die Klasse gestaltet dazu Plakate mit Fotos aus der Woche.

Dann können Sie **erste Vereinbarungen** für die Streitschlichtung in der Klasse treffen und auf einem Plakat festhalten. Klären Sie zuvor, warum Streitschlichtung nicht auf dem Schulhof, sondern an einem ruhigen Ort stattfinden sollte.

- Wer möchte Streitschlichter sein? Hierzu können Sie eine Liste aufstellen. Machen Sie aber klar, dass Kinder, die selbst viel Streit haben, noch keine Streitschlichter sein können.
- Die Konfliktparteien wählen sich bei einem Streit einen oder zwei Schlichter ihres Vertrauens aus der Liste.
- Ort und Zeit werden jeweils mit der Lehrerin besprochen.
- Wenn die Streitschlichtung nicht klappt, hilft ein Erwachsener.
- Sammeln von weiteren Vorschlägen, wie die Klasse mit der Mediation arbeiten will.

Abschluss: Wie war die Woche für mich?

Lassen Sie die Kinder mit der **„Insel der Wertschätzung"** die Woche rekapitulieren. Dazu spielen Sie ruhige Musik und legen bunte Kärtchen in die Mitte des Sitzkreises. Alle Kinder schreiben nun für andere **Komplimentekärtchen** und teilen ihnen darauf mit, was sie während der Woche an ihnen geschätzt haben. Die Karten legen sie den entsprechenden Kindern auf den Platz.

Achten Sie darauf, dass jedes Kind mindestens eine Karte erhält.

In der **Abschlussrunde** erfragen Sie ein **Feedback** von allen Kindern zum Verlauf der Woche und verteilen die **Urkunden** zur Teilnahme am Streitschlichter-Training (s. S. 228).

Vorschläge zur Weiterarbeit in der Klasse

Werten Sie die Streitschlichtungen einmal pro Woche aus:

- Wie viele Streitschlichtungen wurden gemacht?
- Was ist schwierig/hilfreich?
- Wie kann es gelöst werden?

Machen Sie interessierten Streitschlichtern Angebote zur Unterstützung, z.B. zu ihrer Begleitung, zum weiteren Üben und zum Festigen des Verfahrens, zur Aufarbeitung von Konfliktfällen, bei denen Schwierigkeiten auftauchten.

Erfahrungen aus der Praxis

Wir haben das Trainingsprogramm zum Streitschlichter sowohl mit ausgewählten Kindern eines Jahrgangs als auch mit ganzen Klassen durchgeführt. Beides ist gleichermaßen sinnvoll. Nach den ersten Erfahrungen mit dem Training führen wir es jedoch, wenn möglich, mit ganzen Klassen durch. Denn im Ernstfall sind Kinder eher bereit, sich mit Gleichaltrigen auf eine Konfliktbearbeitung einzulassen, wenn sie das Verfahren kennen. Ebenso hat bei dieser Entscheidung die Tatsache eine Rolle gespielt, dass oft Kinder, von denen man es nie vermutet hätte, ungeahnte Fähigkeiten entwickeln und die Rolle eines Streitschlichters hervorragend übernehmen können. Dies wissen die Mitschüler dadurch zu würdigen, dass sie das betreffende Kind dann bei einem Konflikt als Streitschlichter auswählen. Generell wählen Kinder diejenigen als Streitschlichter, denen sie vertrauen und denen sie die Schlichtung zutrauen.

Meinungsbarometer

Beim Laternenbasteln nimmt Paul Daniel immer wieder seinen Kleber weg, weil sein eigener leer ist. Beim fünften Mal geht Daniel zu Paul und macht mit der Schere einen langen Schnitt in Pauls Laterne.

Natalie und Ben bauen in der Turnhalle eine Minigolfbahn. Nico ist auch in ihrer Gruppe, guckt aber nur zu. Als die Bahn am Ende der Stunde präsentiert wird, will er die Bahn vorstellen.

Marvin und Patrick teilen sich ein paar Bonbons. Am Ende bleibt eins übrig. Als sie noch überlegen, was sie damit machen, schnappt Laura sich das Bonbon und ruft: „Problem gelöst!"

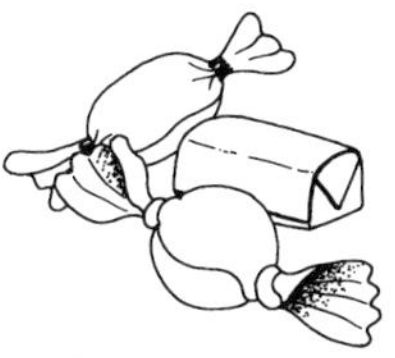

Celine hat einen Liebesbrief von Mehmet bekommen. Ihre Freundin Melina schreibt „Celine + Mehmet" an die Tafel. Als Celine sauer ist, sagt sie: „Das ist doch nur Spaß."

Auf dem Klassenausflug zum Bauernhof dürfen alle Kinder auf einem Pferd reiten. Als Olga von Tristan das Pferd übernehmen soll, traut sie sich nicht. Tristan sagt: „Umso besser, dann kann ich noch länger reiten!"

Tim und Yannick raufen in der Pause. Das finden beide lustig. Sie schauen aber nicht nach rechts oder links und rempeln Leon an. Der stolpert und fällt hin.

Konflikt-ABC, A–L

Name: ______________________ Klasse: __________

Aufgabe:

1. Überlegt gemeinsam, welche Wörter euch zum Thema Streit, Ärger, Konflikt einfallen.
2. Schreibt sie zum entsprechenden Buchstaben. Ihr könnt Nomen, Verben oder Adjektive aufschreiben. Versucht, zu jedem Buchstaben mindestens ein Wort zu finden.

A ______________________

B ______________________

C ______________________

D ______________________

E ______________________

F ______________________

G ______________________

H ______________________

I ______________________

J ______________________

K ______________________

L ______________________

Konflikt-ABC, M–Z

Name: ______________________________ Klasse: __________

Aufgabe:

1. Überlegt gemeinsam, welche Wörter euch zum Thema Streit, Ärger, Konflikt einfallen.
2. Schreibt sie zum entsprechenden Buchstaben. Ihr könnt Nomen, Verben oder Adjektive aufschreiben. Versucht, zu jedem Buchstaben mindestens ein Wort zu finden.

M ______________________________

N ______________________________

O ______________________________

P ______________________________

Q ______________________________

R ______________________________

S ______________________________

T ______________________________

U ______________________________

V ______________________________

W ______________________________

XYZ ______________________________

 ISBN 978-3-8346-0307-4

Die Phasen der Streitschlichtung – Bildkarten

Die Phasen der Streitschlichtung – „Spickkarten"

Worauf musst du als Mediator oder Mediatorin achten?

1. Einleitung

Ich versichere den Teilnehmern, dass alles, was wir besprechen, vertraulich ist.

Ich erkläre ihnen die Regeln.

Ich frage, ob sie mit der Streitschlichtung und den Regeln einverstanden sind.

2. Was ist passiert?

Ich sorge dafür, dass alle Teilnehmer ihre Sichtweise vortragen können.

Ich gebe ihren Standpunkt noch einmal mit eigenen Worten wieder.

3. Was steckt dahinter?

Ich frage vorsichtig nach den Gründen für ihr Verhalten und nach ihren Gefühlen.

Ich frage sie, was sie sich wünschen.

4. Problemlösung

Ich sammle mit den Teilnehmern Ideen, wie mögliche Lösungen aussehen könnten.

Wir überlegen gemeinsam, welche Lösungen für alle gut sind.

Wir versuchen, eine Lösung zu finden, mit der alle zufrieden sind.

5. Vereinbarung

Wir formulieren gemeinsam genau, wie die Lösung aussehen soll und woran sich jeder halten soll.

Ich wiederhole die Vereinbarung, alle erkären sich einverstanden.

Urkunde

Liebe/r ______________________________,

Du hast am

Streitschlichter-Training

der ___________________________________ teilgenommen.
(Schulname)

Du hast gelernt, Konflikte zu erkennen,
sie mit den Konfliktparteien zu besprechen
und nach gemeinsamen, guten Lösungen zu suchen.

Wir gratulieren dir dazu!

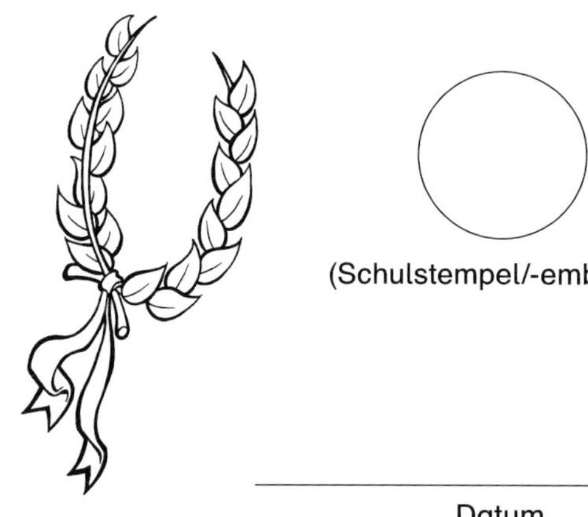

(Schulstempel/-embleme)

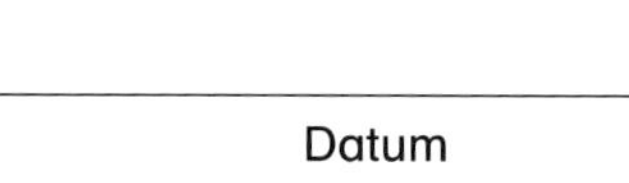

____
Datum

______________________________ ______________________________
Lehrer/in Streitschlichter-Training Klassenlehrer/in

Bernadette Grix

Schnellschlichtung

... und noch ein Extra *(Idee nach Braun u.a., 2002)*

Schwerpunkt: alle Phasen

Alter: ab Klasse 1

Dauer: 5 – 15 Minuten

Materialien: keine

Was tun, wenn's brennt? – Ziele einer Schnellschlichtung

Streitschlichtung, die viel Zeit in Anspruch nimmt, ist effektiv und führt in der Regel zu länger anhaltendem friedlichem Miteinander als eine „Schnellschuss-Lösung". Bei den **täglichen Streitigkeiten im Schulalltag** müssen Sie als Pädagogin allerdings oft schnell schlichten, bevor sich die Fronten verhärten und ein Konflikt eskaliert. Auch wenn sich die Streitsituation **in der großen Pause** abspielt, kann normalerweise auf dem Schulhof aus folgenden Gründen keine Mediation durchgeführt werden:

- Eine ungeteilte Aufmerksamkeit und Hinwendung zu den Konfliktparteien ist nicht möglich, weil die Aufsicht für alle Kinder gewährleistet sein muss.
- Der äußere Rahmen ist ungünstig: Es ist zu laut, andere Kinder hören neugierig zu, es kann keine vertrauensvolle Atmosphäre entstehen.
- Eine Mediation braucht genug Zeit und Ruhe. Beides ist nicht gegeben. Die Schulklingel bricht jedes Gespräch jäh ab, und Unterrichtsverpflichtungen warten.

Wenn einem akuten Streitfall nicht oder nicht konstruktiv begegnet wird, **eskaliert der Streit leicht**, alle sind genervt und haben keinen freien Kopf für unterrichtliche Themen und Aktivitäten. Negative Gefühle, wie das eigene Unrechtsempfinden, Rachegelüste oder auch Versagensängste, können entstehen, Raum gewinnen und die Streitenden blockieren.

Deshalb ist eine **konstruktive Schnellschlichtung** auch mit nur wenigen Minuten Zeit **sinnvoll**. Dabei kommen Elemente aus der Mediation zum Tragen, wie klare Regeln, Darstellen des Streits aus der Sicht beider Seiten, Zuhören, Offenheit für Lösungen.

Die Schnellschlichtung ist eine Chance,

- die eigene Meinung zu sagen,
- gehört zu werden,
- den anderen zu hören,
- nicht beschuldigt zu werden,
- nach vorne zu blicken und
- wenigstens eine Lösungsmöglichkeit anzudenken.

In jedem Fall können die Kinder eine **Unterbrechung der Gewalt** erleben, ohne Demütigung und die Angst, ihr Gesicht zu verlieren.
Eine schnelle Vereinbarung für einen späteren Zeitpunkt, z.B. nach dem Unterricht oder in der nächsten Pause, macht zuversichtlich und wirkt deeskalierend.
Bei Streitschlichtungen in den Pausen bewirkt das Zuhören oft **schnell eine Deeskalation**, weil es den Kindern reicht, wenn sie in ihrem Ärger, in ihren verletzten Gefühlen verstanden werden. Der Schritt 3, zu sagen, was man selber getan hat, macht in vielen Fällen deutlich, dass beide beteiligt sind. Das begünstigt den Willen, die Sache zu bereinigen bzw. sich wieder vertragen zu wollen.

So geht's

1. Schritt: Regeln benennen

Wenn Kinder aufgeregt und „aufgeheizt" ankommen, machen Sie das **Angebot**, sich ein paar Minuten Zeit zu nehmen, um das Problem zu klären.
Machen Sie den Kindern klar, dass **zwei Regeln** gelten, damit Sie ihnen zuhören und sie verstehen können:

1. ausreden lassen
2. nicht beschimpfen

Die Regeln werden in diesem Fall **nicht verhandelt**, auch die Zustimmung der Konfliktparteien holen Sie nicht ausdrücklich ein.

2. Schritt: Was ist passiert?

Bitten Sie eines der Kinder: *„Erzähle du, wie du den Streit erlebt hast."* Sichern Sie aber direkt auch dem anderen zu: *„Du kommst gleich auch dran und kannst deine Sichtweise erklären."*
Nachdem das erste Kind erzählt hat, **spiegeln** Sie kurz und fragen nach:
„War das so, dass ...?"

Achtung: Werten Sie die Äußerungen nicht, machen Sie keine Schuldzuweisung! Sätze wie *„Ach, du schon wieder!"* oder *„Du hast doch gerade letzte Woche Mist gebaut!"* sind nicht angemessen.
Danach erhält das andere Kind Gelegenheit, knapp zu erzählen, wie es die Situation erlebt hat. Spiegeln Sie Ihr Verständnis wiederum kurz, und fragen Sie nach, ob Sie richtig verstanden haben.

3. Schritt: Was steckt dahinter?
Fordern Sie beide nacheinander auf, noch einmal in einem Satz diese Fragen zu beantworten:

- Was hat dich geärgert/verletzt?
- Was hast du gemacht?

4. Schritt: Wie soll es weitergehen? – Problemlösung
Fassen Sie zusammen, warum beide sich geärgert haben. Fragen Sie, wie es weitergehen kann.

Wenn keine Zeit mehr ist ...
... stoppen Sie hier und verabreden einen späteren Zeitpunkt. Bei diesem kann dann gründlicher auf den Streit eingegangen und es können Lösungen ausgehandelt werden.

Wenn kein neuer Zeitpunkt verabredet wird, laden Sie die Kinder zu einer **Entschuldigung/Wiedergutmachung/Versöhnung** ein. Oder machen Sie in schwerwiegenderen Fällen klar, dass ihr Verhalten **Konsequenzen** nach sich ziehen kann oder wird. Dabei dürfen die Kinder nicht gedemütigt werden oder einen Gesichtsverlust erleiden!

Wenn noch Zeit ist ...
... machen Sie mit dem 5. Schritt weiter.

5. Schritt: Lösungen suchen und Vereinbarungen treffen
Fragen Sie jedes der Kinder: *„Was wünschst du dir vom anderen, und was gibst/tust du selbst dafür?"* Lassen Sie ihnen etwas Zeit, um Lösungen anzubieten und eine (mündliche) Vereinbarung zu treffen. Eventuell fragen Sie später noch einmal nach, ob es zwischen beiden jetzt geklärt ist.

Ermutigung zum Schluss

Wir, die wir in der Praxis stehen, wissen, wie viele Anforderungen an fachliche Inhalte, Didaktik, Methodik, Organisation, Planung, Förderung usw. auf Sie im Schulalltag einströmen und kennen die Belastungen.

Wir haben andererseits durch unsere mediative Arbeit erfahren, dass sich das Zusammenleben und -lernen spürbar positiv verändern lässt.

Es lohnt sich, Zeit zu investieren, um Kinder zur konstruktiven Konfliktbearbeitung zu befähigen. Nicht zuletzt können sich Lernblockaden auflösen, wenn bei Problemen zufriedenstellende Lösungen auf den Wegen gefunden werden, die hier aufgezeigt sind.

Ebenso können wir als Pädagoginnen selbst von der Auseinandersetzung mit dieser Thematik profitieren. Es macht langfristig zufriedener, so an die Lösungssuche heranzugehen und zu erfahren, dass die Schwierigkeiten, die wir manchmal in der Klasse oder Gruppe vorfinden, in der Regel zu meistern sind.

Deshalb sehen wir unseren Beitrag zur konstruktiven Konfliktbearbeitung als Handreichung, Hilfe und Entlastung, gerade damit die vielfältigen Aufgaben in der Schule besser gelingen können.

Wenn Sie durch unsere hier vorliegende Arbeit Lust und Zuversicht gewonnen haben, das soziale Klima an Ihrer Schule, in Ihren Klassen zu verbessern und Kindern einen Ausweg aus Angst und Gewalt zu eröffnen, dann wünschen wir Ihnen dabei gutes Gelingen.

für das Autorinnenteam

Bernadette Grix

Verwendete Literatur und Quellen

→ Altenburg, Marion:
Die Kunst Konflikte produktiv zu lösen. Sensibilisierungsprogramm für die Klassen 7 und 8. Amt für Lehrerbildung/Hessisches Kultusministerium. Amt für Lehrerbildung: Frankfurt, 2005.

→ Baumeister, Roy F.; Smart, Laura; Boden, Joseph M.:
„Relation of threatened egotism to violence and aggression: The dark side of high self esteem", in: Psychological Review 103 (1996) 1, S. 5–33.

→ Besemer, Christoph:
Mediation, Vermittlung in Konflikten. Stiftung Gewaltfreies Leben, Werkstatt für Gewaltfreie Aktion: Baden, 1998.

→ Braun, Günter u.a.:
Kinder lösen Konflikte selbst! Mediation in der Grundschule. Thomas-Morus-Akademie: Bergisch Gladbach, 2002.

→ Brender, Irmela:
„Wir", in: Joachim Fuhrmann (Hrsg.): Gedichte für Anfänger. Reinbek, 1980.
© Irmela Brender. Abdruck mit freundlicher Genehmigung der Autorin.

→ Cohn, Ruth:
„Ich bin ich – ein Aberglaube. Ein Gespräch mit Ruth Cohn", in: Psychologie heute 6 (1979) 3, S. 23–33.

→ Faller, Kurt; Kerntke, Wilfried; Wackmann, Maria:
Konflikte selber lösen – Mediation für Schule und Jugendarbeit. Verlag an der Ruhr: Mülheim/Ruhr, 1996.

→ Fisher, Roger; Ury, William; Patton, Bruce M.:
Das Harvard-Konzept – sachgerecht verhandeln – erfolgreich verhandeln. Campus Verlag: Frankfurt am Main, New York, 1998.

→ Frank, Karlhans:
„Du und ich", in: Vom Dach die Schornsteinfeger grüßen mit Taucherflossen an den Füßen. F. Schneider Verlag: München, 1987.
© Karlhans Frank. Abdruck mit freundlicher Genehmigung des Autors.

➜ Fuchs, Birgit:
Spiele fürs Gruppenklima. Don Bosco Verlag: München, 2001.

➜ Garsteiger-Klicpera, Barbara; Klicpera, Christian:
„Victimisierung durch Gleichaltrige als Entwicklungsrisiko“,
in: Zeitschrift für Kinder- und Jugendpsychiatrie und Psychotherapie 29 (2001) 2, S. 99–111.

➜ Glasl, Friedrich:
Konfliktmanagement: Ein Handbuch für Führungskräfte, Beraterinnen und Berater. Haupt Verlag: Bern, 1980.

➜ Glasl, Friedrich:
Selbsthilfe in Konflikten: Konzepte – Übungen – Praktische Methoden.
Haupt Verlag: Bern, 1998.

➜ Goleman, Daniel:
Emotionale Intelligenz. dtv Verlag: München, 1999.

➜ Hagedorn, Ortrud:
Konfliktlotsen – Lehrer und Schüler lernen die Vermittlung im Konflikt.
Klett Schulbuchverlag: Stuttgart, 1994.

➜ Hessisches Kultusministerium:
Mediation in der Schule – Wege zu einer neuen Erziehungskultur.
Gabler Verlag: Wiesbaden, 2006.

➜ Hoffmann, K.; Lilienfeld-Toal, V. v.; Metz, K.; Kordelle-Elfner, K.:
Stopp – Kinder gehen gewaltfrei mit Konflikten um.
Persen Verlag: Buxtehude, 2001.

➜ Jefferys-Duden, Karin:
Das Streitschlichterprogramm. Beltz Verlag: Weinheim, Basel, 1999.

➜ Kaletsch, Christa:
Konstruktive Konfliktkultur – Förderprogramm für die Klassen 5 und 6.
Beltz Verlag: Weinheim, Basel, 2003.

➜ Kreft, Marianne:
„Sabine“, in: Hans-Joachim Gelberg (Hrsg.): Überall und neben dir. Gedichte für Kinder. Tb. Beltz & Gelberg in der Verlagsgruppe Beltz: Weinheim, Basel, 1986. © Beltz & Gelberg in der Verlagsgruppe Beltz.

→ Krowatschek, Dieter:
ADS und ADHS – Diagnose und Training. Materialien für Schule und Therapie. Borgmann Verlag: Dortmund, 2003.

→ Krowatschek, Dieter:
Wenn Kinder rot sehen – Aggressionen erfahren, austragen und verhindern. AOL-Verlag: Lichtenau, 1999.

→ Krowatschek, Dieter:
Wut im Bauch. Aggression bei Kindern.
Walter-Verlag: Düsseldorf, Zürich, 2004.

→ Krüss, James:
„Der Sperling und die Schulhof-Kinder“, in: James Krüss: James' Tierleben. © Carlsen Verlag GmbH, Hamburg, 2003.

→ Liebertz, Charmaine:
Spiele zum ganzheitlichen Lernen. Don Bosco Verlag, Spectra-Verlag: München, Dorsten, 2002.

→ Mai, Manfred:
„Warum ist streiten nicht gleich streiten?“, in: Manfred Mai: Vom Streiten und Raufen. Loewe Verlag: Bindlach, 2000. © 1995 Loewe Verlag GmbH, Bindlach.

→ Oettli, Natalie:
„Die Brücke“, in: Peter Musall (Hrsg.): Ich will dir vom Frieden erzählen. Burckhardthaus-Laetare Verlag: Gelnhausen, 1982.
© Jünger Medien Verlag + Burckhardthaus-Laetare GmbH.

→ Rademacher, Helmolt (Hrsg.):
Leitfaden konstruktive Konfliktbearbeitung und Mediation: für eine veränderte Schulkultur.
Wochenschau Verlag: Schwalbach im Taunus, 2007.

→ Schenk-Danzinger, Lotte:
Entwicklungspsychologie. Klett-Cotta Verlag: Wien, 1988.

→ Schmidt, Eva Renate; Berg, Hans Georg:
Beraten mit Kontakt: Gemeinde- und Organisationsberatung in der Kirche; ein Handbuch. Gabal Verlag: Offenbach, 2004. Diesem Band

entstammt die Originalgrafik zur Bearbeitung auf S. 49. © 1995 by Burckhardthaus-Laetare Verlag GmbH, Offenbach/M. 2004 genehmigte Ausgabe Gabal Verlag, Frankfurt. ISBN 978-3-89749-455-8

→ Schmidt-Denter, Ulrich:
Soziale Entwicklung. Beltz Verlag: Weinheim, 1996.

→ Schwarz, Gerhard:
Konfliktmanagement: Konflikte erkennen, analysieren, lösen.
Gabler Verlag: Wiesbaden, 1999.

→ Statz, Marion:
Gemeinschaft, Freundschaft, Streit. Auer Verlag: Donauwörth, 2001.

→ Steinwart, Anne:
„Ich". © Anne Steinwart. Abdruck mit freundlicher Genehmigung der Autorin.

→ Vopel, Klaus W.:
Kinder können kooperieren. Interaktionsspiele für die Grundschule.
Iskopress: Salzhausen, 1996.

→ Vopel, Klaus W.:
Interaktionsspiele für Kinder, Teil 1. Iskopress: Salzhausen.

→ Vopel, Klaus W.:
Interaktionsspiele für Kinder, Teil 2. Iskopress: Salzhausen, (1994 a).

→ Vopel, Klaus W.:
Interaktionsspiele für Kinder, Teil 4. Iskopress: Salzhausen, (1994 b).

→ Walker, Jamie:
Gewaltfreier Umgang mit Konflikten in der Grundschule.
4. Aufl. Cornelsen: Berlin, 2001.

Literatur- und Internettipps

Für Lehrer

Faller, K.; Kerntke, W.; Wackmann, M.:
Konflikte selber lösen – Mediation für Schule und Jugendarbeit.
10–17 Jahre. Verlag an der Ruhr, 1996.
ISBN 978-3-86072-220-6

Götzinger, M.; Kirsch, D.:
Grundschulkinder werden Streitschlichter. Ein Ausbildungsprogramm mit vielen Kopiervorlagen.
8–10 J. Verlag an der Ruhr, 2004.
ISBN 978-3-86072-854-3

Ments, M. v.:
Rollenspiel: effektiv. Ein Leitfaden für Lehrer, Erzieher, Ausbilder und Gruppenleiter. Für alle Altersstufen.
Oldenbourg Schulbuchverlag, 1998.
ISBN 978-3-486-02699-3

Proßowsky, P.:
Kinder entspannen mit Yoga.
Von der kleinen Übung bis zum kompletten Kurs. 5–10 J. Verlag an der Ruhr, 2007.
ISBN 978-3-8346-0291-6

Reichling, U.; Wolters, D.:
Hallo, wie geht es dir?
Gefühle ausdrücken lernen. 5–10 J.
Verlag an der Ruhr, 1998.
ISBN 978-3-86072-180-3

Schilling, D.:
Soziales Lernen in der Grundschule.
50 Übungen, Aktivitäten und Spiele.
Kl. 1–4. Verlag an der Ruhr, 2000.
ISBN 978-3-86072-489-7

Schneider, M.; Schneider, R.; Wolters, D.:
Bewegen und Entspannen nach Musik. Rhythmisierungen, Bewegung und Ausgleich in Kindergarten und Unterricht.
KiGa/GS. Verlag an der Ruhr, 1998.
ISBN 978-3-86072-150-6

Schulz von Thun, F.:
Miteinander reden, Band I – III.
Rowohlt, 2007.
ISBN 978-3-499-17489-6

Kinderbücher

Hille, A.; Schäfer, D.; Stachuletz, B.:
Streithammel und beleidigte Leberwurst. Verstehen, vertragen, versöhnen.
Ab 5 J. Velber Verlag, 2007.
ISBN 978-3-86613-549-9

Schärer, K.:
So war das! Nein, so! Nein, so!
Ab 5 J. Atlantis Verlag, 2007.
ISBN 978-3-7152-0535-9

Welsh, R.:
Sonst bist du dran! Eine Erzählung zum Thema „Gewalt in der Schule“.
Ab 9 J. Arena Verlag, 1994.
ISBN 978-3-401-01943-7

Hinweise zu weiteren Kinderbüchern finden Sie auf S. 136.

Links

www.bildungsserver.de/zeigen.html?seite=2208
Hier finden Sie eine umfangreiche Linkliste zum Thema „Streitschlichtung in der Schule".

www.blk-demokratie.de/
Seite des BLK-Projekts „Demokratie lernen und leben" mit Informationen zu Gewaltpräventions- und Beteiligungsprojekten.

www.bmev.de
Homepage des Bundesverbandes Mediation e.V. mit Mediatoren-Suche, Veranstaltungen und Hinweisen zu Fachzeitschriften.

http://www.bmev.de/uploads/media/mediation-schule.pdf
Informationen des Bundesverbandes Mediation e.V. zum Thema Mediation in der Schule.

www.mediation-partizipation.de
Die hessische Umsetzung des BLK-Projekts (s.o.), mit umfangreichen Projektinformationen und Fortbildungshinweisen.

www.schulmediation-hessen.de
Verein zur systematischen Entwicklung und Verankerung konstruktiver Konfliktbearbeitung. Hier finden Sie ab Anfang 2008 Lehrerfortbildungen, Veranstaltungshinweise, Trainingsangebote für Lehrer und außerschulische Pädagogen.

Die in diesem Werk angegebenen Internetadressen haben wir geprüft (Stand Juli 2010). Da sich Internetadressen und deren Inhalte schnell verändern können, ist nicht auszuschließen, dass unter einer Adresse inzwischen ein ganz anderer Inhalt angeboten wird. Wir können daher für die angegebenen Internetseiten keine Verantwortung übernehmen.